系统论范式下金融科技监管法律制度构建

陆 鑫 著

中国海洋大学出版社

·青岛·

图书在版编目(CIP)数据

系统论范式下金融科技监管法律制度构建 / 陆鑫著
. —青岛:中国海洋大学出版社,2024.1
ISBN 978-7-5670-3825-7

Ⅰ.①系… Ⅱ.①陆… Ⅲ.①金融-科学技术-金融
监管-金融法-研究-中国 Ⅳ.①D922.280.4

中国国家版本馆 CIP 数据核字(2024)第 071255 号

出版发行	中国海洋大学出版社			
社 址	青岛市香港东路 23 号		**邮政编码**	266071
出 版 人	刘文菁			
网 址	http://pub.ouc.edu.cn			
电子信箱	2586345806@qq.com			
订购电话	0532-82032573(传真)			
责任编辑	矫恒鹏		**电 话**	0532-85902349
印 制	青岛中苑金融安全印刷有限公司			
版 次	2024 年 1 月第 1 版			
印 次	2024 年 1 月第 1 次印刷			
成品尺寸	170 mm×240 mm			
印 张	13.50			
字 数	228 千			
印 数	1~1 000			
定 价	68.00 元			

发现印装质量问题,请致电 0532-85662115,由印刷厂负责调换。

前　言

在新一轮科技革命和产业变革背景之下，金融业作为数字经济重点行业之一，其金融业务与人工智能、大数据、云计算、物联网、量子信息等技术的深度融合日趋紧密。金融科技作为技术驱动的金融创新，在金融功能的实现方式、金融服务的供给方式以及金融市场的组织方式等方面进行了革新，给金融领域带来了前所未有的影响。与此同时，金融科技作为一种"颠覆式创新"，并没有改变金融的本质功能和风险属性，由于数字化时代的开放性和互动性，金融风险发生的隐蔽性、突发性和扩散性也更为突出，这在一定程度上破坏了市场秩序，因而相对系统、成熟的金融科技监管法律制度亟待构建。

金融科技监管法律制度构建的逻辑起点在于厘定金融科技的内涵、识别金融科技的法律要素。由于兼具开放性、创新包容性、风险性等多种特征，金融科技不仅承袭了传统金融风险，也更容易产生业务、技术、网络、数据等多重风险的叠加效应，这对金融监管与法制形成了新的挑战。金融科技活动参与主体通常被分为监管机构、金融科技公司、技术第三方公司，在金融市场活动中承担不同的法律义务，这使得金融活动主体、客体及内容发生一定的变化，传统金融监管法律制度的局限与金融科技交易行为的多重风险性之间也形成了越来越多的矛盾。传统金融监管理念呈现出静态、被动、机械的表征，这与金融科技复合化的发展特征形成鲜明反差，因而监管部门应当更加注重监管的功能性、适应性、包容性、试验性与协调性。由于传统监管方式技术能力落后难以应对不断更新迭代的新兴技术，监管科技成为监管金融科技的选择方案，随之必然带来金融监管法律制度的革新，传统金融监管范式逐渐向金融科技监管范式过渡。

金融科技监管范式的基础理论首先回归到经典的法经济学原理，其创新监管理念来源于试验主义治理的启示，其方法论基础引入了系统论范式理论。金融科技监管范式的技术基础在于监管科技的法律应用，其实质是数据驱动型的技术监管，由多维监测的平台机制得以实现。金融科技监管的法律规制重心在于金融数据监管规则，具体包括金融数据安全、个人隐私保护、数据共享与数据跨境流动等制度。同时，金融科技的标准应用是金融科技监管不可或缺的内容,标准化监管作为统一的、科学的、规范的监管机制,是金融科技监管法律制度的必要补充。此外,关于金融科技创新活动的监管模式,启动监管沙盒机制已经成为共识。

在金融科技监管实践方面,我国目前已初步形成符合我国国情、与国际接轨、顺应数字化时代要求的金融科技监管体系。然而,由于金融科技风险叠加、法律制度有待系统完善等诸多原因的聚合,我国金融科技发展仍面临着一些问题,主要表现为金融科技新型风险防范问题、金融数据要素应用规制问题、金融市场主体公平竞争问题等。本书从系统论范式方法论出发进行归因探讨,其具体表现为传统监管体制欠缺协调性引致监管行为偏差、应用标准欠缺完备性仍未破解监管执行困局、监管依据欠缺专门性法律导致监管效率降损这三方面。以上问题为我国金融科技监管制度的系统完善提供了改进方向。

实现金融科技监管法律制度的系统优化,需要完善的基础要素在于内在价值秩序选择与外部功能设计,具体包括金融科技监管的目标取向、原则厘定、功能预设与实施进路。我国金融科技监管法律制度可大致分为数字性、技术性、未来性和传承性四个面向,具体可整合为金融科技数据监管制度、金融科技技术监管制度、金融科技创新监管制度和金融科技行业监管制度。基于金融科技监管制度的基本框架与现实法律问题,本书进一步提出了我国金融科技监管法律制度系统优化的推进建议:出台专门金融科技法的立法构想、完备型金融科技标准体系构建、金融科技伦理适度法制化的探索以及国际监管的规则遵循与制度引领。

当前,科技的发展日新月异,前所未有的智能图景正在缓缓展开,金融行业正处于智化转型和信息技术创新的双期叠加阶段,加之大模型的应用,金融科技将带来更多的创新和变革,这对金融科技的监管要求也提出了全新的挑战。本书基于金融、技术的视角研究金融科技的本质,厘清金融科技应用的监管逻辑,填充金融科技监管的法理基础和制度体系,促进金融监管理论及其制度体系构建。在实践层面上,本书回应了金融科技应用过程中的各类风险,旨在促进金融科技创新发展监管体系形成和具体制度的执行,不断完善更为科学有效的风险防范制度,以维护金融安全、金融市场秩序与金融消费者权益,同时推动金融监管的创新升级与监管能力的提升。

陆　鑫

2023 年 12 月 25 日

目　录

第1章　绪　论 ……………………………………… 1

　1.1　选题背景与研究意义 ……………………………… 1

　　1.1.1　选题背景 ………………………………… 1

　　1.1.2　研究意义 ………………………………… 2

　1.2　研究框架安排与主要内容 ……………………… 3

　1.3　文献综述 ……………………………………… 7

　　1.3.1　国外研究综述 ………………………… 7

　　1.3.2　国内研究综述 ……………………… 12

　1.4　主要研究方法 ……………………………… 17

　1.5　主要创新及不足 …………………………… 18

第2章　金融科技对金融监管法制的影响 …………… 20

　2.1　金融科技的基本内涵与发展脉络 ……………… 20

　　2.1.1　金融科技的定义与相关概念界分 ……… 20

　　2.1.2　金融科技的产生背景与历史演进 ……… 25

　　2.1.3　金融科技在金融行业领域的应用 ……… 28

　2.2　金融科技属性识别与风险类型化归集 ………… 39

　　2.2.1　金融与技术的功能耦合与业务协动 …… 39

　　2.2.2　金融科技属性识别与相关主体厘定 …… 42

　　2.2.3　金融科技新风险分析与类型化归纳 …… 46

　2.3　金融科技给金融监管法制带来的挑战 ………… 50

2.3.1 金融科技对传统金融监管"物理边界"的挑战 ·············· 51

2.3.2 金融科技对传统金融监管"技术应对"的挑战 ·············· 53

2.3.3 金融科技对传统金融监管"规范创制"的挑战 ·············· 55

第3章 金融科技背景下的监管范式转型 ···················· 56

3.1 传统金融监管范式的主要表征与行为模式 ················ 56

3.1.1 传统金融监管范式中"管控式"的监管理念 ·············· 56

3.1.2 传统金融监管范式中"机械型"的执行模式 ·············· 57

3.1.3 传统金融监管范式中"零散化"的立法创制 ·············· 58

3.2 传统金融监管范式存在的局限性 ···················· 59

3.2.1 传统金融监管理念缺乏动态适配思维 ················ 59

3.2.2 传统金融监管方式缺乏专业技术能力 ················ 60

3.2.3 传统金融监管制度缺乏系统集成创新 ················ 62

3.3 传统金融监管范式向金融科技监管范式的过渡 ············ 64

3.3.1 动态系统思维方式:金融科技监管理念的多元化转变 ····· 64

3.3.2 "科技应变"之术:金融科技监管模式的平台化转向 ······· 68

3.3.3 矩阵式法律规范创制:金融科技监管制度体系化整合 ······ 72

第4章 金融科技监管范式的理论基础与法律规则 ·············· 74

4.1 金融科技监管范式的基础理论支撑 ··················· 74

4.1.1 金融科技监管范式的法理依托:法经济学理论的回归 ······ 74

4.1.2 金融科技监管范式的创新理据:试验主义治理的启示 ······ 77

4.1.3 金融科技监管范式的方法论基础:系统论范式的引入 ······ 79

4.2 金融科技监管范式的技术基础与运作逻辑 ··············· 82

4.2.1 金融科技监管范式的技术机理:监管科技的法律应用 ······ 82

4.2.2 金融科技监管范式的运作逻辑:数据驱动的技术监管 ······ 90

4.2.3 金融科技监管范式的实现路径:多维监测的平台机制 ······ 91

4.3 金融科技监管范式的法律规则与制度表达 ··············· 94

4.3.1 一般法律规则:金融数据制度的适用 ··············· 94

4.3.2 "软法"功能填充:技术标准的规制 ·············· 101

4.3.3 创新测试规则:监管沙盒机制的运用 ·············· 105

第5章 我国金融科技监管的法律问题与制度反思 ·············· 111

5.1 我国金融科技监管变革与法律实践 ·············· 111

5.1.1 我国金融科技行业兴起动因与发展历史 ·············· 111

5.1.2 我国金融科技监管演进历程及阶段特征 ·············· 116

5.1.3 我国金融科技监管制度回应与法律实践 ·············· 117

5.2 我国金融科技发展中的主要法律问题 ·············· 120

5.2.1 创新发展与稳定的平衡:金融科技新型风险防范问题 ····· 120

5.2.2 数据安全与隐私的保护:金融数据要素应用规制问题 ····· 121

5.2.3 市场运行有序性的维持:金融市场主体公平竞争问题 ····· 126

5.3 我国金融科技监管中的制度困境及其归因探讨 ·············· 129

5.3.1 传统监管体制欠缺协调性引致监管行为偏差 ·············· 129

5.3.2 应用标准欠缺完备性仍未破解监管执行困局 ·············· 130

5.3.3 监管依据欠缺专门性法律导致监管效率降损 ·············· 133

第6章 我国金融科技监管法律制度的系统完善及推进建议 ··· 135

6.1 我国金融科技监管法律制度架构基础要素的完善 ·············· 135

6.1.1 我国金融科技监管法律制度构建之内在价值秩序选择:
目标取向与原则厘定 ·············· 135

6.1.2 我国金融科技监管法律制度构建之外部机制设计呈现:
功能预设与实施进路 ·············· 142

6.2 我国金融科技法律监管向度及其制度整合 ·············· 146

6.2.1 数字性向度:金融科技数据监管制度整合 ·············· 146

6.2.2 技术性向度:金融科技技术监管制度整合 ·············· 154

6.2.3 未来性向度:金融科技创新监管制度整合 ·············· 157

6.2.4 传承性向度:金融科技行业监管制度整合 ·············· 159

6.3 我国金融科技监管法律制度系统优化的推进建议 ·············· 164

6.3.1　统合监管背景下的制度因应：出台专门金融科技法的立
法构想 ·· 164

6.3.2　技术标准与法律规范的策略互补：完备型金融科技标准
体系构建 ·· 168

6.3.3　"科技向善"愿景的制度实现：金融科技伦理适度法制化
的探索 ·· 175

6.3.4　金融大国的责任担当：金融科技国际监管的规则遵循与
制度引领 ·· 179

结　语 ·· 187

参考文献 ·· 189

第1章 绪 论

1.1 选题背景与研究意义

1.1.1 选题背景

当前,数字经济的高速发展推动了生产方式、生活方式和治理方式的深刻变革。在新一轮科技革命和产业变革浪潮中,金融业作为数字经济重点行业之一,人工智能、大数据、云计算、物联网、量子信息等技术与金融业务的深度融合日趋紧密。金融科技作为技术驱动的金融创新,是深化金融供给侧结构性改革、增强金融服务实体经济能力的重要引擎,给金融领域带来了前所未有的影响,诸如金融功能的实现方式、金融市场的组织方式、金融服务的供给方式等方面的革新,这些改变日益融入金融行业发展与产业布局的焦点领域。然而,金融科技这种"颠覆式创新"新型业态的终极任务仍是服务金融,因而不能从根本上改变金融的本质功能。在开放性和互动性日渐增强的数字化时代背景下,金融科技领域在新型信息技术的作用下极易诱发网络安全、业务风险、技术风险、数据安全等多重风险的效应叠加,由此因技术引发的金融风险其扩散性、隐蔽性和突发性更为突出。金融科技发展速度之快、辐射范围之广、影响程度之深前所未有,一方面表现在新兴技术加速创新,另一方面表现在金融科技技术日益融入经济社会发展全领域全过程。在金融领域强监管、防风险的背景下,亟须通过体制机制创新,构建持续有效的监管模式。

从政策背景来看,2021年3月,在《中华人民共和国国民经济和社会发展第十四个五年规划和2035年远景目标纲要》中,明确提出"完善现代金融监管体系,补齐监管制度短板,在审慎监管前提下有序推进金融创新,健全风险全覆盖监管框架,提高金融监管透明度和法治化水平"。2022年3月,国务院金融稳定发展委员会专题会议针对平台经济治理问题,提出"有关部门要按照市场化、法治化、国际化的方针完善既定方案，坚持稳中求进，通过规范、透明、可预期的监管，稳妥推进并尽快完成大型平台公司整改工作，红灯、绿灯都要设置好，促进平台经济平稳健康发展，提高国际竞争力"。2022年10月，党的二十大明确提出了"深化金融体制改革，建设现代中央银行制度，加强和完善现代金融监管，强化金融稳定保障体系，依法将各类金融活动全部纳入监管，守住不发生系统性风险底线"。

从现实背景来看，中国金融科技正处于迅猛发展态势，与此同时金融风险防范和网络安全面临更加严峻而紧张的形势，近年来频繁发生的重大事件引起了理论界和实务界的强烈关注与反思。河南村镇银行事件、蚂蚁金服上市被停、蛋壳公寓暴雷等事件暴露了监管制度的疏漏，诸多事件对金融科技监管提出了新的法制需求。此外，由数据安全、技术风险、伦理道德等诸多风险问题在当前金融活动中日益凸显，这些金融乱象不仅扰乱了金融市场秩序与生态，并且容易诱发系统性风险，也严重影响了民众生活与社会稳定。金融服务新业态新模式，导致监管中面临的前沿、交叉、涉外领域问题不断增加，部分领域的监管方式已经无法满足技术发展需求，出现了监管赤字和规则赤字。当前科技创新衍生了多样化的金融交易内容和形式，金融科技创新活动并未形成稳定的结构和状态，伴随而来的是新型法律问题不断涌现。在金融风险在系统内外间传递增加了更多不确定性的背景下，网络平台的构建、技术赋能实现下的新生法律关系亟须明确的法律监管规定予以规制。

面对如此迅猛的科技发展，法律的及时回应和社会秩序的调整都在面临前所未有的挑战。当前，我国金融科技已从"立柱架梁"全面迈入"积厚成势"新阶段。2021年12月中国人民银行印发了《金融科技（FinTech）发展规划（2022—2025年）》（银发〔2021〕335号），明确健全金融科技治理体系、加强金融科技审慎监管等重点任务，划定金融科技"守正创新"边界，使金融科技创新有章可循、有规可依。现代科技将持续对金融业态创新产生作用，这使金融风险的形态更为复杂，风险传导路径也更为分散，其安全边界也因技术的参与而发生变化。中国作为金融科技应用和发展水平位居国际前列的国家，在金融科技监管的部分领域已进入"深水区"甚至"无人区"，探索建立符合中国国情、与国际规则衔接、适应数字化时代要求的金融科技监管法律制度是当前一项迫切且意义重大的任务。

1.1.2　研究意义

金融科技作为一种"破坏性创新"，蕴含着"金融变革""替代性潜力"和"结构性冲击"的监管反思,金融创新在一定程度上增加了金融体系的脆弱性,造成了金融产品服务发展、消费者保护和金融能力不一致、数据未形成优化配置等一系列不均衡现象。与传统金融业务相比较,金融科技通过新兴技术来改变金融服务效率从而为金融客户或用户提供更优质、精准化的服务,这是其持续发展的重要动因。反观金融科技的另一面,伴随金融科技的发展,金融市场出现了新形式的金融乱象,例如个人隐私受到侵害、道德风险增加等,这对监管部门提出了更多难题。当前我国金融科技发展面临着监管任务繁重、监管技术发展迟滞等问题。与此同时,随着金融与科技的日益融合,金融业务创新加速推进,金融服务方式日趋虚拟,业务边界逐渐模糊,经营环境不断开放,风险形势更加复杂,传统的金融监管方式难以适应当前变幻万千的市场环境,金融监管革新与升级迫在眉睫。

本书基于金融、技术的视角研究金融科技的本质,通过对金融科技引发的风险进行类型化分析,探讨金融科技监管的理念与原则的转变以及需要实现的法律功能和目标。在探寻监管科技应用的法律规则与金融科技发展监管现实法律问题的基础上,尝试构建更为清晰的金融科技监管框架,以实现更为高效、精准的金融科技监管目标。在理论层面上,其理论价值可能在于厘清金融科技应用的监管逻辑,为金融科技监管法律制度提供理论准备。填充金融科技监管的法理基础和制度体系,促进金融监管理论及其制度体系构建,进而丰富和拓展金融法学理论。在实践层面上,其应用价值可能在于促进金融科技创新发展监管体系形成和具体制度的执行,为金融科技发展创造良好环境。回应金融科技应用过程中的各类风险,不断完善更为科学有效的风险防范制度,以维护金融安全、金融市场秩序与金融消费者权益,同时推动金融监管的创新升级与监管能力的提升。

1.2 研究框架安排与主要内容

本书第1章为绪论部分,在绪论部分阐述本书研究缘起,主要是选题背景以及研究意义;在此基础上对全书的研究框架进行介绍,勾勒出研究框架与主要内容安排(图1-1);并且对国内国际研究现状进行总结和评述;此外,对本书的主要研究方法和可能的创新点进行说明。本书主体部分为第2章到第6章,主要内容如下。

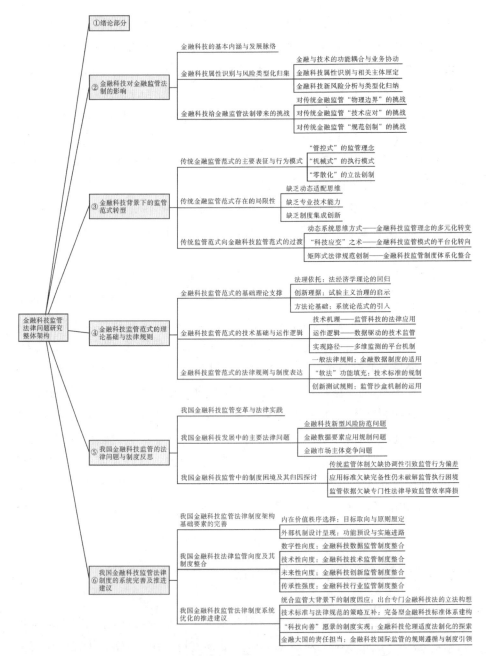

图 1-1 金融科技监管法律问题研究整体架构图

第 2 章立足金融科技基础理论，论述金融科技发展对金融监管的影响及其对法制的挑战。主要包括金融科技的内涵及外延、历史演进、底层技术、应用场景,以及与其相对应的法律关系,归纳金融科技发展的脉络与方向,为全书论述构建扎实的理论基础。将金融科技与监管科技等相关概念作具体辨析,为下文进一步论述做好理论铺垫。金融科技的底层技术主要包括区块链、云计算、大数据、人工智能等,其应用于金融领域活动的各个环节,为金融基础设施、金融客户、金融产品开发等赋能,大大提高了金融市场活动运营的效率。金融科技活动参与主体通常被分为监管机构、金融科技公司、技术第三方公司,在金融活动中承担不同的法律义务。此外,基于金融科技的属性识别以及技术特征,对金融科技开放性、创新多样性以及各类风险等展开深度探讨,对金融科技衍生的新风险进行类型化分析,并详细阐述了金融科技对金融监管的影响以及对监管法制形成的挑战。

第 3 章基于传统金融监管范式理念落后与能力匮乏的前提,从监管理念、行为模式、制度创制三方面探索出新的监管范式。金融科技的颠覆式创新带来的影响使得金融活动主体、客体及内容发生一定的变化,传统金融法律制度的局限与金融科技活动形成的维风险之间难以实现平衡,传统监管范式由于监管理念落后、监管工具乏力等原因必然面临转型升级,传统金融法律制度也必须随之革新。传统监管范式亟待转型的主要原因是缺乏动态适配思维、缺乏专业技术能力、缺乏系统集成创新。基于传统金融监管理念静态、被动、机械的弊端和金融科技发展的特征,金融科技监管更加注重功能性监管、适应性、包容性、试验性与协调性,这使传统金融监管方式逐渐失效而需要新的监管方式来取代,而监管科技成为必然选择。金融科技背景下,数字形态的交易活动必然会导致监管方式的颠覆,而监管科技作为新的监管方式已经达成共识。监管科技以技术驱动的路线重新定义监管,其优势在于对监管机构和金融科技市场主体皆具有提高作业效率、降低成本等作用。

第 4 章通过金融科技技术理论来引出金融科技监管范式的理论基础与法律规则。金融科技监管范式所依据的理论支撑在于经典的法经济学原理、试验主义治理的启示,并且由系统论范式理论作为方法论基础。本章通过对监管科技技术理论框架以及具体场景的法律应用展开论述,进而对金融科技监管新模式的运行逻辑与法律规则作出分析。监管科技与金融科技是同类技术在不同需求场景下的应用,其兴起动因具有同源性,其运作机理是利用大数据、人工智能、区块链等新兴技术在监管者和被监管者之间搭建可信赖、可持续、可执行的监管协议与合规性评估机制,改善监管机构以往"被动型"监管模式并提升监管效能,同时也能帮助金融机构降低合规成本。监管科技法律规则重心在于金融数据监管规则,具体包括金融数据安全、个人隐私保护、数据共享与数据跨境流动。同时,金融科技标准应用是监管科技得以顺利执行的主要工具之一,其规制目标是利用新兴技术、通过对监管合规数据格式、结构标准的统一来实现监管数据共享,对错综复杂的数据组进行快速解耦和组合,从技术环节消除障碍进而实现行政监管和机构内部合规的统一。此外,从金融科技的创新监管维度来探讨监管沙盒制度,基于监管沙盒的基本特征和典型案例,论述域外金融科技监管沙盒制度运作,并对实施效果进行评析。

第5章主要回顾了我国金融科技发展历程、监管政策以及现存问题,并从法律角度对监管现状形成的原因进行分析。我国金融科技自诞生以来大概经历了爆发式增长、风险累积暴露、全面整顿治理以及高质量发展四个阶段。我国监管科技起步相对较晚,但在金融领域愈加深化,也进入了全面推进阶段。在金融科技监管实践方面,我国金融管理部门以促进金融科技规范健康永续发展、提升金融科技服务实体经济能力为主线,统筹推进风险专项整治与长效监管机制建设,目前已初步形成符合我国国情、与国际规则相融互促、顺应数字经济时代潮流的金融科技监管体系。由于金融科技风险叠加、法律制度有待系统完善等诸多原因的聚合,我国金融科技发展仍面临着一些问题,主要表现为金融科技新型风险防范问题、金融数据要素应用规制问题、金融市场主体公平竞争问题等。从系统论范式方法论出发进行归因探讨,其具体表现为传统监管体制欠缺协调性引致监管行为偏差、应用标准欠缺完备性仍未破解监管执行困局、监管依据欠缺专门性法律导致监管效率降损这三方面。以上问题为我国金融科技监管制度的系统完善提供了改进方向。

第6章主要论述我国金融科技监管法律制度的系统完善方案,并且提出了推进建议。通过前一章对我国金融科技发展演变历程以及监管部门的法律实践进行梳理,明确了我国金融科技监管法律制度的改进方向。系统完善金融科技监管法律制度的基础要素在于内在价值秩序选择与外部功能设计呈现,其内在价值秩序具体包括金融科技监管的目标取向与原则厘定,其外在功能设计则体现在金融科技监管制度的整体功能预设与实施进路。我国金融科技监管法律制度整合可从数字性、技术性、未来性和传承性四个面向分析,主要包括金融数据监管制度整合、技术应用监管制度整合、金融科技创新监管制度的整合,最后还有行业监管制度的整合。此外,未来金融科技的发展将在推动金融普惠、便利金融交易、满足多元化投资融资需求、提高资源配置效率等方面持续拓展研发,为了适应新的发展趋势,还要着重构建金融科技伦理制度规范。综上,提出了我国金融科技监管法律制度系统优化的方案与推进建议:一是出台专门金融科技专门法的构想;二是构建完备型金融科技标准体系;三是探索金融科技伦理适度法制化;四是完善国际监管合作中的规则遵循与制度引领。

1.3 文献综述

1.3.1 国外研究综述

(1)金融科技发展相关理论

金融与科技互动融合的理论基础可追溯到经济学家约瑟夫·熊彼特(Joseph Alois Schumpeter)著名的"创新理论"(Innovation Theory),在《经济理论创新》中,熊彼特认为"创新"作为"新的生产函数",是把一种从来没有过的关于生产要素和生产条件的"新组合"引入生产体系,而这种新的组合包括引进新产品、引用新技术、开辟新市场等。[①] 克里斯坦森(Clayton M. Christensen)在《创新者的窘境》中提出了"颠覆性技术"的概念,他认为当某种类型技术发生变化时,某些执行能力和创新能力较强的公司在行业中将无法继续保持其领先地位,极有可能陷入困境,即破坏性创新理论。[②] 2003 年,卡罗塔·佩雷丝(Carlota Perez)在《技术革命与金融资本》中对创新理论进行了系统追踪,形成"技术-经济范式"的变迁。金融与科技之间的演化,可能深化经济开放系统中的错误匹配并导致崩溃,也可能为经济开放系统各要素的成功匹配提供资本贡献,使整个社会系统达到某种演化中的均衡后又开始寻求下一阶段的技术变革,按照"技术革命—金融泡沫—崩溃—黄金时代—政治动荡"为序演进,此机制的三个特征包括:①技术革新形成了整个生产结构现代化的连续,呈现演化的"突现特征"。②金融资本从实体经济分离出来追逐更高的利润目标。③经济的竞争压力、社会体制框架的变化与技术领域相比,具有更大的惰性和阻力。

---

① Joseph A. Schumpeter. The Theory of Economic Development: An Inquiry into Profits, Capital, Credit, Interest, and the Business Cycle[M]. Cambridge: Harvard university press, 1934.

② Clayton M. Christensen. The Innovators Dilemma: When New Technologies Cause Great Firms to Fail[M]. Boston: Harvard Business Review Press, 2016.

科学技术演化与金融创新的业务模式、产品、服务和流程之间的交互作用与反复行为，促使社会经济发生系统变化。[①]

(2)关于金融科技概念与内涵

2017 年，金融稳定委员会(FSB)将金融科技(FinTech)定义为一系列金融技术提供商，为企业甚至个人用户提供无缝和更好的金融服务，如创新应用、产品、商业模式和流程。金融科技包括多种先进技术的应用，以支持金融行业的发展(Darolles，2016)，其中相关领域涵盖了大数据、人工智能、云计算、区块链、量子计算等。[②] Puschmann(2017)将金融科技定义为一种覆盖金融领域的新型金融业态。它是能够改变金融服务行业中各种创新的商业模式的新兴技术，但其实质仍然是金融创新。[③] Agagnostopoulos(2018)[④]回顾并总结了金融科技发展对更广泛的金融科技环境的影响。人工智能和物联网的空前发展引起了金融体系的突变，突破性地改变了金融领域的运作方式，为金融业务模式创新提供机遇。金融科技中的新兴技术广泛应用金融各个领域，如前端消费产品、新进入者和现有参与者之间的竞争等(Dranev et al.，2019)。[⑤] Iman(2020)对金融科技相关研究进行了总结，将其归纳为：金融科技的崛起和转型、独特性、消费者接受、监管和市场竞争。[⑥] Sangwan 等(2020)通过对金融科技的研究成果进行整理，梳理规范了在不同类别中反复出现的金融科技相关技术术语，并对其进行解释。[⑦] 该研究强调了成长中的金融科技公司及其监管机构可以从全球同行的实践中获得经验，并将金融科技分为三个主题，即金融产业、创新和技术、法律和监管。基于这三个主题的研究，并指出对金融用户、生产者、企业家、投

---

① Carlota Perez. Technological Revolutions and Financial Capital[M]. Cheltenham：Edward Elgar Pub，2003.

② Darolles，S. The Rise of FinTechs and Their Regulation[J]. *Financial Stability Review*，2016，20：85.

③ Pushmann T，Johnson L. The emergence of a fintech ecosystem：a case study of vizag Fintech valley in India[J]. *Informantion&Management*，2020(57)：69-76.

④ Anagnostopoulos I. FinTech and RegTech：Impect on Regulators and Banks[J]. *Journal of Economics and Business*，2018，100：7-25.

⑤ Dranev，Y.，et al. The Impact of FinTech M&A on Stock Returns[J]. *Research in International Business and Finance*，2019，48：353.

⑥ Iman N. The Rise and Rise of Financial Technology：the Good，the Bad，and the Verdict[J]. *Cogent Business and Management*，2020，7(1)：1-17.

⑦ Sangwan V，Harshita Prakash P，Singh S. Financial Technology：A Review of Extant Literature [J]. *Studies in Economics and Finance*，2019，37(1)：71-88.

资者、政策制定者和监管机构可能具有重要借鉴价值的经验。

(3)关于金融科技监管目标与原则

金融科技监管目标是理论界和实务界共同讨论的焦点问题。Rabbani 指出,金融科技创新成功的关键因素在于透明而确定的监管。[①] Amstad 认为,金融科技监管应当尽可能减少信息不对称的情况,以保护投资者、消费者,维护金融稳定以及市场诚信为目标。[②] Coloma(2020)认为,金融科技监管的主要目标是保护消费者权益、市场公平竞争透明度,以确保市场运行的有效性,并减少行业运营风险。Faykiss(2018)则侧重于监管对金融科技创新的激励与支持作用,认为金融科技监管目标在维护消费者权益、维系金融体系稳定的同时,应当以多种政策不断推动金融科技创新。此外,部分国际组织和区域性组织综合各成员国实践提出了金融科技监管目标方面的指引,具有一定参考价值。金融稳定理事会(2017)和国际清算银行(2020)提出,金融监管机构应关注金融稳定、消费者投资者保护、市场完整性和竞争性、普惠金融等目标,不同监管目标之间可能存在重叠或需要相互协调,甚至可能需要权衡取舍。欧洲银行监管局(2017)提出,金融科技的监管目的在于保护金融消费者、保证金融市场功能的完整性和有效性、避免监管套利、促进平等竞争等。巴塞尔银行监管委员会(2018)建议银行监管者重点考虑如何在保障银行业安全稳健与尽可能避免抑制有益的金融科技创新之间寻求平衡,维持该平衡有利于促进机构稳健运行、金融稳定、消费者保护以及反洗钱等合规要求,而不应以为阻碍创新,特别是那些旨在提高金融普惠性的创新。针对多元监管目标之间可能存在的冲突,国际货币基金组织(2019)建议,鉴于一些监管部门同时负责金融科技创新,其负责监管与促进发展的双重身份引发的角色冲突可以通过确定目标的法律优先顺序等方式处理。

Amstad(2019)[③]认为,金融科技监管应遵循以下原则:一是法律确定性(legal certainty),即严格界定监管范围以及透明地适用法律;二是技术中立(technology neutrality),即要求监管机构审视技术时,主要关注其实现的金融

① Rabbani Mustafa Raza. What do we know about crowdfunding and P2P lending research? A bibliometric review and meta-analysis[J]. *Journal of Risk and Financial Management*,2022,15(10):1-25.

② Amstad. Regulating Fintech:Objectives, Principles, and Practices[J]. *ADBI Working Paper*,2019(3):10-16.

③ Amstad. Regulating FinTech:Objectives, Principles, and Practices[J]. *ADBI Working Paper*,2019(3):10-16.

服务功能;三是匹配性(proportionality),对由于公司规模、系统重要性、复杂性和风险状况等因素而风险有限的金融服务制定较低的监管要求。欧洲中央银行(2020)强调了金融科技监管的三条原则:一是技术中立(technology neutrality),关注经济功能而非技术本身;二是同样业务、同样风险、同样监管(same activity, same risks, same supervision);三是对创新友好(innovation friendly)。从上述文献可以看出,关于金融科技监管原则的讨论,除了强调金融监管的一般性原则,还结合金融科技发展和风险的特殊性,关注监管的一致性和匹配性、技术中立、创新与风险平衡等方面。

(4)法律与技术的耦合关系

法律与技术通过复杂的、独立而又相互依赖的制度体系相互产生作用,因为两者都具有规范个体行为的共性。从20世纪末到21世纪初,法律与技术之间关系的演变大致总结为四个不同阶段。第一阶段为信息数字化过程,简单来说就是将纸张和墨水变为计算机可读信息的阶段。[①] 第二阶段为决策自动化过程,全球各地政府和企业日益频繁地将特定知识领域的规则转化为计算机表达形式,以自动化或半自动化的方式实现决策程序。第三阶段主要包含两方面:一是法律规则逐渐代码化,二是代码监管的出现。软件规定了特定的在线环境中"可为"和"不可为",相比法律,这样的规定更加具体细致,并且执行得更为高效。第四阶段是法律的代码化,在这一阶段中,代码不仅广泛应用于执行法律规则,而且还用于起草和阐述法律规则。[②]

根据莱斯格(Lawrence Lessig)的观点,在规范个体行为上存在四种不同的力量,而这些力量往往不受任何一个独立个体的控制:法律通过法律规则和条例规范来限制个人行为;社会规范通过朋辈压力规范人们的社会行为;市场则通过供求机制鼓励或阻碍特定的市场行为;科学规范则通过限制个体的行为类型实现对行为的约束。[③] 信息技术和互联网发展为规则的发展创造了新的空间,大部分行为可以通过软件得到调整,莱斯格明确指出代码是互联网体系的

---

① Robert C Bering. Full-text databases and legal research: Backing into the future[J]. *Berkeley Technology Law Journal*, 1986, 1(1): 27-60.

② Primavera De Filippi, Samer Hassan. Blockchain Technology as a Regulatory Technology: From Code is Law to Law is Code[J]. *First Monday*, 2016(21): 12-35.

③ Lawrence Lessig. Code and Other Laws of Cyberspace[M]. New York: Basic Books, 1999.

基石,它具备通过技术手段来规范个人行为的能力。[1] 代码所具有的特定功能与其他监管形式有着本质区别。代码规则可以事先对个人行为加以限制,因此代码可以有效预防人们违反规则,这种预防甚至可以在个人行为开始之前发挥作用,这与传统法律规则的事后救济与执行形成鲜明对比。[2]

(5)域外监管科技发展与应用

Philippon(2016)认为金融科技作为一种新兴金融模式,其监管理念、模式以及方法将存在滞后性,其原因在于新的监管体制会受到旧的监管体制阻碍,因而在短时间内无法在监管方法创新以及政策创新等方面进行相应的结构性改变。[3] 因此,有效防范和应对金融科技新的潜在风险需要以科技手段来应对,监管科技的应用成为必要。监管沙盒(sandbox)是国内外公认的能够有效实现平衡创新与风险的监管工具,泽茨基等(2017)认为,通过采取监管沙盒等创新监管工具可以寻求发展与监管之间的动态平衡。[4] Faykiss(2018)[5]结合Gartner曲线进行金融科技监管如何支持创新的问题分析,其认为采用监管沙盒模式或创新中心等创新监管工具,一方面可以加快创新产品进入市场的速度,另一方面可以在技术进入幻灭期时对冲市场信任的衰竭,从而有效平缓进入科技创新预期减少技术应用造成的市场波动。谷和赫尔(Goo and Heo,2020)对选择采用监管沙盒的 9 个领先国家(地区)进行比较分析和回归分析,研究认为,通过消除监管不确定性,采用监管沙盒对金融科技风险投资的增长具有积极影响。[6] 阿拉萨尔等(Alaassar et al.,2021)认为,监管沙盒使得符合条件的申请人能够在一段时间内测试其技术支持的金融解决方案(受监管机构施

---

① Lawrence Lessig. Code Is Law:On Liberty in Cyberspace[EB/OL]. (2000-01-01)[2023-12-16]. http://harvardmagazine.com/2000/01/code-is-law-html.

② Lawrence Lessig. Constitution of code:Limitations on choice-based critiques of cyberspace regulation[J]. *CommLaw Conspectus*,1997,5:181-191.

③ Philippon,Thomas. The FinTech Opportunity[J]. *C. E. P. R. Discussion Papers*,2016,8:190-218.

④ Zetsche D A,Buckley R,Arner D W,Barberis JN. From FinTech to TechFin:the reg-ulatory challenges of data-driven finance[R]. *Frankfurt. The European Banking Institute*,2017,14(2):1-41.

⑤ Peter Faykiss,Daniel Papp. Regulatory Tools to Encourage FinTech Innovations:The Innovation Hub and Regulatory Sandbox in International Practice[J]. *Financial and Economic Review*,2018,17(2):43-67.

⑥ Goo J J,Heo J Y. The impact of the regulatory sandbox on the Fin-Tech industry,with a discussion on the relation between regulatory sandboxes and open innovation[J]. *Journal of Open Innovation:Technology,Market,and Complexity*,2020,6(2):1-18.

加的条件限制),其重要意义在于这些工具允许创新,同时防止由系统风险造成的金融市场的严重不稳定。①

1.3.2   国内研究综述

(1)金融科技风险整体性认识

金融科技创造出了新的业务模式、新的监管模式,其影响范围波及整个金融市场,与此同时也衍生了新型金融风险,彻底改变了金融风险结构。金融科技创新在提高金融服务效率的同时使已成立的法律呈现出更为不完备性。② 金融科技新风险更具隐蔽性和传染性,如区块链技术实质上是一个共享数据库,面临着巨大的网络风险,一旦被黑客攻破,会给整个金融市场带来传染性的风险。杨东认为,金融科技是一种科技所驱动的金融创新,而其间的科技因素是一柄双刃剑,一方面,创新性科学技术的发展与应用已然从根本上改变和深化发展促进了金融市场;另一方面,新型科技与金融的聚合作用,不仅使得传统金融风险与新的技术风险叠加,并且使得传统金融风险表现得更为欻隐蔽、突发与传染性强,更是加剧了技术性风险、操作性风险的量变乃至质变,从而可能引发金融系统性风险。③ 许多奇认为,在金融科技业务场景不断丰富、相关服务和产品深度嵌入人们日常生活的同时,如影随形的信用危机、信息不对称、虚假信息、信息欺诈等问题亦给金融科技带来了新的法律风险、信息安全风险和金融稳定风险等。以社会网络分析工具为据,多节点、高密度的金融科技连接网络使得金融科技具有分散风险与集聚、传染、扩散风险的两面性,并放大了系统性风险的生成概率,产生了"太多连接而不能倒"以及"太快而不能倒"的新表现形式。④ 作为一种突破性金融创新,杨松、张永亮指出金融科技存在数据安全风险、网络安全风险、技术风险以及监管风险。⑤

(2)金融科技风险之具体表现

金融科技迅速发展为金融行业的带来了新的业务创新模式和新的金融工

① Alaassar A,Mention A L,Aas T H. Exploring a new incubation model for fintech:regulatory sandboxes[J]. *Technovation*,2021(2):1-14.

② 李爱君. 论区块链的金融监管价值——以金融科技创新为视角[J]. 西北工业大学学报(社会科学版),2022,1:103-111.

③ 杨东. 监管科技:金融科技的监管挑战与维度建构[J]. 中国社会科学,2018,5:69-91.

④ 许多奇. 互联网金融风险的社会特性与监管创新[J]. 法学研究,2018,5:20-39.

⑤ 杨松,张永亮. 金融科技监管的路径转换与中国选择[J]. 法学,2017,8:3-14.

具等,这必然会引发相应监管规则的落后,以极易出现监管真空或监管套利等破坏市场秩序的乱象。张永亮认为,金融科技监管权很难明确,这会造成某一行业可能存在重叠监管,且监管方式不一致,而某些金融科技行业则会因无明确的监管法律规范而出现规避金融监管的现象。① 综合国内文献,金融科技风险体现在以下几个方面:

一是技术风险。金融科技强调将科技技术用在金融领域。袁康认为金融科技风险分为本体风险、应用风险与衍生风险三个层次:本体风险是金融科技基于其技术本质所产生的风险,主要表现为技术风险;应用风险是金融科技作为技术在为金融业务赋能的过程中因为技术与业务的互动所产生的动态的风险,主要表现为道德风险、法律风险;衍生风险则是金融科技投入应用后因其给金融行业的市场结构和风险结构带来的变革而引起的风险,这是一种间接性的次生风险,其主要表现为系统性风险。② 皮天雷等认为,金融科技既然无法脱离金融的本质,那么在考察其传统金融风险的特质基础上,更应关注金融科技所潜藏的新型风险,即由科技引发的技术风险,例如,数据泄露问题、操作技术失控以及技术本身存在诸多缺漏不足所引发的风险。③

二是数据风险。金融科技活动需要大量数据为前提,被广泛使用的客户身份信息、账户信息和消费信息一旦被泄露,则会给金融机构带来巨大风险,也会给金融消费者带来损害。廖凡认为金融科技的创新性增强了金融的包容性,也提高了金融的交易效率,但同时也在诱发、扩散或者加剧技术带来的数据安全风险与操作风险等,大数据和算法的应用也继续造成了信息不对称风险,这种信息不对称加剧的情况下使得金融科技企业滥用信息优势的风险加大。④

三是系统性风险。周仲飞认为创新性行为导向下的金融科技使得金融大众化、平民化趋势愈发显著,与此同时,导致金融风险的严重泛化。一方面,传统金融风险并无消减,而且会因技术而加重风险传导,有可能会在信用风险、流动性和顺周期风险、网络安全和消费者隐私风险等方面导致风险加剧。另一方面,使得风险在金融系统内部间以及内外部之间的传递更为频繁,从而可能影响整个金融系统的稳定与安全。⑤ 唐松等人以实证方法进一步论证了金融科技

① 张永亮. 金融监管科技之法制化路径[J]. 法商研究,2019,3:127-139.
② 袁康. 金融科技风险的介入型治理:一个本土化的视角[J]. 法学论坛,2021,4:138-148.
③ 皮天雷. 金融科技:内涵、逻辑与风险监管[J]. 财经科学,2018,9:16-25.
④ 廖凡. 论金融科技的包容审慎监管[J]. 中外法学,2019,3:797-816.
⑤ 周仲飞,李敬伟. 金融科技背景下金融监管范式的转变[J]. 法学研究,2018,5:3-19.

潜在系统性风险,就其金融属性而言,金融科技创新仍存在金融风险外部性和顺周期性,随着技术创新延伸会增加风险传染的突发概率和波动幅度。① 总之,从系统论的视角来看,金融科技的诸类风险都有其内在的连续性和层次性。

(3)金融科技监管理念之比较分析

相比传统金融监管,金融科技具有更多不确定性风险因素,其监管原则也更为多元。香港大学 Arner 指出,金融科技监管应寻求经济发展、金融稳定和消费者保护的平衡。② 马勇在论述金融监管未来取向时,提出合理的监管体制应当包含各监管主体之间的职权边界、责任划分、协调机制等一系列相关制度安排,目标是通过结构化的制度设计,将金融监管的相关要素整合在同一个框架内,确保监管目标、工具和行为的一致性、协调性和有效性,消除监管盲点和避免重复监管。③ 陈辉在《监管科技:框架与实践》中提出,金融科技的监管既要体现传统金融监管的继承性和延续性,又要体现信息化时代的适应性和包容性,并将其具体为五个理念,即穿透式监管理念、持续性监管理念、一致性监管理念、协同式监管理念、创新式监管理念。④ 张永亮对监管原则的确立有以下方面:一是坚守适应性监管原则;二是秉持包容性原则;三是倡导实验性监管原则;四是强化协调性监管原则。⑤ 在监管理念的挑战及应对方面,我国金融监管体制素来具有显著的金融抑制特征,邢会强对此指出,只要有发展就会有风险,对风险的正确态度既要防范风险又要抓住发展机会⑥,因此,在对金融科技的风险规范中应倡导追求相对安全的理念,亦即在发展中防范风险。近年来,针对互联网领域兴起的新业态,我国政府提倡包容审慎监管原则,基于此,廖凡就金融科技的包容审慎监管理念专门作出了论述,金融监管科技应兼顾金融、科技、创新这三个核心要素,在创新与规范、效率与安全、操作弹性与制度刚性之间寻求黄金平衡点。⑦

---

① 唐松,苏雪莎,赵丹妮. 金融科技与企业数字化转型——基于企业生命周期视角[J]. 财经科学,2022,2:17-31.

② Arner,Zetzsche,Buckley. FinTech and RegTech:Enabling Innovation While Preserving Financial Stability[J]. *Georgetown Journal of International Affairs*,2017,3(18):47-58.

③ 马勇. 理解现代金融监管:理论、框架与政策实践[M]. 北京:中国人民大学出版社,2020.

④ 陈辉. 监管科技:框架与实践[M]. 北京:中国经济出版社,2019.

⑤ 张永亮. 金融科技监管的原则立场、模式选择与法制革新[J]. 法学评论,2020,5:112-124.

⑥ 邢会强. 市场型金融创新法律监管路径的反思与超越[J]. 现代法学,2022,2:98-114.

⑦ 廖凡. 论金融科技的包容审慎监管[J]. 中外法学,2019,3:797-816.

(4)监管科技价值与制度评析

关于监管科技的功能定位,不仅是一种有效的监管工具,也是金融监管模式转换趋势的必然,许可(2018)认为监管科技是我国金融监管迈向治理科技的一种革新性范式。[①] 李有星、王琳(2019)认为监管科技是一种技术治理模式,即通过监管科技实现监管主体与被监管主体之间互相学习、互相适应,并实现技术治理与法律治理的结合。[②] 杨松与张永亮(2017)提出监管科技是未来金融监管的必然走向,从监管机构角度来看,提升监管效率实现市场竞争、金融稳定和市场一体化等监管目标有赖于监管科技的应用与发展;从被监管者角度来看,金融机构采用监管科技能够有效减少人工操作风险并降低合规成本。[③] 杨东(2018)认为监管科技是规制金融科技的现实路径,监管科技最初被应用于金融机构内部,金融机构为了提高效率并且降低人工成本而利用技术辅助内部合规。在广义上,监管科技是监管行为与金融数字化同步发展的产物,金融监管部门依靠监管技术创新以提升监管效能。[④] 何海锋等(2018)认为,鉴于监管科技兼具数据收集、数据分析的基本技术功能,监管科技应全链条应用于金融监管领域,与金融科技同源,监管科技同样以数据为驱动,依托云计算、人工智能、区块链等新技术精准完成合规和监管任务。[⑤] 沈伟指出,传统金融监管因其"中心化"特征,面对金融科技市场及其风险"去中心化"的现实而无所适从,故而多目标、多主体、多手段的"去中心化"监管模式时所必需。[⑥] 周仲飞、李敬伟(2018)认为利用监管科技,监管机构可以自行获得即时、整合的数据,获得海量的即时粒度数据,对于监管机构监测金融机构个体风险和金融体系系统性风险,同时更好地理解系统参与者包括金融机构、消费者、金融基础设施等的行为,具有重要意义。[⑦]

(5)金融科技监管沙盒制度

有别于静态、滞后的应对型监管,香港大学 Arner 认为监管科技是诱发金

① 许可. 从监管科技迈向治理科技——互联网金融监管的新范式[J]. 探索与争鸣,2018,10:23-25.
② 李有星,王琳. 金融科技监管的合作治理路径[J]. 浙江大学学报(人文社科版),2019,1:214-226.
③ 杨松,张永亮. 金融科技监管的路径转换与中国选择[J]. 法学,2017,8:77-79.
④ 杨东. 监管科技:金融科技的监管挑战与维度建构[J]. 中国社会科学,2018,5:69-91.
⑤ 何海锋,等. 监管科技(Suptech):内涵、运用与发展趋势研究[J]. 金融监管研究,2018,10:65-79.
⑥ 沈伟. 金融创新三元悖论和金融科技监管困局:以风险为原点的规制展开[J]. 中国法律评论,2022,2:186-199.
⑦ 周仲飞,李敬伟. 金融科技背景下金融监管范式的转变[J]. 法学研究,2018,5:76-78.

融科技和金融监管发生变革的关键变量,它能够与金融科技同步演进、并且保持高度的可预见性,[①]使一种接近实时和相称的监管制度成为可能,这种制度能够识别和处理风险,同时对更高效的合规监管起到促进作用。[②] 监管沙盒制度内蕴着金融市场主体从对抗性的"身份"规制向共治性的"契约"治理转变的法理逻辑,其制度内容包括构建基于充分合意的测试规则,完善交流制度以及金融消费者保护,以此来协调监管机构、金融机构和金融消费者之间的利益关系,并以此实现金融安全、金融效率、金融公平之间的动态平衡,这与金融供给侧结构性改革的思路高度契合。[③] 刘志云认为,构建我国的本土化监管沙盒之时,应当重点注意权力主体的设定、具体模式的安排、运作流程的架构、消费者权益的保护[④]。

(6)金融科技监管路径与实现

针对金融科技监管问题,杨松和张永亮认为,2008 年的金融危机及其后各国的加强监管之变革是对金融科技风险需要进行监管的最有力因应,而在"命令—控制"型监管模式下,其监管体制、机械式监管原则以及单一的监管工具等适用困境,亦是亟待改变金融科技风险监管的现实需要。[⑤] 基于对监管权来源与本质分析,黄震认为如何突破传统监管架构、重新分配权力是适应金融科技业态发展、有效治理相应风险的必由之路;在监管立法方面,他认为互联网金融在发展初期不宜由国家直接立法对其规制,可参考的思路是引导互联网金融企业形成产品规则、企业规则标准流程,通过总结提炼逐步形成行业标准,最终形成社会组织的公约或准则,在软法治理基础上,监管者逐步完善并将其转化为法律。[⑥]

吴烨认为监管实践中"一乱就收、一收就死"的恶性循环之根源在于金融科技监管权缺乏合适的理论支撑,由于我国深受德国等大陆法系行政立法的影

①　Douglas W Arner,Janos Barberis,Ross P Buckley. The Evolution of FinTech:A New Post-Crisis Paradigm[J]. *Georgetown Journal of International Law*,2016,47(4):1271-1319.

②　Douglas W Arner,Janos Barberis,Ross P Buckley. FinTech,RegTech,and the Reconceptualization of Financial Regulation[J]. *Northwestern Journal of International Law and Business*,2017,3(37):371-413.

③　刘盛. 监管沙盒的法理逻辑与制度展开[J]. 现代法学,2021,1(43):115-127.

④　刘志云,刘盛. 金融科技法律规制的创新——监管沙盒的发展趋势及本土化思考[J]. 厦门大学学报(哲学社会科学版),2019,2:21-31.

⑤　杨松,张永亮. 金融科技监管的路径转换与中国选择[J]. 法学,2017,8:3-14.

⑥　黄震. 互联网金融软法治理的思考[J]. 科技与法律,2014,3:408-416.

响,理论界多将金融科技监管权视为一种斟酌市场因素的行政权,强调对金融机构行为合法性的监管,但这并不适应于目下金融科技监管之需求。在对比分析英美法系与大陆法系金融监管权的情形下,她指出金融科技监管权的主体应是"合作"前提下的(内在牵连却又相互追逐的复杂关系)监管者与被监管者。① 靳文辉认为,基于金融科技运行的基本事实及其具体的风险表现,多中心的监管权配置及监管组织设计才是一种明智的制度安排,其间,金融科技监管组织跨部门协调机制既能够克服分业监管的弊病,又能够充分发挥各个独立监管机构的优势、降低各自领域的金融风险,协同治理机制的构建是实现金融风险治理最优绩效的应然之路,并提出了相应的法治实现方案。② 基于合作治理宗旨,李有星认为监管权的配置应当由政府单一主体逐渐向多层次、多元化主体转变,由"控制、命令、对抗"模式向"分权、协作、互动"模式转变。③

1.4 主要研究方法

金融科技监管法律制度研究问题,无论是理论证成还是实践操作都是较为复杂多层的问题,因而本书拟采取多种研究方法对此进行研究。

第一,法经济学研究法。法经济学是通过运用现代经济学知识与方法来理解法律制度、分析法律问题。本书在金融科技基础理论部分,依据经济学的效率分析理论,对金融科技的监管逻辑进行分析,进而论述金融科技监管的实现路径与其具体制度构造。

第二,跨学科研究法。金融科技监管法律问题实则是复合型命题,其涉及的领域和问题是法学、信息技术、金融等多学科知识的交叉处理,本书构建金融科技监管的法律制度不仅需要法学理论做支撑,也需要探讨金融科技的底层技术运用问题,在监管模型上需要金融学的传统理论。此外,在金融科技监管的多元治理路径上,还需运用社会学、伦理学等知识对金融科技伦理制度进行探讨论证。

第三,实证分析法。本书从实证的角度系统梳理金融科技的应用场景和实

① 吴烨. 论金融科技监管权的本质及展开[J]. 社会科学研究,2019,5:110-118.
② 靳文辉. 金融风险的协同治理及法治实现[J]. 法学家,2021,4:31-43.
③ 李有星,王琳. 金融科技监管的合作治理路径[J]. 浙江大学学报(人文社会科学版),2019,1:214-226.

务问题,深入解析金融科技发展现状,并通过收集大量数据对本书的研究问题进行统计分析,确保本书的研究内容更为精准,并且不脱离当前客观现实状况,在此基础上提出更为合理、有效的法治对策。

第四,比较研究法。比较研究法是对比世界上不同法系、不同国家法律制度对其共性与个性进行辨析。本书在金融监管政策和法律制度上大量借鉴国际监管经验,欧美国家的金融科技监管相对成熟,较长时间的金融发展历史使其积累了丰富的理论与实践经验。通过比较研究法,不仅有助于拓宽国际视野,而且能从域外的金融科技监管制度中汲取经验,最终达到研究成果更具先进性与合理性的效果。

1.5　主要创新及不足

本书可能存在的创新有以下几个方面。

一是拓宽金融科技监管研究范畴。数字经济视阈下的金融活动包罗万象,随着科技迅猛发展金融业态发展也更为多元复杂,无论是在理论层面还是实践层面都亟待拓展监管研究的广度和深度(例如将系统论范式作为金融监管范式行为的方法论基础),为金融科技监管法律制度构建提供更多的思路与可能。

二是提出金融监管科技法律制度的优化方案。伴随金融科技不断更新换代,当前相关的法律规范较为零散,监管实践仍处在"见招拆招"、"摸着石头过河"阶段,尽管有国际的监管经验用以参照借鉴,但金融科技监管的整体法律制度仍待完善,本书多维度、全链条对金融科技监管的法律制度进行总结和完善。

三是融合法社会学的多元主义元素。基于"科技向善"理念,金融科技监管能力既关系着社会秩序的安稳又肩负着重要的社会责任,本书在金融科技基本法律框架构建下,填充了金融科技伦理制度的构建等内容,使金融科技在我国金融法治过程中充分发挥有效性。

四是探索金融科技监管的国际合作机制。在金融全球化背景下,如何回应新形势下涉外金融发展是当前涉外金融法治面临的重大课题,熟谙国际监管原则并积极参与国际合作是提升我国金融科技监管水平的必要。本书对域外金融科技监管实践进行比较分析,以期对我国国际金融科技监管合作共享提出有益借鉴。

本书论题为金融科技监管法律问题研究,实则可拆解为"金融""科技""监管""法律"四个议题,在跨学科研究中难免存在疏漏与不足之处。目前存在的不足之处主要有以下三个方面。

其一,金融科技是近年崛起的新兴领域,本书在复合型论题的论述上较为烦琐,且在技术方面难以上升为较深刻的学术理论,因而缺乏传统法学论文的逻辑性和学术意味。

其二,金融科技监管法律问题是一个牵涉面广、综合性强的探索性选题,本书主要以制度构建为视角来阐释金融科技监管法律问题,受论文结构安排所限,有些前沿问题未纳入研究,对当前的金融科技法律问题的梳理和分析难以全面。

其三,受全球疫情影响,当前金融科技的发展形势更为复杂、充满不确定性,因而在分析国际、国内金融科技动态方面难免有疏漏之处。

第2章　金融科技对金融监管法制的影响

金融科技是新兴信息技术驱动下的金融业务创新,作为一种以技术为先导的金融创新活动,其本质仍然是金融。除了金融科技固有的传统经济风险,金融监管机构更需要面对的是由技术引发的新型风险:金融科技的技术风险主要指因网络环境与平台技术自身缺陷等导致的损失,因其科技特性使其金融科技风险出现涉众性、非线性、强突发性等特征,主要包括但不限于网络安全风险、数据安全风险、系统传染风险、技术操作风险等。这对传统金融监管发起了新的挑战:对传统金融监管"物理边界"的挑战,对传统金融监管"技术应对"的挑战以及对传统金融监管"规范创制"的挑战。

2.1　金融科技的基本内涵与发展脉络

2.1.1　金融科技的定义与相关概念界分

(1)金融科技的基本定义

界定概念是认识事物性质的基础和前提条件,"人们必须先具有关于某事物的概念,然后才能作出关于某事物的判断、推理与论证"。[①] 何为金融科技?金融科技(FinTech)是由金融(finance)和科技(technology)组成的合成词,全球金融稳定理事会(FSB)对其作出了定义,金融科技是指新兴信息技术驱动下的金融业务创新,主要包括新业务模型、新业务流程、新应用和新产品。[②] 中国人民银行在《金融科技(FinTech)发展规划(2019—2021)》中采纳了FSB提出的定义,目前该定义也已经成为全球共识。2022年,在中国人民银行发布的《金融领域科技伦理指引》(JR/T 0258—2022)中,关于金融科技的术语被定义为"技术

---

① 金岳霖. 形式逻辑[M]. 北京:人民出版社,1979:19.

② See FSB (2016),"Fintech:Describing the Landscape and a Framework for Analysis," March; and FSB (2017a).

驱动的金融创新"，金融科技的核心是持牌金融机构在依法合规前提下运用现代科技成果改造或创新金融产品、经营模式、业务流程等，推动金融发展提质增效。

金融科技可降低金融服务成本、起到提质增效的作用，是传统金融机构转型有效的"催化剂"，同时通过技术迭代和创新，形成超越传统金融机构的创新产品和服务。金融科技正不断改变金融领域格局、重塑金融的未来。传统金融通过技术的加持，能够克服地理障碍以降低交易成本、提高交易效率、安全度与透明性，可以创造出更多量身定制的金融服务，并且有利于普惠金融的发展。金融科技企业与金融机构的融合方式主要有：一是金融科技企业在金融服务上开拓移动支付和网络贷款等领域，弥补传统金融机构在这些领域的短板和不足；二是金融科技公司与传统金融机构达成合作，金融机构通过收购或付费等方式引入金融科技，金融科技企业通过金融机构的账户、贷款和付费途径等为客户提供增值服务；三是金融机构自行研发金融技术，促进业务全面升级。[①] 在行业实践中，金融科技已经在信贷、理财、支付、保险、证券、数字货币等诸多领域得到了广泛的应用。

传统上，金融科技的内涵是根据具体业务形态进行划分。世界经济论坛(2015)将金融科技活动分为五类金融服务：支付和清结算业务、存贷款和融资业务、保险业务、投资管理和市场支持。[②] 所有这些类别的金融服务创新迅速涌现，涉及批发(公司、非银行金融机构和银行间)和零售(家庭、中小企业)两级。根据艾瑞咨询公司《中国金融科技发展报告(2017)》，在多数场景下，金融科技类似于一种基础设施在实际金融业务后端辅助金融机构提高业务效率，因此金融科技的产业链应以金融业务流程为主线构建。一是资产获取。通过大数据技术进行精准营销和信用评估(反欺诈、信用验证等)，以获取目标质量范围的基础资产，主要包括消费金融、供应链金融等。二是资产生成。资产生成主要指金融科技企业与金融机构共享获取各类资产并合作处理资产。在这一环节中，考量的主要内容是金融机构处理资产的能力，这一环节金融科技并不能够独立存在。除基础系统之外，主要关注的是对自身资源运用、输出与合作。三是资金对接。科技不断从 IT 系统更深一步渗透，随着金融业务自动化水平不断提升，金融科技在投资领域实现了与金融用户资金自动对接，这逐步丰富了

　　① 徐忠，邹传伟. 金融科技前沿与趋势[M]. 北京：中信出版社，2021：9.

　　② WEF(World Economic Forum)，2015，"The Future of Financial Services". https://www.weforum.org/访问时间 2022-5-15.

智能投顾、量化投资等智能金融。四是场景深入。其主要包括生物识别、支付结算、分布式技术等。

根据国际货币基金组织（IMF）和世界银行（2019）在《巴厘金融科技议程》（Bali Fintech Agenda，BFA）中的报告，金融科技有以下益处：一是依托技术能力提升、加密技术创新、数据整合和管理创新、分布式计算、人工智能等金融科技创新应用，可显著改进全球金融服务供给，带来广泛的社会效益和经济效益；二是通过"数字足迹"的收集与金融应用，优化客户尽调、信用评估、风险管理等金融流程，提高金融服务可获得性；三是降低市场进入门槛，缩小信息不对称，提高市场竞争性和创新性，丰富金融消费者选择，同时还可带来网络效应和规模经济效应；四是从市场覆盖面、客户数据、商业可持续性等方面提高金融普惠性，并通过改进市场基础设施和市场深度促进金融市场发展。[①] 金融稳定理事会（FSB）从金融稳定的角度论述了金融科技对金融稳定的影响：一是金融科技能带来金融体系部分领域的分散化和多样化，在某些情况下可以减少金融冲击的影响；二是金融科技可通过竞争的激励机制提高金融机构运营效率，有助于提升金融体系整体效率和实体经济发展水平；三是金融科技能够降低信息不对称，使风险能够被准确地评估，并促进针对特定风险的金融工具创新，提升市场参与者管理风险的能力；四是金融科技能够提升增强面向中小企业、个人家庭的金融服务便利性，有助于分散投资风险并提升经济增长可持续性。[②]

在我国本土语境下，互联网金融也是当今的"热词"，它与金融科技有交集但却不尽相同，学者们从不同角度对其进行定义，但并未有统一标准解释。狭义上，互联网金融的定位是通过网络工具实现货币信用化流通，换言之，以互联网作为工具实现资金融通的方式或方法可被称为互联网金融。广义上，互联网金融实质上是金融渠道的拓展，通过互联网渠道实现商业模式的便捷性，从广义层面来讲，金融在互联网空间的应用都可被定义为互联网金融，互联网金融的主要模式包括但不限于第三方支付业务、互联网银行、互联网消费金融、互联网基金信托等。就以信息技术为载体而言，金融科技与互联网金融是具有共性的，二者都是围绕科技驱动的金融创新而产生的综合概念，无论是参与机构、驱

① International Monetary Fund and World Bank，The Bali Fintech Agenda：Chapeau Paper，2018，https：//documents.worldbank.org//访问时间 2022-5-15.

② FSB（Financial Stability Board）. Financial Stability Implications from FinTech，27 June，2017. https：//www.fsb.org//访问时间 2022-5-20.

动技术还是业务模式,都体现了金融与科技相互融合的创新精神。^① 就技术层面,互联网是以"3W 协议"为核心代表支撑的网络技术,是信息技术当中的一个重要组成部分,而金融科技包含的技术范围更加广泛,包括但不限于大数据(Big Data)、人工智能(AI)、安全技术(Security)、物联网(IoT)、云计算(Cloud Computing)、区块链(Blockchain)等新兴技术。总体看来,金融科技的外延大于互联网金融,前者不限定新技术的具体范围,并对业务模式、技术应用、产品流程予以同样的重视。^②

(2)科技金融的基本定义

科技金融是关于促进科技发展的一系列金融工具,具体意旨在于促进科技开发、成果转化和高新技术发展,包括激励产业发展的金融体系、金融政策和金融服务体系,此外,政府、企业、市场、社会中介组织为科学和技术创新活动提供金融资源的活动也在科技金融范畴之内。因此,科技金融既是金融体系的一部分,也是国家创新体系的组成部分。^③ 从本质上来定义科技金融,它是促进技术、资本与企业家等创新要素深度融合的经济范式。^④ 科技创新与金融创新具有紧密的双向互动关系,科技创新需要金融创新提升服务质量从而形成支撑,科技创新发展与其结构调整也随着金融创新的进步而逐渐完善。鉴于金融创新的支点在于科技的创新,因而金融创新的发展规模、速度和形式都将受到科技创新水平的影响。^⑤ 2023 年 3 月,美国发生了历史上第二大银行倒闭事件,倒闭的银行是美国最大的科技金融机构——硅谷银行(Silicon Valley Bank, SVB),该银行主要业务就是为科技初创企业提供融资服务,曾经是科技行业的重要支柱和合作伙伴。

(3)监管科技的概念识别

监管科技(RegTech)是与金融监管科技"同气连枝"的概念。事实上,监管科技一词并不是金融领域的"专利",在市场监管领域逐渐应用科技来支持执法监督,例如伴随食品药品安全等领域出现的市场监督管理的科技场景(例如食品药品监管、信用监管、广告监管以及网络监管等)。从 2015 年开始,监管科技

① 肖翔. 金融科技监管:理论框架与政策实践[M]. 北京:中国金融出版社,2021:5.

② 谢平,刘海二. 金融科技与监管科技[M]. 北京:中国金融出版社,2019:12.

③ 赵昌文. 科技金融[M]. 北京:科学出版社,2009:27.

④ 房汉廷. 科技金融本质探析[J]. 中国科技论坛,2015,5:5-10.

⑤ 张明喜,魏世杰,朱欣乐. 科技金融:从概念到理论体系构建[J]. 2018,4:31-42.

概念在金融界作为固定术语被广泛使用,并基本应用到金融全部行业,逐渐成为惯例。本书根据国际形成的惯例,将监管科技定义为金融领域的监管科技。英国金融行为监管局(FCA)认为监管科技是金融科技的子集,通过采用新科技使监管目标的实现更为高效。① 国际金融协会(Institute of International Finance)对监管科技的定义是"能够高效并有效解决监管和合规性要求的新技术"。② 国际上对监管科技的解释相对中性,并没有说明监管科技的价值取向。从监管科技的功能定位来看,监管科技是采用技术手段,在被监管机构与监管机构之间共同建立的可信任、可执行、并且可持续的"监管协议和合规性评估、评价和评审机制"。③ 监管科技的两大分支为监管端(SupTech)与合规端(CompTech),监管端是运用于监管实施端的监管科技,合规端则是运用于金融机构合规端的监管科技。监管科技在监管端的运用主要是数据收集和数据分析两大部分,在数据收集过程中形成自动化报告、实时监测报告等,同时对数据进行管理(包括数据整合、数据确认、数据可视化处理、云计算大数据)。数据分析的具体运用主要包括虚拟助手、市场监管、不端行为监测、微观审慎监管和宏观审慎监管。④ 关于监管科技的具体内容,本书将在第四章重点论述,在此仅作简略介绍。

(4)监管科技与科技监管的界分

初识金融科技监管问题,金融监管科技和金融科技监管二者也是容易被混淆的一组概念,就如同难以精准区分金融科技与科技金融概念之间的关系。本书在此对二者概念进行具体区分。监管科技与科技监管二者具有一定的延续性,简言之,监管科技是科技监管方式的具体工具,同时也可以把监管科技看作是科技监管的"升级版本"。科技监管最初起源于金融机构在合规、财会、统计等方面的应用,运用信息化技术、自动化技术、网络通信技术、计算机系统等对其作业进行处理,例如银行的信贷管理和授权管理系统和央行的会计审算电子化系统、金融调查统计分析系统等。在这一阶段,由于科技并未在金融机构中

---

① FCA,FS16/4:"Feedback Statement on Call for Input:Supporting the Development and Adpoters of RegTech",https://www.fca.org.uk//访问时间 2022-5-20.

② The Institute of International Finance:"RegTech in Financial Service:Solutions for Compliance and Reporting",https://www.iif.com//访问时间 2022-6-15.

③ 陈辉. 监管科技:框架与实践[M]. 北京:中国经济出版社,2019:166.

④ Broeders D,Prenio J. Innovative technology in financial supervision (suptech)-the experience of early users. Financial Stability Institute (FSI) Insights on policy implementation,2018.

形成全覆盖范围的应用,因监管形成的科技研发也并未发育成为一个独立的产业。因而,可将科技监管看作是金融信息化的一部分,是金融监管数字化的最初始阶段。而监管科技在传统信息技术全面升级的背景下,利用人工智能、区块链、云计算等新兴技术对监管信息实现可视化展现和实时监测,完全突破了传统科技监管的范畴与功能。随着信息技术不断革新的趋势,金融监管也正在尝试与更多的高新技术进行结合,把监管科技整体纳入金融市场基础设施管理范畴,形成监管科技新生态。①

2.1.2　金融科技的产生背景与历史演进

广义而言,金融科技并非当代新生事物。道德拉斯·阿纳等(Douglas W. Arner,Jànos Barberis,Ross P. Buckley)把金融科技的历史发展划分为三个阶段。② 第一阶段(1866—1967)为金融科技 1.0 时代,金融和技术从其发展的最初阶段就是相互影响、相辅相成的,例如,1866 年大西洋电报公司大西洋电缆的成功铺设为 19 世纪晚期的金融全球化提供了重要基础设施,尽管金融服务业与技术结合密切,但总体上仍是模拟(类)工业,还未实现数字化工业。第二阶段(1967—2008)为金融科技 2.0 时代,此阶段是传统数字化金融服务充分发展的时期。自 1967 年,英国巴克莱银行(Barclays Bank)自动取款机的问世开启了现代金融科技 2.0 时代,随着全国市场体系的日臻完善,金融科技的应用也更加广泛。在支付领域,英国在 1968 年成立了计算机互通局(Inter-Computer Bureau),是现今银行自动清算服务(BACS)的雏形,美国清算所银行间支付系统(CHIPS)于 1970 年成立。在证券领域,1971 年纳斯达克(NASDAQ)在美国成立,标志着自 17 世纪末开始的证券实物交易向全电子证券交易过渡。③ 在消费领域,首家网上银行于 1980 年在美国开始营业,随后,英国网上银行于 1983 年由诺丁汉建筑协会(NBS)推荐运营。④ 到 20 世纪 80 年代,金融机构内部运营大大增加了对信息技术的应用,逐渐取代了纸基机器装置。在此时期,一个

① 尹振涛. 监管科技:面向未来的监管变革[M]. 北京:中国金融出版社,2020:5.

② Douglas W. Arner,Jànos Barberis,Ross P. Buckley. The Evolution of Fintech:A New Post-Crisis Paradigm? *UNSW Law Research Paper* No. 2016-62,45 Pages Posted:20 Oct 2015 Last revised:19 Dec 2019

③ See NASDAQ,Celebrating 40 years of NASDAQ:from 1971 to 2011,NASDAQ (2011). http://www.nasdaq.com/includes/celebrating-40-years-nasdaq40-from-1971-to-2011.aspx.

④ HARRY CHORON & SANDY CHORON,MONEY:EVERYTHING YOU NEVER KNEW ABOUT YOUR FAVORITE THING TO FIND,SAVE,SPEND & COVET 22(2011).

金融科技创新的典型案例是美国彭博有限合伙企业和彭博慈善基金会创始人Michael Bloomberg 于 1981 年离开所罗门兄弟公司(Solomon Brothers)开始创业,新公司的业务是以创新技术为金融机构提供资讯服务,并命名为创新市场系统公司(Innovative Marketing System),到 1984 年,彭博终端(Bloomberg Terminals)在各金融机构的使用率持续增加。[①] 第三阶段(2008 至今)为金融科技 3.0 时代,新型金融机构和金融科技公司通过新兴科技为社会公众以及各类企业提供金融产品服务,2008 年全球金融危机是金融科技发展的重要转折点,这场波及全球的金融危机催生了 3.0 时代金融科技。[②] 在这一阶段,新兴技术(大数据、云计算、人工智能、区块链等,简称 ABCD)与金融走向全面融合,在金融信息采集、风险定价、投资决策以及信用中介等方面打通了传统金融的痛点,大幅度提升了传统金融的效率。这一时期具有代表性的事件有:2015 年,美国纳斯达克证券交易所(NASDAQ)发布了全球首个区块链平台 Ling;2016 年,英国巴克莱银行(Barclays Bank)实现首个基于区块链技术的交易。

表 2-1　金融与科技融合发展的演进过程[③]

创新内容	涉及业务	所用关键技术	时间
磁条信用卡	零售业务	磁条技术	20 世纪 60 年代
自动清算中心	批发业务	网络、计算机	20 世纪 60 年代
ATM	零售业务	机电一体化技术	20 世纪 60 年代
POS 机	零售业务	点对点通信、局域网	20 世纪 70 年代
信用评分模型	零售业务	数据库技术	20 世纪 70 年代
清算同业支付系统	批发业务	计算机网络	20 世纪 70 年代
支票处理机	零售业务	磁记录字符识别	20 世纪 70 年代
自动转账服务	零售业务	电话	20 世纪 70 年代
环球同业金融电信网络	零售、批发	计算机网络系统	20 世纪 70 年代
衍生产品	资本市场	高速运算计算机、远程通信	20 世纪 80 年代

① IMS was called a "Financial Information" company and not yet a "Financial Technology" company. SeeMichael Bloomberg:Wall Street data pioneer and ex-NYC mayor,CNBC (Apr. 29,2014), http://www.cnbc.com/2014/04/29/25-michael-bloomberg.html./访问时间 2022-10-15.

② Arner D W,Barberis J N,Buckley R P. The evolution of FinTech:a new post-crisis paradigm[J]. *Georgetown Journal of International Law*,2016,47(4):1271-1319.

③ 中国互联网金融协会金融科技发展与研究专委会,瞭望智库. 全球视野下中国金融科技应用与发展[M]. 北京:中国金融出版社,2020:23.

（续表）

创新内容	涉及业务	所用关键技术	时间
家庭银行	零售业务	计算机、通信、安全控制	20 世纪 80 年代
企业银行	批发业务	计算机、通信、安全控制	20 世纪 80 年代
客户关系管理	小企业客户	数据库技术、专家系统	20 世纪 90 年代
网上银行	全方位	互联网、安全控制	20 世纪 90 年代
非银行支付	零售业务	互联网、云计算	21 世纪初
个体网络借贷	零售业务	互联网、云计算、大数据	21 世纪初
股权众筹	资本市场	互联网、云计算	21 世纪初
智能投顾	零售业务	互联网、云计算、人工智能	21 世纪初
区块链跨境汇款	零售业务	区块链	21 世纪初
法定数字货币	零售、批发	区块链、加密技术	21 世纪初

　　面对数字化时代所需的高效响应、灵活调整、组合式创新的金融业务要求，金融机构正持续升级系统架构和技术体系，构建共享、复用、敏捷的数字化技术底座。随着全球经济发展不确定因素的增加，传统金融模式持续受限，金融业向绿色、普惠、高效转型发展更加依赖科技赋能，因而，数字金融服务加速发展成为主流趋势。以英国为例，从 2014 年到 2022 年 7 月，英国金融行为监管局（FCA）成立的创新中心累计支持了 850 家公司，并在推出的监管沙盒中纳入了 165 个测试的公司和产品，其技术应用更加注重前沿性和实用性。[①] 当前，全球金融科技行业正趋于成熟，行业的早期创业仍然活跃。2022 年上半年，全球金融科技行业投融资总额约为 853 亿美元，证券与资管、银行与借贷、区块链是 2022 年上半年投融资最火热的领域，约占全行业投融资总额的 77％。[②] 经济学人智库研究显示，65％的受访银行家认为当前现有网点模式将在 5 年内逐步被取代，超过 81％的受访者认为客户体验的差异化是未来的重点方向，对于部分技术能力偏薄弱的银行，也已开始寻求与第三方金融科技公司的合作。[③]

---

① 　数据来源：英国金融监管局官网 https://www.fca.org.uk/. 访问时间 2023-5-15.

② 　清华金融科技研究院：《全球金融科技投融资趋势报告（2022 上半年）》，http://fintechlab.pbcsf.tsinghua.edu.cn/info/1018/1463.htm. 2023-1-15.

③ 　数据来源：经济学人智库网 https://www.economistgroup.com/businesses/economist-intelligence/. 访问时间 2023-5-15.

2.1.3　金融科技在金融行业领域的应用

金融科技应用领域十分广泛,金融稳定理事会(FSB)根据经济功能将金融科技业务进行了分类,主要包括支付结算、存贷款与资本筹集、保险业务、投资管理以及市场设施五类。[①] 国际清算银行(BIS)在金融稳定理事会的界定分类基础上,对金融科技提出了更为系统、形象的概念框架:金融科技树。该树图将金融科技划分为金融科技活动(Fintech activities)、赋能技术(Enabling technologies)以及政策推动(Policy enables)三个部分。金融科技树的枝叶部分是金融科技活动,指依托底层技术提供各类金融服务,涵盖金融业的不同门类业务(数字支付、智能投顾、电子货币、资产管理、加密资产等)。金融科技树的树干部分是指驱动金融服务创新的各类技术(生物识别、分布式账本技术、人工

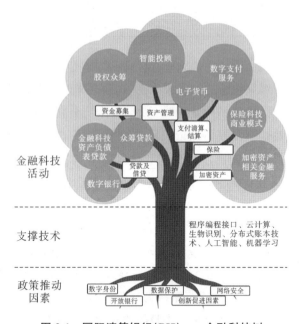

图 2-1　国际清算银行(BIS)——金融科技树

(图片来源:Bank for International Settlements, Financial Stability Institute, "Policy responses to fintech:a cross-country overview", FSI Insight on policy implementation, No.23, 2020)

---

① Financial Stability Board. Financial Stability Implications from Fintech:Supervisory and Regulatory Issues that Merit Authorities' Attention. FSB Research Report, June 2017.

智能等),即赋能技术。政策推动是指关于支持金融科技活动和赋能技术应用的公共政策措施(创新促进、网络安全、数据保护等),是金融科技的根部。[①] 学界 Douglas W. Arner 等学者对金融科技应用的领域归纳得更为详细:一是投融资领域;二是金融机构运营与内部风险管理领域;三是支付与基础设施领域;四是数据安全与数据定价等;五是客户界面以及合规科技等。[②]

由于金融科技应用几乎覆盖了所有传统金融行业,为使金融科技应用更加清晰明了,本书仅从主要金融业务以及底层技术体系两个方面来阐释金融科技应用。

(1)金融科技应用之业务分类

①支付清算业务。

由于支付系统是金融市场基础设施的重要组成部分之一,在金融科技研发的诸多项目中,支付科技被视为金融科技创新中最为热门的项目之一。从支付基础设施电子化的历史演进过程来看,支付业务与科技创新的融合彰显了强大的生命力。近些年,随着人工智能、云计算、大数据、物联网、分布式账本等新一代信息技术日趋成熟,支付科技领域的创新也随之提速,智能终端、二维码技术、生物识别技术、移动通信技术等在支付领域开创了移动支付、条码支付、刷脸支付等支付方式,新一代支付基础设施不断更新完善。以移动支付为例,我国的支付科技产业在全球范围内不失为一张亮眼"名片",它对相关产业数字化转型起到积极的推动作用,同时催生了生活缴费、医疗健康、教育培训等行业数字经济新业态,形成了广泛的移动支付生活服务圈。[③] 又如美国 PayPal 企业,针对年轻用户群退出 Venmo 服务,集社交与点对点转账支付于一体,同时搭载"Cash Back to Crypto"服务,与加密货币交易业务产生联动。[④]

②数字货币。

当下,全球数字货币市场已经初步形成,央行数字货币、稳定币以及私人货币的增长均呈上升趋势。CoinMarketCap 网站显示,截至 2020 年 12 月 31 日,

---

① Bank for International Settlements, Financial Stability Institute, "Policy responses to fintech: a cross-country overview", FSI Insight on policy implementation, No.23, 2020.

② Arner D W, Barberis J N, Buckley R P. The evolution of FinTech: a new post-crisis paradigm[J]. *Georgetown Journal of International Law*, 2016, 47(4): 1271-1319.

③ 杜晓宇,徐巍,巴洁如. 中国金融科技运行报告(2021)[M]. 北京:社会科学文献出版社,2020: 237.

④ 中国信息通信研究院:《中国金融科技生态白皮书 2022》,2022 年 11 月。

全球加密货币总市值约合人民币 49309.49 亿元,较 2020 年初上涨约 293.97％,其中最受关注的比特币占比 70.54％。[①] 比特币等加密数字货币因其"私人"属性难以获得用户信任而无法成为成熟的支付工具和货币,但与此同时,加密货币也将分布式账本技术(DLT)等概念带到公众视野,对金融科技的创新与发展起到一定的促进作用,也为支付工具创新、跨境支付和普惠金融等提供了更多的借鉴经验。在加密货币多次出现泡沫破裂之后,稳定币相继推出,这是对解决传统加密货币价值不稳定问题作出的重要尝试。金融稳定委员会(FSB)对稳定币定义解释是为了维持稳定价值而与特定资产、资产池或一篮子资产关联的加密资产。[②] 2019 年 Facebook 发布《Libra 白皮书》,其核心内容是将美元、英镑、欧元和日元四种法定货币计价的一篮子低波动性资产作为抵押物,力求达到实际购买力的稳定。[③] 当下,尽管央行数字货币对银行类金融机构以及金融稳定的影响仍有争议,但基于央行数字货币在支付清算效率和普惠金融发展具有积极作用,各国相继加速央行数字货币研发、展开试点工作。

③投融资业务。

金融科技的应用领域主要体现在替代性融资领域,金融科技在私募、公募、企业上市等多领域被广泛使用。[④] 中信银行利用中信集团金融全牌照、产业全覆盖的优势,通过推出"融资＋融智"一揽子综合服务方案来真正为实体经济企业纾困,为解决实体经济领域企业投、融资两端需求构建了"融资助力,投顾驱动"的全新经营模式,在行业中为金融科技服务实体经济树立了典范。[⑤] 智能投顾是投资与科技结合的典范,财务管理数字平台即智能投顾,主要针对年轻客户建立的数字银行场景,具有潜在的全生命周期价值。基于人工智能技术,智能投顾通过精准的客户画像并根据其风险偏好和承受能力帮助客户构建投资组合,并且实时自动调整投资册罗,对投资组合进行再平衡,以实现最佳的动态投资。以蚂蚁集团为例,在 2020 年蚂蚁集团与全球最大的公募资管机构美国先锋领航集团(Vanguard 集团)共同推出了基金投资顾问服务"帮你投",为用

---

① 数据来源:http://coinmarketcap.com/. 访问时间 2023-5-15.

② FSB,"Regulation,Supervision and Oversight of Global Stablecoin Arrangements,Final Report and High-level Recommendations",2020.

③ 姚前. Libra2.0 与数字美元 1.0[N]. 第一财经日报,2020-05-12.

④ Arner D W,Barberis J N,Buckley R P. The evolution of FinTech:a new post-crisis paradigm[J]. Georgetown Journal of International Law,2016,47(4):1271-1319

⑤ 2022 年中国创新论坛:《创新"中信方案" 服务实体经济》,2022 年 10 月 10 日,https://finance.sina.com.cn/money/bank/gsdt/2022-10-10/doc-imqqsmrp2043828.shtml 访问时间 2023-1-15.

户提供投前策略匹配、资产配置基金优选、投中自动调仓、投后全程投教陪伴等全委托的资产管理服务。①

④金融机构内部管理。

2008 年全球金融危机之后,金融机构需要建立更为严密的管理机制应对金融危机后的变化。以我国金融数据管理实践为例,2020 年微众银行开发了wedatasphere 的开源开放的"一站式"金融级数据管理平台套件。其中,平台工具包含平台门户、数据计算中间件和运营管理系统,数据工具包含数据地图、数据脱敏工具、数据质量工具和跨 hadoop 集群的数据传输工具,应用工具则包含开发探索工具、图形化工作流调系统、数据展现 BI 工具和机器学习支持系统。这三大工具关注用户各类需求的实现,形成了完整的大数据平台技术体系,有力地支持了数据安全存储和计算。② 中国民生银行提出了精细化零售信贷风险管理思路,基于大数据智能风控理念规划设计了 Cybernetics 智能风控系统,充分利用大数据和人工智能的技术优势,缓解零售信贷供需双方信息不对称额外难题,对大众客群以收益覆盖风险,以此有序扩大信贷规模、提高服务可获得性。③

(2)金融科技之技术体系

金融科技是所有信息技术集成的综合体,从当前发展形势来看,金融科技主要包含但不限于大数据技术、云计算技术、人工智能技术、区块链技术、物联网技术、量子计算等新兴技术,以上组合成为一个以新一代信息技术为主要表现形式的技术体系。④

①海量数据处理与分析:大数据(Big Data)。

大数据是伴随着信息数据爆炸式增长和网络计算技术迅速发展而兴起的新概念,指传统数据处理应用软件不足以处理的大型复杂数据集⑤。大数据最明显的特征和技术优势为拥有海量数据规模、数据类型多样且能够高速流转,

---

① 李惠敏:《"帮你投"最新用户数超百万人》,中国证券报中证网,2021 年 3 月 18 日,https://www.cs.com.cn/tzjj/tjdh/202103/t20210318_6148049.html/访问时间 2023-5-15.

② 微众银行:《打造数据新基建 释放数据生产力——微众银行数据新基建白皮书》,2020 年 12 月,http://iftnews.cn/readnews/9084.html/访问时间 2023-5-15.

③ 陈静.中国金融科技发展概览——创新与应用前沿(2021—2022)[M].北京:社会科学文献出版社,2022:215.

④ 姚国章.金融科技原理与案例[M].北京:北京大学出版社,2019:10.

⑤ 维基百科定义:http://en.wikipedia.org/wiki/Big_data.访问时间 2022-5-15.

此外,还有数据价值密度低等其他优势。舍恩伯格认为,大数据开启了一次重大时代转型。正如望远镜让我们感受到宇宙、显微镜让我们观测到微生物一样,大数据正在改变我们的生活和我们理解生活的方式,成为新发明的源泉,更多的改变蓄势待发。[①] 大数据的基本处理流程与传统数据处理并无太大差别,主要环节包括:数据采集—数据预处理(具体包括清理、集成、变换)—数据存储—数据分析和结果呈现(数据可视化、数据安全与隐私)等。由于大数据作用巨大、应用广泛,国际经济组织已针对大数据组织构建原则性概念框架,也有很多国家将大数据产业提升为国家战略,期望通过大数据竞争优势以取得或巩固在该领域的优势地位。[②] 以平安银行为例,其应用的潘多拉指标平台结合组件化开放平台建设提供了数据分析与应用的一站式解决方案,平台构建服务提供了数据查询的自动视图构建,Kyligence Enterprise 的自动 Cube 构建、智能任务管理等功能,实现指标模型的自动化构建。同时,潘多拉指标平台改变了数据的日常开发模式和业务用户的数据应用模式,将数据开发周期缩短为 3～5 天,大数据报表开发人力耗费减少 30%,极大地降低了数据开发与应用的成本,提升了数据的应用效率。[③]

②可配置的共享资源池:云计算(Cloud Computing)。

关于云计算,美国国家标准与技术研究院(NIST)将其定义为一种通过网络按需提供的、可供动态调整的计算服务。[④] 云计算来源于算力(computing),实际上是指一个庞大的网络系统,其间可以包含成千上万台服务器。云计算具有资源弹性供给、按需自助服务、方便灵活、稳健专业等诸多优点,其应用也非常广泛,通过云计算,用户可以轻松完成创建新应用和服务、存储备份和恢复数据、音视频流传输、数据分析预测、按需交付软件等任务。主要的云部署模型是公共云,私有云,混合云和社区云。借助云计算技术,金融机构一方面实现业务流程的线上化承载,另一方面强化了数据资源的整合、促进了金融各个环节更加精准智能的业务运营。云计算为金融机构的科技变革,提供了重要的基础资

---

① 〔英〕维克托·迈尔-舍恩伯格.大数据时代——生活、工作与思维的大变革[M].周涛,译.杭州:浙江人民出版社,2012:45.

② 管同伟.金融科技概论[M].北京:中国金融科技出版社,2020:53.

③ 陈静.中国金融科技发展概览——创新与应用前沿(2021—2022)[M].北京:社会科学文献出版社,2022:152.

④ Mell,P. and grance,T. the NIST defintion of cloud computing. NIST special publication 800-145,national institute of standards and technology,gaithersburg,2011.

源支撑。云可在基础架构、平台级、应用水平、业务流程水平四个级别上帮助金融机构完成过渡。除大型金融机构外,中小型金融机构也可以通过利用云计算技术,以较低成本使用与金融机构公司内部企业软件相媲美的系统。金融行业是云计算技术应用需求最迫切的领域之一,云计算具备强大数据运算与同步调度能力,因而成为金融机构运用金融科技打造数字化运营的基础,传统金融机构通过云计算对数据进行集中存储,实现绿色节能、服务器整合与机房规模化,并且通过虚拟化技术降低维护成本、加速系统资源整合。[①] 2020 年,云计算支出占全球 IT 支出的 9.1%,预计到 2024 年这一比例将达到 14.2%。[②]

在中国金融科技领域,包含云计算在内的技术要素,已经在企业借贷与融资、支付、清结算、DCEP、多方安全计算(智能风控与开放银行)、证券资产管理等多种业务中发挥重要作用。[③] 以蚂蚁金融云为例,作为蚂蚁金服多年积累的金融级互联网技术,蚂蚁金融云以公有云、私有云的形式进行相关技术的产品化和标准化输出,让更多金融机构可以使用蚂蚁金服的分布式计算、大数据、人工智能、安全风控等金融级能力。IOE 等传统商业软件已经难以满足大规模、低成本、高可靠的需求,而蚂蚁金融云技术架构的设计目标是,因具有自主知识产权的技术、普通 x86 服务器为基础,采用云计算的方式,去支持未来更大规模、可应急的交易总量及更低的成本。蚂蚁金服自行研发的部署平台、中间件、分布式关系型云数据库 OceanBase 等关键基础技术和产品组成了"金融云"架构,为亿级及之上的规模、更低成本的扩展能力的运用铺平了道路。蚂蚁金服建立了自己的实时特征计算平台,用基于 Velocity 的特征实时计算,在线、离线统一的特征计算体系、关系特征计算引擎等手段解决特征计算的时效性。为提升使用大数据的效率,把人们从繁重的数据开发、数据清洗等底层工作中解放出来,让平台更加自动化、智能化,蚂蚁金服研发了一套端到端的敏捷大数据平台,从数据采集、数据开发、数据分析、数据挖掘到更高阶的机器学习,提供一站式服务。[④]

③计算机软硬件对人类的模拟:人工智能(Artificial Intelligence)。

人工智能是关于研究机器智能程序的科学。1956 年,"人工智能"由达特茅

---

① 何宝红,黄伟. 云计算与信息安全通识[M]. 北京:机械工业出版社,2020:49.
② 资料来源:http://www.gartner.com/en/newsroom/press-releases/访问时间 2023-5-20.
③ 杨涛,贲圣林. 中国金融科技运行报告(2021)[M]. 北京:社会科学文献出版社,2021:66.
④ 何宝红,黄伟. 云计算与信息安全通识[M]. 北京:机械工业出版社,2020:58.

斯学院麦卡锡(John McCarthy)提出,麦卡锡认为人工智能技术是一种可以制造出智能的机器,尤其是智能的计算机程序的科学和工程,它使一部机器的反映像一个人在行动时所依据的智能。然而,人工智能涉及的具体学科极为广泛而复杂,包括而不限于哲学、认知科学、数学、神经生理学、心理学、信息理论、控制理论、不确定性理论①,而并不是计算机科学的范畴。人工智能系统的生命周期阶段可分为:(1)规划和设计、数据收集和处理、模型建立和解释;(2)核查和确认;(3)部署;(4)运行和监测。② 人工智能体系包括人工神经网络、传统机器学习(监督学习、强化学习、无监督学习)、深度学习,其目标是能够完成需要人类智能才能胜任的复杂工作,辅助人类以更为高效的方式进行思考以及决策,其核心能力体现在计算智能、感知智能和认知智能。美国有关研究认为人工智能实现快速发展的原因主要是计算机性能在近几十年呈指数级增长、训练机器学习的大型数据集数量增加、机器学习技术不断进步、商业投资猛增③,这些因素将持续推动人工智能进一步发展,并在发展方向和核心技术产品上呈现新特点。

　　人工智能技术帮助金融机构展现其竞争优势,主要路径有:一是人工智能可以通过智能化手段实现金融机构的效率提升,具体是从降低金融机构运营成本和提高生产率来实现,从而推动更高的盈利能力(例如,增强的决策流程、自动化执行、从风险管理和监管合规性的改善中获得的收益、后台和其他流程优化)。二是提高向消费者提供的金融服务和产品的质量(例如,新产品供应、产品和服务的高度定制化)。这种竞争优势反过来可以通过提高产品质量、增加选择和个性化,或者降低成本,使金融消费者真正有所收益。人工智能以其自主的计算能力在资产管理、算法交易、信贷审核等金融领域得到广泛应用。

　　时下,人工智能将我们带入了一个由 ChatGPT 和类似程序驱动的交易算法的新世界。目前来看,国际上有大多数银行不提倡员工使用 ChatGPT 和类似的工具,花旗集团(Citigroup)、美国银行(Bank of America)、高盛(Goldman Sachs)等银行已以隐私担忧为由,禁止在交易大厅使用这些工具。麦肯锡公司在最新报告称,生成式人工智能可用于软件开发,帮助开发人员起草代码,支持

---

① 根据维基百科的定义,不确定性理论是指根据事物不确定性原理进行科学预测的理论。

② OECD Artificial Intelligence Machine Learning and Big Data in Finance. https://www.oecd.org/访问时间 2022-12-20.

③ IARPA(US Intelligence Advanced Research Projects Activity), Artificial Intelligence and National Security. https://www.activistpost.com/访问时间 2022-12-20.

自动翻译以及无代码和低代码工具。这些工具还可以确定优先级、运行和审查不同的代码测试,从而加速测试并提高覆盖范围和有效性;审查代码以识别计算中的缺陷和低效率。此外,生成式人工智能自然语言翻译功能可用于优化遗留框架的集成和迁移。生成式人工智能在银行业有潜力通过承担风险管理中的低价值任务来提高现有人工智能效率,包括所需报告、监控监管发展和收集数据,同时还可改善决策、降低风险、提升员工体验、提高客户满意度。① 从更长远来看,如果银行有办法解决诸多的生成式人工智能造成的隐忧,最终还是会接受生成式人工智能。2023 年 9 月 8 日,蚂蚁集团在外滩大会正式发布金融大模型,并公布大模型全栈布局,该大模型聚焦真实的金融场景需求,形成了"大模型＋知识＋服务"驱动的架构,在"认知、生成、专业知识、专业逻辑、合规性"五大维度 28 类金融专属任务中表现突出,在"研判观点提取""金融意图理解""金融事件推理"等众多领域达到行业专家水准,目前已在蚂蚁集团的财富、保险平台上全面内测。未来,蚂蚁集团与金融机构合作的所有数字金融业务将全线接入这一大模型,助力合作机构数字化升级、智能化转型。②

表 2-2　人工智能对金融领域商业模式和活动的影响③

人工智能应用的金融服务	人工智能应用的正面影响	人工智能应用的负面影响
资产管理	1. 识别信号,捕捉大数据中的潜在关系。 2. 优化运营工作流,风险管理。 3. 潜在阿尔法生成	1. 引发集中度、竞争问题。 2. 引起策略趋同
信贷中介	1. 降低承保成本,提高效率。 2. 向无担保客户提供信贷。 3. 解决金融普惠和中小企业融资缺口	1. 引发信贷结果中不同影响的风险。 2. 歧视性或不公平贷款的可能性。 3. 偏见在大型科技公司贷款中加剧

---

①　麦肯锡公司:《业务功能对生成式 AI 生产力的影响》,2023 年 6 月,https://www.mckinsey.com 访问时间 2023-9-15.

②　证券时报网:《蚂蚁金融大模型正式发布　未来金融平台业务将全线接入》,经济参考报。2023 年 9 月 8 日,http://www.jjckb.cn/2023-09/08/c_1310740599.htm/访问时间 2023-9-15.

③　OECD Artificial Intelligence Machine Learning and Big Data in Finance. 2021 https://www.oecd.org/访问时间 2022-10-15.

（续表）

人工智能应用的金融服务	人工智能应用的正面影响	人工智能应用的负面影响
算法交易	1. 增强风险管理、流动性管理。 2. 促进大订单的执行、优化订单流	1. 羊群行为、单向市场压力下的流动性不足、闪电崩盘市场波动性和稳定性等问题。 2. 机器之间的勾结、操纵
区块链金融	1. 增强智能合同的功能（自治）。 2. 风险管理（代码审计等）。 3. 支持 DeFi（去中心化金融）应用程序，建立自治链	1. 形成"垃圾进、垃圾出"难题。 2. 放大了 DeFi（去中心化金融）的风险

④分布式记账技术：区块链（Blockchain）。

区块链技术是指一种管理持续增长的、按序整理成区块（block）并受保护防篡改交易记录的分布式账本（DLT）数据库。分布式数据库并非新鲜发明，在 20 世纪 70 年代区块链就已面世，其颠覆性在于区块链无中心，是没有管理员的。总体来说，区块链实质是在信息不对称的情况下，通过新信息技术构建"去中心化"的可信任系统，除了具有"去中心化"带来的开放性和自治性之外，还技术上还具有信息不可篡改、匿名性等特征优势，因其快速、保密、可靠和低成本的优势，特别适合于构建可编程的货币系统、金融系统和社会系统。[1] 随着区块链技术的成熟，更多的机构开始参与到区块链技术的探索中，从最初比特币、以太坊等公有链项目开源社区，到各种类型的区块链创业公司、风险投资基金、金融机构、IT 企业以及监管机构，区块链的应用日趋丰富。[2] 传统的中心化治理和监管模式已不能满足数字经济和实体经济深度融合发展的大趋势，区块链技术基于去中心化、链内信息传递公开透明、数据处理高效的特质在协同治理、数据共享方面的优势逐渐显现。智能合约、零知识证明、分布式数据存储和交换等技术是现有金融技术创新的关键，如数字钱包、数字资产、去中心化金融（DeFi）和非同质化通证（NFT），将继续发挥突出作用。美国的银行主要采用基于区块链

---

[1]　姚国章. 金融科技原理与案例［M］. 北京：北京大学出版社，2019：121-128.

[2]　中国区块链技术和产业发展论坛：《中国区块链技术和应用发展白皮书（2016）》，2016 年 10 月，https://www.cbdforum.cn/forum/homePage 访问时间 2022-5-15.

的支付作为尝试,欧洲方面则注重区块链技术在交易所尤其是在结算和清算领域的探索。但区块链技术的推广仍然存在阻碍。首先是替代性技术解决方案的存在,区块链系统运行的效率和产出的滞后性使得金融机构采用区块链技术替代原有系统的意愿较低,更倾向于投入马上能产生效果的项目。通过区块链、隐私保护等技术,中国民生银行推出了分布式智能场外债券交易市场信息服务平台,平台以现券业务和资金业务服务为主要功能用于场外债券交易市场的询价,未来将拓展到新债、存单业务。该平台利用区块链的密码学、共识算法和分布式存储等技术,确保链上数据不可篡改、可追溯,对债券交易全是全周期进行记录与存证,以此提供更为稳定高效、公平透明的交易环境,实现场外债券交易市场供需的有效实时对接。基于区块链技术进行数据确权、授权共享和可信流转,并采用人工智能技术实现关键业务规则自动执行和多方交叉验证,平台极大提高了场外债券交易市场询价效率,并且节省了人工操作成本。[①]

⑤物的互联网:物联网(Internet of Things)。

物联网最早由麻省理工学院(MIT)Kevin Ashton 提出,是为了实现智能化识别,通过射频识别等信息传感设备将物品与互联网进行连接。物联网一直是国际标准化组织共同关注的焦点,ISO(国际标准化组织)、IEC(国际电工委员会)、ITU(国际电信联盟)、IEEE(国际电气和电子工程师协会)等主要国际标准化组织都成立了针对物联网领域的专题研究组,并开展了大量物联网相关标准的研制。物联网系统包括感知层、网络层和应用层三层架构,将越来越多、被赋予一定智能的设备和设施相互连接,提供在线监测、自动预警、决策支持等管理和服务功能。[②] 5G 时代为物联网的发展提供了更快的传输和处理速度,以及更低的时延。物联网的使用可以使生产经营活动管理更为精细化,且能够以动态方式进行实时监测,从而改善人与自然的关系,达到"智慧"理想状态。[③] 时下趋势是物联网正在朝向"智能物联网"(AIoT)升级,AIoT 技术在金融领域的应用已经初显成效,因其具备全面感知、可靠传递、智能处理等特征,因而 AIoT 技术更有利于数据资源积累和数据价值实现,并且能够有效应对道德风险、逆向选择等难题,从多个层面缓解信息不对称问题。当前,物联网技术使用最主流的

---

① 陈静. 中国金融科技发展概览——创新与应用前沿(2021—2022)[M]. 北京:社会科学文献出版社,2022:267-269.

② 姚国章. 金融科技原理与案例[M]. 北京:北京大学出版社,2019:11.

③ 金融科技理论与应用研究小组. 金融科技知识图谱[M]. 北京:中信出版社,2021:61-63.

是在保险公司的 UBI 车险领域,通过整合司机的驾驶行为数据,保险公司可以提高风险评估的准确度。这一概念和技术也应用在了其他场景,在银行领域,基于物联网的存货动产融资,物联网技术和区块链技术整合,解决动产融资中的风险管理阻滞因素:保障账实相符,真正打通线上线下的交易形态,构建全新的诚信体系;同时物联网在航运和物流行业的应用也为传统贸易融资业务注入了新元素,允许银行就货流追踪开发新的融资产品。在中国,大中型金融机构已开始建设自有的 AIoT 平台,打造了融资租赁、保险定价、抵质押物管理等经典场景,实现了金融机构内部资产与外部标的物场景的广泛接入,以平安银行为例,"星云物联计划"支持普惠融资超 3000 亿元,在智慧制造、车联、农业、能源、物流等重点领域实现综合金融落地。AIoT 技术帮助金融机构降低交易成本、扩大金融服务范围,持续为金融领域创新发展提供新动能。[①]

表 2-3　智能物联网(AIoT)在金融领域多样化应用场景[②]

金融领域细分	智能物联网技术应用场景
智能支付	2021 年,中国联网 POS 机具终端数量已达 3893.61 万台,通过"物联网＋无感"技术可实现"万物皆可支付"
供应链金融	智能物联网技术为动产融资模式带来突破,通过监控货物、物流信息,可及时了解供应链上下游企业经营状况
保险	智能物联网技术帮助保险公司降本增效、拓宽有业务边界
动态风控	智能物联网技术可拓展数据来源,提升风控智能化水平

⑥未来技术:量子计算(Quantum Computing)。

在金融行业数据信息体量不断增加的情况下,量子计算在完成机器学习任务、解决复杂网络问题等方面既能提高算力又能降低能耗,其在金融领域的应用价值在于能够提升新兴技术以迎合未来金融数字化转型与升级。通过利用加速机器学习,量子计算可打造金融机构多种智能化场景,例如典型的反洗钱识别、信贷风险监测防控,以及智能投研和客服等,能够有效拓展其数据规模与计算速度,并且有效加速深度学习运作效率,从而升级金融智能化水平。在拓

---

① 中国信息通信研究院云计算与大数据研究所:《5G 时代"AIoT＋金融"研究报告(2022)》,2022 年 11 月,http://www.caict.ac.cn/访问时间 2023-5-15。

② 中国信息通信研究院云计算与大数据研究所:《5G 时代"AIoT＋金融"研究报告(2022)》,2022 年 11 月,http://www.caict.ac.cn/访问时间 2023-5-15。

展"金融云"的处理能力上，量子计算可以利用更短的时间内将云服务资源作出优化而极大提高"金融云"应用效率。另外，量子计算能够帮助金融机构处理高频交易、对冲、定价等业务，总之，量子计算将会对金融行业各领域将带来全新的改变。[①]

量子计算在金融领域的应用发展十分迅速，量子金融产品已经从早期的演示示例发展到与专业金融应用逐渐融合的量子应用云平台、量子金融应用移动端 APP 及专业化的金融程序开发软件等更为丰富、实用的多样化产品。量子金融广泛涉及了券商、交易所、银行、保险等主要金融机构，涵盖了金融衍生品定价、投资组合优化、金融风险控制、量化交易、精算与风险建模、资产定价等诸多应用场景。量子金融算法研究包括量子蒙特卡洛模拟、量子组合优化及量子及其学习等，以华夏银行为例，在量子无监督学习方面创新开展量子聚类(QK-means)算法在银行智慧运营场景中的应用研究；在量子小样本学习方面，创新了基于量子神经网络(QNN)算法在金融防控业务场景的应用研究；在量子组合优化方面，创新开展量子近似优化(QAOA)算法在中国股票和公募基金市场的投资组合管理应用研究。此外，金融机构还可利用量子幅度估计(QAE)算法进行金融衍生品定价、根据量子自然语言处理(QNLP)算法对金融新闻情绪识别及银行客户服务评价进行分析等。[②]

2.2　金融科技属性识别与风险类型化归集

从历史来看，金融业的发展始终伴随着科技力量的加持，从最早的印刷术、密码和防伪技术，以及电报、电话和互联网等各类通信技术，金融在自身发展过程中不断吸收种种技术创新，由此可见技术在金融产品和服务创新中发挥着根本性的作用。随着金融科技兴起，科技逐渐从金融的中、后台走向前台，并且地位越来越凸显，有些金融机构在人员和成本结构等方面已经趋向科技公司。这不禁引发我们对金融科技本质以及金融科技法律关系厘定的进一步探讨。

2.2.1　金融与技术的功能耦合与业务协动

现代金融体系吸收了几百年的各种科技创新积累而成的，纵观金融历史演

---

①　杜晓宇. 数字经济视角下金融科技的应用与发展[N]. 金融时报，2022-11-21(12).

②　吴永飞. 量子 SVM 算法在小样本学习智能风控领域的应用[J]. 银行家，2023，2：116-119.

进,金融体系发展亦是不断融入创新科技的过程,能够具备提高资金流通和金融资源配置功能的技术就很容易被金融业吸纳采用。在近 200 年历次工业革命中,以技术创新与金融创新协同的大量实例来作历史分析,可发现历次技术革命的多出自金融领域的创新,金融领域恰是技术革命中要求最严苛的先导行业。近些年来,尤其是 2008 年金融危机后,研究者们愈加关注金融创新与经济增长的关系,如何把握并塑造良好的金融创新与科技创新耦合机制也已成为全球共同面对的促进长期增长、抑制负面效应的热点论题。金融科技是一种金融的创新,已成为共识。美籍奥地利政治经济学家 Joseph Alois Schumpeter 将创新阐释为"建立一种新的生产函数",依靠企业家精神,将一种从来没有过的关于生产要素和生产条件的"新组合"引入生产体系,包括产品创新、工艺创新、市场创新、资源配置创新及组织创新五种情况。① 金融与科技的交互关系基于金融创新与科技创新的双向因果关系,科技创新活动的发展十分依赖于社会经济系统特别是金融服务支持,②如果金融要素融入科技创新过程当中,则会为科技创新活动提供优渥的资金支持和良好的外部环境,进而创新主体的研究与开发总体进度将会得到提升。③

从表面来看,金融与科技的互动融合表现在科技创新已从金融基础设施、金融产品、金融机构乃至金融生态等方面全方位渗透到金融行业中,④在市场实践中具体表现为:第一,底层技术对金融领域基础设施的完善。以我国为例,支付领域是底层技术对金融基础设施的改造最为典型代表之一,基于区块链的支付清算、结算系统等金融科技创新应用,大幅提升支付清算业务效率和市场服务能力,清算机构通过大数据建模、人工智能等工具,对支付交易数据进行加工、处理和分析等,实现支付清算透明化管理。⑤ 第二,底层技术对金融产品设计创新的完善。当前金融产品越来越注重客户个性化需求,在金融产品创新设计上金融机构越来越注重线上化、差异化和定制化,通过互联网、人工智能等信息技术能够吸引更多个人客户,同时,针对小额、分散的个人客户金融需求,先

① 〔美〕约瑟夫·熊彼特. 经济发展理论[M]. 何畏,等,译. 北京:商务印书馆,2020:8.

② KE MASKUS, R M NEUMANN, T SEIDEL. How national and international financial development affect industrial R&D. European Eco-nomic Review,2011,56(1):72-83.

③ MEIER RIEKS D. Financial development and innovation:is there evidence of a schumpeterian finance-innovation nexus? Annals of Economics and Finance,2015,15(2):61-81.

④ 李广子. 金融与科技的融合:含义、动因与风险[J]. 国际经济评论,2020,3:91-106.

⑤ 李伟. 中国金融科技发展报告(2021)[M]. 北京:社会科学文献出版社,2021:141.

进的底层技术能够更加精准地满足客户需求。第三,底层技术对金融机构业务效率与内部管理架构的完善。底层技术应用于金融业务全流程,例如,通过大数据与人工智能技术挖掘线上、线下潜在客户来提升客户营销效率;通过大数据分析主动识别异常行为,据此进行风险预警监测等。第四,底层技术对金融生态的完善。底层技术可以被用于对金融生态中的不同节点进行有机整合,金融科技在传统金融体系框架之外,构建了全新的金融生态①,通过整合不同节点,可以充分发挥不同节点在业务属性、服务网络等方面的差异化优势,产生协同效应。②

　　金融科技与传统金融既有承接又有分别,鉴于网络和新兴技术具有天然的"开放、平等、协作、分享"的精神,与传统金融相比,由新兴技术赋能之后的金融科技具有全新的思维与特征。①去中心化特征。去中心化是指在新的环境下,主体对客体认知不断完善,超越主体原有的认知结构和层面,从而打破中心化局面。随着金融科技不断发展与应用,其去中心化的特征越加鲜明。金融科技去中心化的特质带来高效、透明与低成本的交易形态和服务模式,重效金融机构与大金融机构在竞争渠道和覆盖范围方面的优劣对比有所弱化。②去中介化(脱媒)特征。在金融行业语境下,去中介化(脱媒)削弱了传统金融机构的中介作用。金融科技的发展带来了全新的渠道服务,促成了"去中介化"的发展。金融客户通过开放式的网络平台进行交易,自主选择、自动匹配,供需双方直接对接,无需中介和手续费等,这将交易成本降低而极大提升了传统金融运作模式的效率。③服务个性化特征。在传统金融模式下金融机构容易创新动力不足,通常忽略客户需求,使其产品与服务的创新模式单一化,由此形成了一种外生式、供给型的金融创新模式。而金融创新的源动力来自用户、消费者的个性化、细分化、非标准化的金融需求,富于创新的金融科技活动更加关注消费者的消费习惯、风险偏好、支付能力等,从而作出个性化金融产品和服务开发方案,市场竞争业逐渐呈现多元化、异质化的特征,金融科技使金融领域创新更多体现为需求和供给联合或交错式推动的内生式创新模式。③

　　① 杨东. 监管科技:金融科技的监管挑战与维度建构[J]. 中国社会科学,2018,5:69-91.
　　② 李广子. 金融与科技的融合:含义、动因与风险[J]. 国际经济评论,2020,3:91-106.
　　③ 王海军,赵嘉辉. "中国式"互联网金融:理论、模式与趋势之辨[M]. 北京:电子工业出版社,2015:167-168.

2.2.2　金融科技属性识别与相关主体厘定

（1）金融科技本质属性之确认

颠覆性的技术为行业创造了全新的机会，破坏性创新概念的出现，使我们重新思考供应链、商业模式以及消费者市场。关于"破坏性创新"理论，哈佛大学商学院 Clayton M. Christensen 教授等在《哈佛商业评论》中发表的文章中，就破坏性创新理论的研究精髓和基本原则进行了阐述，他认为破坏性创新是指针对特殊目标消费族群、通过科技创新将产品或服务以低价、低品质的方式，以实现突破现有市场预期的消费变化。破坏性创新发展的基本特征是：以在位企业选择高端市场开展持续性创新为前提、主体规模较小、从低端市场（或未被满足的新市场）逐渐成长为主流市场、在创新驱动力方面需要新的商业模式或技术保证持续进步、最终能够颠覆在位企业。[①]

国内学界多倾向于将金融科技定性为破坏性创新：杨东教授依据美籍奥地利政治经济学家 Joseph Alois Schumpeter 的"破坏性创新理论"，评析以互联网、大数据、人工智能、区块链等为科技驱动的金融创新产生了大量本质上区别于商业银行、保险公司、证券交易所等传统金融机构的各类新模式，具有根本上的颠覆性。[②] 许多奇教授深度剖析并归纳了 Clayton M. Christensen 破坏性创新理论，根据破坏性创新四特征（金融技术非竞争性、初始阶段低端性、金融消费者易获得性以及价值导向性[③]）来评析金融科技为一般创新还是变革式的破坏性创新，她认为在与传统金融业务相较之下，金融科技具有金融技术的非竞争性，且呈互补关系；金融科技具有初始阶段的低端性；金融科技能够提供易获得性的金融服务；金融科技引导金融消费者的价值导向。鉴于金融科技以上主要特征，其完全符合破坏性创新。[④]

探讨金融科技是否在金融监管范畴之内，应当回归到金融科技基本概念如何定义的问题，从字面来看，金融科技代表了"金融＋科技"的双重维度，科技使金融行业发生颠覆式改变，不断催生金融新业态，然而技术本身是中性的，它的

[①]　Clayton M. Christensen, Michael Raynor, Rory Mcdonald, what is discruptive innovation? Harvard Business Review, 2015(12):44-50.

[②]　杨东. 监管科技：金融科技的监管挑战与维度建构[J]. 中国社会科学，2018，5：69-91.

[③]　Clayton M. Christensen, The Innovator's Dilemma, Harper Collins Publisher, 1997.

[④]　许多奇. 金融科技的"破坏性创新"本质与监管科技新思路[J]. 东方法学，2018，2.

初始目标是帮助金融机构解决作业效率提升等问题,金融科技作为一种以技术为先导的金融创新活动,其本质仍然是金融。基于金融的基本属性,金融科技仍属于传统金融监管对象范畴之内,从金融业内在脆弱性、风险外溢性和负外部性特征来看,无论从国家经济安全与金融稳定的立场、还是从保护投资者和消费者合法权益的立场进行考量,都有把金融科技纳入现行金融监管框架之内的必要。因此,涉及银行业、保险业、证券业、各类投资基金、外汇市场、衍生金融工具市场等相关的金融科技都应当在金融监管范围之中,值得一提的是,数字货币是金融科技催生的新生事物,数字货币的出现影响了整个货币市场以及中央银行对货币政策的掌控,这对金融监管提出了新的挑战。

(2)金融科技应用中的主体角色

金融科技覆盖了多元前沿科技,各类技术应用发挥不同特性有效弥补了传统金融市场缝隙,因而产生了不同的商业模式。从金融科技市场实践来看,可分为产品与技术输出、联合分润两种商业模式。① 金融科技给金融业带来新技术与新业务的同时也带来了"新主体"。金融科技在市场中主要担当的参与者角色分为三类:一是从事传统金融业务的金融机构、二是金融科技公司、三是技术供应商(第三方)。

①金融机构。

在数字化转型时代,金融服务业特别是银行业经历了较长的发展创新期,② 银行在组织结构、体制机制、资源配置等方面进行全面创新。Ritter 和 Pedersen 认为,数字化的意义在于将新兴技术融入至于现实的商业模式中并取得效益,具体方面为:一是数字能力。二是合法性。三是解析能力③。因此,建立公司的数字化商业模式尤为重要,且成为不可逆转的趋势,金融机构在金融科技领域加大投入以设立孵化器、成立金融科技子公司等形式夯实数字化转型基础。④例如,摩根大通集团推出了"移动优先数字化战略",渣打银行设立的风投金融

---

① 艾瑞咨询:《中国金融科技行业发展洞察报告(2021)》,https://www.iresearch.cn/访问时间 2022-5-15.

② ZAITSAVA M. Welcome to digital transformation era: From proof -of concept to big data insights creation. Italy: University of Cagliari, 2021.

③ RITTER T, PEDERSEN C L. Digitization capability and the digitalization of business models in business -to -business firms: Past, present, and future. Industrial Marketing Management, 2020(86): 180-190.

④ VERINA. N, TITKO J. Digital transformation: conceptual framework. Contemporary Issues in Business, Management and Economics Engineering, 2019: 9-10.

科技桥梁能够有效链接初创型企业投资人,构建了快速创造价值的平台。[①]

②金融科技公司。

不同于传统金融机构,兼具科技服务与金融服务功能的金融科技公司作为金融市场的新型主体,以直接或间接方式参与金融市场活动。金融科技具有高度混业特性且涉及业务复杂,当前关于金融科技公司的界定未达成统一观点,这一新型主体也尚未形成明确、清晰的法律概念。国际金融稳定委员会(FSB)简单将金融科技公司定义为"商业模式专注于金融创新的公司",同时提及了大型科技公司(BigTech),BigTech 是直接提供金融服务或类似金融产品的大型技术公司。[②] 从市场运作实践来看,金融科技公司承接了传统金融机构与第三方科技服务公司双方面的业务,通常利用自身用户、场景和技术优势与持有金融牌照的银行业金融机构合作,为用户提供金融产品。尽管金融科技公司的内涵和外延尚无标准界定,但根据市场活动与资本来源,可将金融科技公司划分为产业资本与金融资本两种类型。[③]

产业资本型金融科技公司多由信息技术公司转型而来,金融资本型金融科技公司多为传统金融机构设立的科技子公司。此类金融科技公司大多由互联网电商企业转型而来,蚂蚁集团为这类金融科技公司的典型代表。而金融资本型金融科技公司是由传统金融机构设立的金融科技公司,在数字化转型期,越来越多银行机构参与超出金融业务范围市场设立非金融类科技子公司,以更好地适应市场竞争。以我国为例,中国农业银行、中国建设银行等各大银行都设立了自己的金融科技公司,其股本结构或为独资,或为发起金融机构绝对控股。[④] 金融资本型金融科技公司一般是由原金融机构内设的 IT 部门发展而来,其主要功能仍是为金融机构内部提供科技服务,通过完善基础设施、搭建应用系统等提升金融机构信息化水平,促进金融服务场景化、平台生态化、风险管理智能化,以全面推动金融机构数字化转型。此外,也有传统金融机构建立相关风险投资基金为金融科技公司提供资金、成为金融科技公司投资人等,在商业

---

① 王大刚,滕德群. 德意志银行(中国)数字化转型:金融科技创新实践[J]. 信息技术与网络安全,2021,7:12-18.

② FinTech and market structure in financial services:Market developments and potential financial stability implications. February 2019,https://www.fsb.org/访问时间 2023-5-15.

③ 管同伟. 金融科技概论[M]. 北京:中国金融科技出版社,2020:150.

④ 段思宇. 银行系金融科技子公司风头正劲:扩容至 12 家,市场化大动作频现. 第一财经网,2020-07-31. https://www.yicai.com/news/100719813.html 访问时间 2023-5-15.

实践中,最为常见的运作模式是金融机构同科技企业之间通过合约而建立具体业务合作的模式。①

③技术供应商(第三方公司)。

在经济数字化浪潮之下,技术服务外包赢得了相当大的市场,当前,技术服务外包在金融行业表现得尤为明显。信息科技使金融产业链条不断丰富,随着创新金融产品和服务供给增加,新的金融服务外包需求日益增加,金融机构的技术外包业务也随之增长。金融科技技术供应商利用"ABCD"新一代信息技术方面的专业特长和优势,提供软件研发、技术咨询、系统维护等服务,帮助金融机构进一步提高运营效率、优化金融资源配置、降低综合融资成本。随着信息技术和金融业务的深度合作,因很多技术第三方服务商接触到了金融机构的核心业务,在其研发和运营产品的过程难以去除金融属性,本书将带有金融属性或实际从事金融活动的技术企业一律归于上文提到的金融科技公司,此处的技术供应商指纯粹提供技术的第三方公司。此外,还有监管科技公司之说,即为金融业提供金融合规科技应对方案的科技公司,本书认为监管科技公司发挥的作用仍是技术第三方,因而将监管科技公司纳入技术供应商的分类。

(2)金融科技的参与主体及其相关法律义务

金融科技的创新主体种类繁多,除了金融机构、类金融机构之外,还有众多从事相关业务的技术公司。因而将监管机构、金融机构和金融科技公司、第三方技术公司等重要参与主体不同法律定位厘清,对金融科技监管具有重要意义。金融科技公司的作用是主要是利用新技术为金融机构和金融监管机构提供技术支撑。金融机构作为被监管对象,除了履行合规义务以适应监管之外,还不断更新应用新技术来降低合规成本。其具体义务可作以下分类。

表 2-4　金融科技参与主体义务一览②

参与主体	主要义务
金融监管机构	1. 维护金融体系的安全稳定与金融市场正常秩序,保护金融消费者权利。 2. 根据经济金融环境变化,适时地调整和完善相应的监管规则(例如规范金融行业数据安全等技术安全保障)。 3. 支持科技发展与金融创新

---

① 管同伟. 金融科技概论[M]. 北京:中国金融科技出版社,2020:151.
② 中国支付清算协会监管科技研究组. 监管科技研究与实践[M]. 北京:中国金融出版社,2019:8.

（续表）

参与主体	主要义务
金融机构 （金融科技公司）	持续合规义务：金融机构（金融科技公司）在为新规定做好准备的同时，依然要遵守现有规定；有必要持续进行某些活动以实现合规，包括报告、审计、管理要求等；与此同时，必须考虑新规定与现有规定的改变，如何建立新的合规流程
技术供应商 （第三方）	运用监管科技更好地整合监管要求与机构需求，向金融监管机构和金融机构提供优质服务

2.2.3　金融科技新风险分析与类型化归纳

　　类型化分析始于自然科学，后被应用到社会科学当中，作为分析社会现实共同和区别意义的工具，类型化是把类似的品质、功能或行为与其他不类似的品质、功能或行为区分开来。[①] 金融与科技的强强联合助推出新的金融产品与服务，为传统金融行业转型升级带来重大机遇，但整体上金融行业领域的本质和内核并没有发生颠覆性的转变，以金融科技金融本质与其核心功能作为基本考量，在其应用发展过程中不可回避传统金融风险，加之科技要素错综复杂，还面临着特殊的新型风险。风险在经济学中理论中代表着不确定性，广义金融风险包括获得收益和遭受损失的可能性，因此也被称为投机风险；狭义的金融风险仅是指遭受损失的可能性，因此也被称为纯粹风险。本书仅作金融狭义风险的探讨。[②] 传统金融风险类型根据不同角度可划分不同分类：例如，根据风险波及金融业的范围，可分为系统性金融风险和非系统性风险；根据影响因素可分为信用风险、市场风险、操作风险等；根据金融风险来源可分为内源性金融和外源性金融风险。[③] 在金融领域，《关于统一国际银行资本衡量和资本标准的协议》（以下简称《巴塞尔协议》）规定了参与国应以国际间可比性和一致性为基础来制定各自国家的银行资本标准和规定。1988 年版《巴塞尔协议》主要规范了信用风险，2004 年（《巴塞尔协议Ⅱ》）在此基础上加入了操作风险、监管审查流程以及披露要求。《巴塞尔协议Ⅲ》（2017 修订版）针对信用风险、市场风险、操

---

① 〔美〕康芒斯. 资本主义的法律基础[M]. 寿勉成，译. 北京：商务印书馆，2003：436.

② 郭田勇. 金融监管学[M]. 北京：中国金融出版社，2020：20.

③ 郭田勇. 金融监管学[M]. 北京：中国金融出版社，2020：25-26.

作风险的计量方法作了完善。[①] 由于金融科技是集聚传统金融机构风险类型和科创新型风险的复合体,本书将金融科技划分为传统经济风险与新型技术风险两大类。

(1)金融科技的传统经济风险

金融科技的本质仍然是金融,金融科技在形式上改变了金融业务的行为逻辑和信用分布,但金融活动的核心功能、消除金融领域的固有风险并没有因为形式上的变化而发生转移。与传统金融机构存在的风险类型相似,金融科技的经济风险主要包括但不限于以下方面:①市场风险。市场风险指利率、汇率、股票价格和商品价格的不利变动所带来的风险。金融科技在交易业务或非交易业务中都可能存在市场风险。例如,之前盛行的网络借贷和众筹融资都有因为金融资产市场价格波动而遭受损失的可能。假若金融科技公司对市场风险的认知缺乏行政监管部门的指引,在与传统金融机构相同的市场风险敞口相比,金融科技公司潜在损失会更大。②信用风险。信用是金融市场的载体和基础,由于金融科技衍生了更多的新型业务形态,网络交易具有更大的隐蔽性,因而相较传统金融机构,信用风险在金融科技领域有增无减。[②] ③流动性风险。金融机构的重要功能就是将短期资金转化为长期资金,其间会面临不同程度的期限错配,金融科技也是如此。此外,金融科技使金融机构的客户更加快捷地将资金在银行储蓄账户和基金账户之间转移,提高了金融机构资金的波动性,增加了流动性风险。④操作风险。操作风险主要存在于对借款人进行信用评估以及人工操作不准确或信息系统故障等。⑤合规风险。法律总是滞后于新兴行业发展,不可避免出现监管真空。当金融科技如雨后春笋般迅势发展时,金融科技的市场准入标准、运作方式合法性以及交易者的身份认证等方面的法律规范无法即时跟进,这极容易导致有些金融科技企业利用监管漏洞进行监管套利、违规经营,甚至出现非法吸收存款、非法集资等犯罪行为。金融机构在自身安全管理、内控合规、网络安全技术等方面都有待加强,否则容易诱发合规风险。

(2)金融科技的新型风险

金融科技的技术风险主要指因网络环境与平台技术自身缺陷等导致的损

---

① 黄达. 金融学[M]. 北京:中国人民大学出版社,2014:52.

② 赵永新. 金融科技创新与监管[M]. 北京:清华大学出版社,2021:52.

失,因其科技特性使其金融科技风险出现涉众性、非线性、强突发性等特征。主要包括但不限于网络安全风险、数据安全风险、系统传染风险、技术操作风险等。

①网络安全风险。

人工智能、大数据等新一轮技术革命加速发展,消化技术红利的同时,员工、客户、服务合作伙伴之间的界限也越来越模糊,用户、负载、数据、网络和设备无处不在,金融机构面临的威胁愈发多元化、复杂化。金融科技大量采用新技术实现业务创新的同时,也给网络安全带来了更多隐性风险,其具体表现在传统静态安全防御已经无法满足金融科技网络安全需求,数据驱动的金融业务创新对网络安全规划和建设提出了更高要求,金融科技网络安全运营体系亟待完善。中信通研究院在相关研究报告中提出,金融业网络安全面临的挑战有:一是金融业网络安全外部风险持续升级。随着移动支付发展,收集终端安全问题逐渐显现。另外,基础设施软件不可控。二是金融业务创新对网络安全提出更高要求。例如,金融业务云化、金融业务上云、区块链技术和人工智能在金融领域得到广泛应用,这些新技术使网络环境更为复杂。三是静态安全防御已经无法满足金融业网络安全需求,网络安全边界模糊,很多原始维护手段无法适用。此外,金融业网络安全运营体系亟待完善。

在实践中,恶意软件攻击是最突出的网络攻击形式。恶意软件发展迅猛,检测和删除这些软件变得更具挑战性。与其他攻击不同的是,恶意软件可通过电子邮件、第三方软件、不受信任的网站和弹出窗口等多个切入点进行入侵。由于传播速度极快且难以预测,恶意软件可能导致整个网络的崩溃。由于很多金融科技公司平台软件基本框架来源于第三方,并且自己公司技术能力不足导致原有框架内的原生系统漏洞无法被修复,容易遭受到黑客攻击,后台数据一旦被黑客破解,将导致用户数据泄露,危及投资人资产安全。事件型漏洞持续走高,网络攻击的种类、规模和方式也不断增加,隐蔽性更强的 APT 攻击成为常态。此外,随着新的数字分销渠道拓展网络,数字平台用户群的增加,金融科技活动频繁使其网络风险加剧,网络安全漏洞可能会损害业务连续性,带来意外的经济损失和声誉风险,甚至威胁金融稳定。

②数据安全风险。

数据安全,是指通过采取必要措施,确保数据处于有效保护和合法利用的状态,以及具备保证持续安全状态的能力。而金融数据因其特殊性具有更高的复杂性、隐蔽性、和易扩散性,正是由于其特殊性,金融数据被非法访问、窃取、篡改和损毁的风险更多。传统金融机构和金融科技公司掌握客户大量数据信息,是网络攻击的重灾区。海量数据集中存储提升了数据分析、处理的效率,但如果安全管理不当,容易造成信息泄露、丢失或损坏等负面影响。由于金融科技在应用过程中可能会侵入到客户受保护的信息进行数据模型训练,训练数据在传输、存储、使用等环节被窃取导致用户敏感信息泄露。同时在数据获取、数据使用等过程中存在非授权的隐私推理、特征衍生、超越授权范围的数据使用等违法风险。在大数据时代,企业数据和个人用户隐私都会受到一定程度的威胁,通过大数据能够完整还原用户的整个生活轨迹,这其中包括出行记录、消费记录、就医记录、工作记录、教育记录等。在云计算应用中,用户信息通过互联网将数据从其主机移到云上,并登录到云上进行数据管理。在此过程中,数据有被泄露和被篡改的安全风险,由于云的规模比一般的数据中心庞大很多,因此极容易成为黑客攻击的重大目标。

③系统传染风险。

TCP/IP 协议[1]自身安全性面临较大争议,处于开放式网络系统的金融科技企业由于密钥管理和加密技术的不完善,容易导致金融科技遭受计算机病毒以及网络黑客的攻击。金融科技企业依赖新兴信息技术来支持金融领域业务,而新兴技术则会使金融各类风险传导的范围更加广泛,传导速度也随之加快。金融科技技术的广泛应用大大提升了金融系统的数据关联、技术关联、场景关联,由此使金融系统风险的系统传染风险也随着放大。由于金融业务的高关联度和频繁的业务交叉,一旦在金融活动某一环节上出现误差,都会将其风险带到其他相关平台上去。[2] 大型金融科技平台本身涉及多种金融业务,兼具复杂性、交叉性和创新性等多种特性,与金融机构合作可能存在高杠杆率的问题,一旦出现流动性问题就很容易引发系统性金融风险,从而影响整个金融市场。因而,大型金融科技平台有可能被认定为"系统重要性金融机构",可能会存在"大而不能倒"的问题。[3] 此外,金融科技活动与传统金融环节发生了较大改变,金融消费者行为特征也随之改变,金融消费者行为趋同现象和群体性非理性行为

---

[1]　全写为 Transmission Control Protocol/Internet Protocol,传输控制协议/网际协议,是指能够在多个不同网络间实现信息传输的协议簇。

[2]　韦立坚. 国家金融科技创新[M]. 广州:中山大学出版社,2021:22.

[3]　黄益平. 数字金融与数字治理[M]. 北京:中国人民大学出版社,2023:440.

更为凸显,如若发生突发事件,很可能诱发系统性金融风险。[①]

④技术操作风险。

技术操作风险是由技术滥用或技术缺陷导致的金融科技风险。金融科技紧密了金融工具、金融机构和金融市场之间的联系,一旦某一环节产生风险,如果风险隔离薄弱,风险很容易蔓延到整个金融体系中去。技术操作风险具体表现是技术操作滥用和技术操作缺陷。数据是金融科技得以顺利运作的基础。金融科技活动对数据的需求不仅越来越多,而且数据挖掘内容也越来越精细,因而对数据的迫切需求是导致金融科技被过度使用的重要原因。技术缺陷主要是不成熟的金融科技可能导致应用系统的异常运行,如金融科技部分人工智能算法缺乏检测数据集、过滤噪声和异常值的能力导致无法防御窃取攻击、药饵攻击、后门攻击等。以算法为例,算法在设计或实施环节上如果存在缺陷则可能产生与预期不一致甚至是伤害性结果;如果训练数据含有噪声或偏差则会影响算法模型的准确性;算法潜藏偏见和歧视,导致决策结果可能引致不公平问题;算法黑箱导致人工智能决策不可解释,引发监督审查困境;此外,对抗样本供给可诱使算法识别出现误判而产生错误结果。再如金融科技的典型应用智能投顾,其技术原理是机器深度学习,但当市场发生变化时,机器深度学习如果跟上金融市场变化的步速而及时作出调试,最终得出的决策方案或投资建议很可能给投资者带来损失。另外,云计算服务提供商内部人员,尤其是具有高级权限管理员,可能出现非授权操作,使用户数据或隐私泄露甚至平台停运问题。当前,传统金融机构与第三方技术公司合作更为频繁,或将服务外包给第三方机构,这埋下了数据安全、客户信息泄露和洗钱方面的诸多隐患。

2.3　金融科技给金融监管法制带来的挑战

"监管"一词的本意是根据规则进行指导或治理。金融监管是国家金融管理部门依法对金融机构(企业)进行监督和规制的总称。金融监管有狭义和广义之分。狭义的金融监管是指金融监管部门对整个金融业(包括金融机构和金融业务)实施的监管。广义的金融监管还包括行业自律性组织、社会中组织的监管及新闻舆论监督等内容。金融监管的传统对象是银行类金融机构和保险、

---

① 王德军,代亚楠. 平台经济领域金融业务的监管思考[J]. 大数据,2022,3:46-55.

证券公司等非银行金融机构,而随着金融工具持续创新,金融机构业务交叉和融合的现象越加频繁,金融监管对象和监管内容日趋复杂。金融监管由市场准入监管、业务运营监管、风险评价、风险处置以及市场退出等相关要素和环节组成。金融科技的创新带动了数字经济的发展,金融市场的这一数字化变革出现了新的商业模式和金融产品以及新的市场供应商,例如,移动货币、银行应用程序、大型科技公司和新银行提供的金融服务、加密资产和央行数字货币的快速崛起。这对监管框架和法律更新都提出了更多要求,在平衡创新、维护公平竞争、金融稳定、消费者保护以及数据隐私等方面给监管者带来了全新的挑战。

金融科技监管作为金融监管的子系统,在监管过程中要基于金融科技风险的复杂性、多样性和交叉性作出考量,对其从宏观到微观的各类风险进行清晰分层,精准设定行业准入以及相关监管规则。应严格区分专门提供科技服务的金融科技企业与涉足金融服务本身的金融科技企业。对所有从事金融服务活动本身的企业,无论是否具有金融机构资质,都应当按其经营活动性质和风险实质来监管。因而,金融科技监管仍由市场准入监管、业务运营监管、风险评价、风险处置以及市场退出等相关要素和环节组成。[1] 金融科技给传统金融带来的创新主要体现在传统业务的创新、支付和清算方式创新、金融机构创新和金融工具创新等,使金融结构更为多样化,它与金融监管表现为相互影响的辩证关系,一方面是由于金融监管激发了金融创新活动源源不断产生,另一方面则是金融创新对传统金融监管带来了新的监管问题,这也促使监管机构不断完善监管规则。金融科技的飞速发展不仅带来更为复杂的新型风险也不断突破现有的监管范围,在数据安全、网络安全和企业合规方面更为突出,与此同时,随着金融科技的跨境活动日益频繁,有关金融科技的国际监管规则同样也受到了一定程度的挑战。

2.3.1　金融科技对传统金融监管"物理边界"的挑战

传统金融政策的制定与执行是建立在资金流量可测的基础之上,通过银行资本充足率、存款准备金等资本规制工具防范系统性风险,其监管核心工具是资本监管,由于其总体监管目标的单一性,因而显现着中心化监管的特征。"风险为本"作为传统审慎监管理论的核心理念,它主要是对资本充足率、资产质量、流动性水平和盈利水平等指标进行监管,在宏观审慎监管方面则注重逆周

---

[1]　管同伟. 金融科技概论[M]. 北京:中国金融出版社,2020:332-335.

期管理、系统重要性等。审慎监管以事前规定的方式去对金融机构进行约束，从而降低其承担高风险投机的概率。① 金融科技于金融领域的创新点在于"去中介化"、"去中心化"以及"定制化"，金融消费者的"定制化"服务通常是通过技术带来的"去中介化"和"去中心化"而实现的。② 随着新兴技术参与金融活动，金融科技使金融服务的边界逐步拓宽，同时也改变了金融服务的业务形态，新的形态则表现为金融机构、科技公司以及实体应用公司的紧密结合，传统金融服务场景的逐渐被新的金融服务形态所替代，原始的物理局限也因金融科技超越时空而被突破，它正在不断模糊金融公司和金融部门的界限。金融科技快速发展所带来的新型风险带来了新的问题，传统监管无论是在其监管技术水平方面还是在监管法律规范制定方面都存在着滞后，亟须在监管原则和理念上进行完善与更新。例如，金融机构提供金融产品和服务中更加依赖第三方技术公司，而第三方技术公司正越来越多地将金融服务嵌入到金融机构的产品之中。金融科技被嵌入到各种商业交易和社会互动中，提供金融服务的市场主体由传统金融机构逐渐延伸到多样态市场主体，这些新的商业发展模式使金融部门既定的法律监管界限日渐模糊，金融监管部门应当全面监测的金融市场价值链、并且相应调整监管范围。此外，为了保障金融基础设施准入政策公平、透明，大型科技公司的嵌入式金融、数字资金和跨境金融流动将对监管机构造成更大压力。此外，随着具有金融基础设施特征的新市场级服务的进入，监管机构将对其进行评估以确定如何将它们纳入监管范围。

金融科技的发展使各类机构提供的金融服务相互渗透，金融产品越来越向跨行业、跨领域的趋势相互融合，这令金融各业务领域的交叉性明显增强，逐渐形成一个新的错综复杂共生体系。③ 以我国金融科技公司为例，金融产品和服务在多元定制化导向下进行了重构进而形成跨界化的金融产品和服务，这些产品和服务造成了监管边界的模糊或界限的重叠，进而容易产生监管漏洞。这些可能对央行实施货币政策造成干扰，也可能对金融稳定造成一定影响。由此，传统监管模式逐渐失灵，难以达到精准的监管效果。

---

① 杨东. 监管科技：金融科技的监管挑战与维度建构[J]. 中国社会科学，2018，5：69-91.
② 沈伟. 金融科技的去中心化和中心化的金融监管——金融创新的规制逻辑及分析维度[J]. 现代法学，2018，4：70-93.
③ 韦立坚. 国家金融科技创新[M]. 广州：中山大学出版社，2021：22.

表 2-5　金融科技企业持牌业务一览表[①]

公司名称	小额贷款	支付	保险经纪	基金销售	商业保理	消费金融	银行	保险	保险代理	融资担保	融资租赁	征信	证券投顾	基金	交易所	合计
阿里巴巴	3	1		1	1		1	3	1				1	1		13
腾讯	1	1	2	1			1	1	2			1			1	12
小米	1	1	2	1		1	1	1	2			1				10
京东	3	1			1	1			1			1				8
滴滴	1	1			1	1		1	1		1					7
陆金所	3			1		1				2						7
美团	1	1			1	1		1		1						6
百度	2	1				1			1			1				6
抖音集团	1	1	1											1		4

2.3.2　金融科技对传统金融监管"技术应对"的挑战

(1)金融数据风险挑战

随着技术与商业的紧密互动程度的增加,在金融世界里交易也变得越来越复杂和高频。历史证明,技术越发达,市场波动越大。而在此过程中,既有受益者也有利益受损者。在金融科技时代,数据的开发与开放是让跨行业、跨地域的协作创新成为可能的关键点,数据作为推动经济创新发展的关键生产要素衍生出新的商业形态和运作模式。然而,数据交互也伴随着新的风险,其主要表现是如果数据在不同主体之间的流动然后进行再加工处理,将可能会打破数据安全管理的原始边界,而且也将使管理主体的风险控制能力下降。另外,数据要素价值正逐渐被重视,窃取、滥用数据等时间频发,正逐渐朝向产业化、高科技化甚至是跨国化态势发展。[②]

在新兴技术的作用下,金融科技活动持有各类客户或用户信息,其中也包含着金融账户以及交易情况等方面的个人敏感信息,金融机构或金融科技企业负责海量信息的处理、保存、安全保护等,由于数据过于集中,在其管理操作出

①　王德军,代亚楠.平台经济领域金融业务的监管思考[J].大数据,2022,3:46-55.
②　韦立坚.国家金融科技创新[M].广州:中山大学出版社,2021:20.

现问题或受到外来攻击的情况下,会形成数据泄露或损坏、丢失等风险,这不仅暗含着金融机构安全隐患,而且必然导致金融消费者权益受到侵害,更严重可能造成大规模金融混乱。金融科技的新型风险日益凸显,例如,网络病毒、恶意第三方插件等极易对有漏洞或不成熟的算法设计和编码造成威胁。这进一步挑高风险处置难度。当前全球正在加快数字化转型的进程,金融领域与千行百业的联系也更加密切,随之数据共享与交互的频次逐渐增加,隐私保护技术、安全多方计算、机密学习、差分隐私、同态加密、联邦学习等新技术带来新的解决思路,这些新技术自身的安全风险控制都要面临新的安全挑战,并需要持续的安全运营经验的积累才能降低使用风险,因而也需要强化监管渗透的深度和广度。从前经验式、手工式、分散式的传统监管手段在金融科技迅速迭代的过程中明显无力。[①]

(2)金融技术风险挑战

技术交叉融合是金融领域创新的主要途径,也是金融科技领域开拓创新模式的主要工具之一。传统金融机构业务经营主要以人工操作为主,通过拓展营业物理网点来占领市场赢得更大竞争力,技术因素虽然重要但未上升到主导地位。随着金融科技的引领技术不断迭代,投入使用大数据、人工智能、云计算、区块链等新兴技术的金融机构在商业运营模式、金融服务效率等方面明显优于传统金融机构运营模式,这在一定程度上冲击了传统金融机构的商业模式。[②]此外,科技与金融的深度融合使金融行业内同质化现象愈加明显,金融行业对关键核心技术的依赖程度越高,整个供应链受其牵制因而存在的安全隐患就越大。[③] 2020年底,美国Solar Winds供应链攻击事件使美国有关政府机构及微软Microsoft、思科Cisco等大型公司都受到影响,如果金融机构核心技术产品过分依赖单一而供应商又缺少安全管控,金融监管部门将会受到很大的困扰。

金融领域对金融科技的投入和全方位应用使传统金融风险管理难度明显加大,传统风控管理面临转型金融数字化模式下,风险管理从原有的信贷记录、收入证明、资产证明等线下评审转变为基于商业场景、行为特征的线上标准化大数据风控系统审核,对风险模型管理提出了更高要求。与大型银行相比,中小银行缺乏技术优势与信息库优势,部分线上产品审核中存在系统漏洞,难以

---

① 李伟. 中国金融科技发展报告(2021)[M]. 北京:社会科学文献出版社,2021:165.
② 张永亮. 金融科技监管法律制度构建研究[M]. 北京:法律出版社,2020:30.
③ 李伟. 中国金融科技发展报告(2021)[M]. 北京:社会科学文献出版社,2021:166.

精准识别风险。与此同时,核心应用和产品掌握在少数技术供应商手中时,头部科技企业串联通吃,形成事实上的技术垄断,这些都是金融科技监管面临的重要问题。从全球视角来看,金融科技监管在监管方式方面仍存在滞后性,而且受人才约束、技术不足等多方面的束缚。

2.3.3　金融科技对传统金融监管"规范创制"的挑战

　　金融科技持续渗透到金融领域,金融新产品以及供应商范围的拓宽、新技术使用中数据使用范围的扩大,以及在日益复杂市场中新客户群体的出现等,导致金融科技市场监管能力不足。监管者需要权衡多重风险,按照比例原则管理风险、透过技术外衣去洞察金融科技活动实质,采取更为审慎的监管措施为金融科技市场主体"量身定制"金融监管措施,以此维持金融稳定和公平竞争、保障数据安全和消费者权益,并防止市场权力的滥用从而实现监管目标。监管者必须通过主动监测市场行为、制定新的数据保护规则、重新审视金融科技活动中的捆绑联系等政策实施,才能更好地平衡金融市场稳定与良性竞争。因而,金融科技对传统监管法律法规的突破,不仅仅体现在监管法律法规与金融科技创新活动之间的"步调问题"不相适,而且还体现在金融科技创新不断激发新的金融活动主体和客体,其活动内容也难以适用原有的法律体系,打破了传统金融监管法律体系格局和制度安排。传统金融监管法律规范在维护金融科技市场秩序方面仍存有盲点,传统金融法律规范的滞后性和局限性,难以应对不断迭代的金融科技新型风险,这亟须专门、专业的法律规范及时调整与更新。金融科技对传统法律规范的挑战主要表现在以下方面:①多元参与的金融科技市场主体扩大了传统金融法律关系主体的范围,由传统金融机构扩展到金融科技公司以及第三方技术公司等。从金融供给来看,金融科技市场主体在活动中其金融业务和科技业务复合的程度越来越高,直观上很难界定其金融属性或科技属性,金融科技服务监管面临着日益模糊的业务边界以及"去中心化"的局面,在金融科技市场主体也出现更多的未纳入监管范围、不具有金融牌照、金融服务水平难以保证的混乱状况。②金融监管的对象拓宽至虚拟化的非实体技术进而导致虚拟化监管需求加强。总之,金融科技与传统金融业务的融合、交互过程极易导致风险交叉传染,进而形成共振。为了充分保障金融科技的健康发展,有效应对金融领域不同业务形态的"监管真空"或"监管套利"等问题,构建一个能够及时识别风险、并且实现跨行业、多层次的立体式监管体系成为必要。

第3章　金融科技背景下的监管范式转型

在金融监管活动中需要运用一种总的观点或框架去统摄、解释客观而零乱的风险面相，并采取相应的监管手段和方法。监管范式是决定金融科技发展方向的一个重要因素，对于金融科技健康有序发展起到至关重要的作用。托马斯·库恩（Thomas Sammual Kuhn）在其著作《必要的张力》中首次提出"范式（paradigm）"，后在《科学革命的结构》一书中大量使用，"范式"概念逐渐被学界引用。范式是一个特定的学科领域，在一个特定的时期内，所共享的一种思维模式、一系列成型的价值评判标准和一套话语体系，在一个特定的学科领域中，它具有普遍的认同性和合法性；它不表现为具体的理论本身，而是不同理论所组成的理论群内在共性的抽象。[①] 关于范式的具体内涵解析将在第四章详细论述，本章仅就金融监管范式中的监管理念以及监管模式核心要素进行探讨。

3.1　传统金融监管范式的主要表征与行为模式

3.1.1　传统金融监管范式中"管控式"的监管理念

20世纪30年代以前，古典自由主义经济学思想曾在西方世界占据主导地位，在"管制最少的政府就是好的政府"影响下，在金融领域西方各国少有监管制度的立法，其在金融监督管理方面主要以自律监管模式为主，对金融机构运营情况也少有控制和干预。但为了防止银行出现挤兑，各国央行对货币发行开始实施管理。然而，这个阶段并没有形成一套系统的金融监管制度，金融监管理念也就无从谈起。自1929年开始，波及全球的经济危机使大批金融机构倒闭，自由主义经济理论在这次危机中的无力使其逐渐淡出。凯恩斯的"有效需求"理论提出了政府应当通过积极的货币政策、财政政策等手段对经济活动进行适当干预的主张。在其影响下西方主要国家摒弃了自由银行制度，开启"金

---

① 〔美〕库恩. 科学革命的结构［M］. 李宝恒，纪树立，译. 上海：上海科学技术出版社，1980：35.

融管制时代"。

20 世纪 70 年代开始,凯恩斯政府干预主义经济理论难以应对西方经济"滞胀",自由主义经济理论思想重新成为潮流,并且在金融理论发展成为新自由主义理论。新自由主义理论的学派大体有货币主义学派、公共选择学派等,其理论主张有金融自由化理论、金融约束理论等,其中金融约束理论是针对发展中国家金融自由化提出的主张。金融自由化理论的核心主张在于政府应当放松对金融机构的过度管制,在利率水平、业务范围等具体方面政府应当解除对金融机构的重重限制,使金融业在宽松的监管环境中焕发竞争活力。由此,金融自由化理论在当时形成一股风潮,在其影响之下,西方很多国家金融管制方面有所行动,开始放松了金融管制,相应的金融自由化成果也在法律领域中得到了体现与确认。总之,金融自由化所要达到的目的是针对金融抑制现象希望政府减少干预、放宽管制,从而充分激发金融领域的自主竞争力,受金融自由化理论影响的这一阶段体现了注重金融机构自身发展的利益导向以及专注金融效率的监管理念。

在全球范围金融危机的警醒之下,自 20 世纪 90 年代起各国开始重新思考金融安全、系统性风险以及金融危机的传导机制等问题。在经济全球背景下金融机构间、地区乃至国家间的竞争日趋激烈,金融全球化在推动金融资源配置的同时也加大了金融风险的传播和破坏力,金融效率与金融稳健发展之间的矛盾也愈显突出。于是学界与实务界开始探寻新的监管理论,反思监管理念与模式的转变,在此期间萌生了功能监管理论、激励监管理论、监管成本与监管收益理论等,这为当时的金融监管提供了新的有益启示。

3.1.2　传统金融监管范式中"机械型"的执行模式

20 世纪 30 年代之前的金融监管是以经济学理论为基础,这一时期的金融监管并没有形成系统法律制度。20 世纪 30 年代至 70 年代,受凯恩斯国家干预主义经济学影响,西方金融监管开始摒弃自由而开启"金融管制时代",在"法律父爱主义"影响之下,金融行业市场的规制开始呈现自上而下的状态。当时的监管部门具备明显身份特征:一是"全体社会成员具有普遍性";二是"拥有其他经济组织所不具备的强制力",并且通过"命令与控制"的方式进行监管。[①] 这一

---

① 〔美〕约瑟夫·E·斯蒂格利茨. 政府在市场经济中的角色:政府为什么干预经济[M]. 郑秉文,译. 北京:中国物资出版社,1998:45.

时期以保障金融安全与稳定为主要目标,通过政府干预以防止金融体系的崩溃对宏观经济的严重冲击,它根据事先制定好的行为规则去要求监管对象遵从这些规则,监管模式机械且监管手段单一。20 世纪 30 年代以后施行的金融管制在实践过程中因其管制理念和管制方式过分僵化而日益暴露弊端,政府部门也开始反思一味追求金融稳定而忽视了金融效率的问题。由此应运而生的金融自由化理论,更加注重放松政府管制、提高金融业的竞争和效率。尽管 70 年代开始重视金融业自身特征对金融监管的要求和影响,监管思维变得更加立体、全面。然而,90 年代以来,全球金融市场风险因经济自由化与经济全球化而演变得更为错综复杂,且金融风险得隐蔽性极强,更大的传染性使全球金融市场整体受到冲击,20 世纪 90 年代发生的系列金融危机暴露了新的问题,这些问题反映出金融监管理念方面仍缺乏预见性和系统性。在此时期,大量金融创新产品以及各种综合性金融机构的涌现,混业经营的趋势以及计算机信息技术的广泛应用,给全球金融市场结构带来了深刻的变化,这与传统金融渐行渐远。

3.1.3 传统金融监管范式中"零散化"的立法创制

法律相对于丰富多变的经济活动是具有滞后性的,成文法出台需要严格的程序和必要的时间酝酿,因而法律的滞后性成为一种必然。金融领域监管法规相较于其他部门法规更具有的时期性,总体说来,金融监管法规不会是自发形成,而是其对诸多金融风险经验的反馈与回应,是由公众对金融实体经济连带影响的认识和以往危机的经验促成的,是根据金融市场的混乱局面和金融机构的缺陷来设立金融监管规则的。传统监管制度滞后的原因不仅在于制定新的规则需要必要的时间,而且还在于因其监管理念固化而在有限的框架去考量监管问题,这很难预见到金融创新可能引发的监管问题。传统规则制定者往往依赖稳定的、被认为最优的监管规则和范式,这些规则和范式通常是针对金融行业中长期存在的问题提出的成熟监管对策。然而,这些规则和范式很难应对金融科技创新带来的节奏不断加快的新风险。对于由科技产生的法律冲突和矛盾,传统监管制度也很难及时作出回应。例如,如何运用法规准确及时解释新的科技事物的分类、如果重新划定法律法规的调整对象、范畴,都是需要明确的法律法规作出解释说明。传统监管规范与金融科技的规范对象难以一一对应,其监管逻辑也不再契合,其监管效果也自然不再符合制度的成本效益分析。①

---

① 杨东,等. 中国金融科技安全教程[M]. 北京:人民出版社,2020:241.

不仅如此,传统监管范式"见招拆招"的分散式立法也缺乏系统性规划,金融科技是新生事物且具有持久的发展能力,如果在监管立法方面没有预见性和前瞻性规划,则很难达到良好的监管效果。

3.2　传统金融监管范式存在的局限性

过去近一百年的传统金融监管存在局限的原因可大体归纳为:一是以经济学原理为理念,缺乏法律理论及应用,忽略法学理论及其法律的具体实施会影响金融监管的目标和效果。二是过于追求金融体系的总体稳定而忽略对金融自身属性的认识,没有对金融运作规律进行深入挖掘,这使金融监管流于表面而很难总结出真正有效的监管理念和方式。现代金融监管面临着更大的艰巨性、复杂性、不确定性和风险性。[①] 西方国家为了应对这一变化相继开始行政改革,采取政府干预、改善管制质量、重视法律可执行性、向地方政府下放权力、采用公私合作体制、建立不同管制机构信息共享等复合型措施。[②] 在当前金融科技公司跨行业、跨市场的平台是发展背景下,现代金融市场的开放性等特征更为突显,诸多金融业务受到不同监管机构而依据不同标准进行监管容易形成差异化监管,而单一、被动且机械的传统监管模式显然不能适应金融科技发展形势的要求。

3.2.1　传统金融监管理念缺乏动态适配思维

越来越多的科技企业顺应金融科技潮流利用其主营业务优势将其作为金融交易平台,主要方式是以先前的业务领域积累的客户和良好的用户黏性为基础进而去拓展业务逐渐涉足金融服务领域,这将使其科技企业的性质发生转变。这些科技企业逐渐成为连接金融机构与平台用户的关键中介枢纽,涉足金融业务的科技企业与传统金融机构之间的关联更为复杂。此外,鉴于科技企业的个体影响力可能因为与其他市场主体之间的交叉关联而引发系统式扩散的金融风险。[③] 传统监管模式下,监测金融机构运行的指标内容通常限于资本充足率、风险集中度以及流动性监管比率等方面,而并不会过多涉及金融机构技

---

①　李爱君. 金融监管理念的变迁与重塑[J]. 国际经济合作,2009,7:86-88.
②　李爱君. 金融监管理念的变迁与重塑[J]. 国际经济合作,2009,7:86-88.
③　李敏. 金融科技的系统性风险:监管挑战及应对[J]. 证券市场导报,2019,2:69-78.

术方面的监管难题。传统监管对金融机构的监管除了现场检查之外,也会通过
金融机构定期报告来分析其运营情况和风险大小,这样的监管方式缺乏对被监
管对象的实时监测和及时监督,这使金融监管部门难以掌握金融市场的发展动
态,其缺乏动态性的弱点也愈加显现,如果金融监管部门不尽快与金融科技技
术能力相适应就很难对金融市场进行有效监管。①

　　传统金融监管的结构主义方式强调技术与效率,通过监管行为来使监管效
果不断接近这一目标,因其欠缺整体性思维而很少将金融监管活动放入所处的
社会大背景中去,也因为为了单纯实现监管目标而容易采取片面的监管措施,
从而割断监管者与被监管者的互动与联系,这很使监管造成简单化、机械化的
重要原因。在金融市场还未完全成熟阶段,机构监管(institutional regulation)
是历史上金融监管的最主要方式,即在分业经营框架下,监管部门对各自管辖
的金融机构行使监管职权,包括市场准入、持续经营、风险管控与处置、市场退
出等。② 高度的开放性和流动性成为现代金融市场的基本特征,因新兴信息技
术与金融经营活动的密切结合,使得金融波动范围、金融危机传染概率都随之
增加,加之金融科技金融活动形式更为动态化、多样化、复杂化,虽然传统金融
监管仍有实际价值,但传统金融监管模式的单向性思维惯性难以与金融科技的
高速发展相适配。

3.2.2　传统金融监管方式缺乏专业技术能力

　　科技与金融的相互融合促使金融市场运营模式发生改变,而传统监管模式
通常是以事后总结经验却很少对事前进行预判,科技驱动下金融创新营造的市
场环境更为复杂,加之传统信息技术显然难以满足金融科技领域新兴技术的更
新迭代,传统监管方式显得落后而被动。20 世纪 90 年代是计算机技术迅猛发
展的时代,监管部门运用计算机技术构建量化风险管理体系进行监管,并取得
了良好的效果。而当今随着新兴技术在金融领域的应用,这使得金融市场的监
管范围和规模空前扩大,因而监管部门在监管技术方面仍有很大的提升空间,
如现有的风险监管技术难以与市场的科技水平达到一致并且缺乏灵活性而需
要系统更新,系统维护成本高的问题,风险数据质量参差不齐难以监管的问题,
难以对金融科技活动进行实时性监测以及获取风险信息的渠道和来源狭窄等

----

① 　周仲飞,李敬伟. 金融科技背景下金融监管范式的转变[J]. 法学研究,2018,5:3-19.
② 　吴晓灵,等. 平台金融新时代[M]. 北京:中信出版社,2021:24.

问题。

(1)监管时间维度:应对金融科技自动化运营形式的技术能力

在监管时间维度上,金融科技核心价值活动呈现自动化形态,传统监管模式和做法大多依然采用比较传统的统计报表与现场检查相结合的方式,更多倾向于依靠金融机构主动报送监管数据和合规报告,因此这种监管模式存在明显的时滞性和不准确性。相较于金融科技的新兴科技研发、层出不穷的金融服务新业态,传统监管模式尚停留在通过人力核对、现场检查等监管措施明显缺乏科学、高效的手段,其技术能力落后具体表现在以下方面。其一,数据采集方式落后。在数据的收集与处理作业中,金融科技在技术和效率等方面都优于传统金融活动,传统依靠人工采集的数据方式是非现场的并且来源单一,如果延续传统提交数据的方式监管,则将导致监管部门的工作任务猛增,监管质量将大打折扣。其二,数据分析手段落后。金融监管部门采集数据后,必须对数据进行分析并提取出对监管决策有价值的信息,如果监管部门数据分析技术落后,极容易造成有价值的数据浪费(尤其是无法有效处理大量非结构性数据),也会因金融科技风险更加隐蔽而难以识别、预警。其三,风险核查方式落后。金融科技的技术手段是走在行业前沿的,金融科技活动因其新兴手段的应用在市场也是异常活跃的。如果传统监管对金融风险核查方式落后于金融科技活动的技术水平、对金融科技活动的风险监测不够全面,尤其是对金融科技云汇集、数据集中、算法共振等技术行为的核查,如果科技监管手段不更新则很难对迅猛发展的金融科技创新活动进行持续管理。此外,数据汇总是传统监管主要的核查方式,这难以确认上报的数据来源及产生过程,数据的真实可靠和及时性都无从核查,数据的数量和质量都很难满足监管要求,金融监管部门难以实现事前、事中和事后监管。

(2)监管空间维度:应对金融科技扁平化生产组织的管理能力

在监管空间维度上,部分所谓的金融创新产品过度包装,其业务本质被其表象所掩盖,如何准确识别多领域、跨界别、跨业务的嵌套创新产品的底层资产和最终责任人存在一定难度。其一,物理网点存在是传统金融服务运营的基础前提,也是监管部门执法检查的重点。而随着金融科技的广泛应用,金融服务提供者通过便携式移动设备、终端 APP 便可提供金融服务,这在很大程度上削弱了金融机构物理网点的作用,金融机构组织管理也日趋扁平化特征。以区块链金融为例,依靠区块链技术可以创造出无第三方中介、无实体场所的金融市场,这将导致传统金融市场逐渐变革为一个分散式的市场。① 从某种程度上来看,金融科技已经引发了金融市场组织形式由"集中式"到"分散式"的变革。其二,从金融行业整体价值链来看,前台、中台和后台是金融业价值链上最基本的价值活动,②当前,金融行业的前台、中台和后台无不依赖于金融科技,新兴技术在金融领域各行各业的前、中、后台基本价值活动中得到广泛应用并且深度、可持续性融合。鉴于金融科技在金融业全价值链中的重要性,金融科技活动的整个过程都存在风险暴露和风险汇聚。其三,金融科技市场主体通常在平台上汇集了支付、结算、信贷、保险、基金等多种业务,经营业务种类多样,各种业务纷繁交叉,这使资金的流向更难监测,其金融活动与金融风险也难以通过传统监管方式进行测量与评估。在金融科技跨市场、跨业态、跨区域的发展趋势下,传统监管方式"重机构、轻功能"使得监管资源难以得到优化配置,容易造成监管重叠和监管真空,例如可能出现安全经营标准误判、风险衡量失准等问题,难以对金融科技混业经营模式进行有效监管。③

此外,当前金融科技市场主体在业务经营范围、数据报送口径、信息披露内容与准则、金融风险意识、个人信息保护、人为操作性风险、金融消费者权益保护等方面存在理解偏差和认识不足,责任意识不强,统一标准缺失,容易造成监管标准不同,导致了各种衍生性风险,这对传统金融监管方式与技术能力都提出了挑战,总体来看,传统监管方式欠缺实时监管和穿透监管的技术能力。

3.2.3 传统金融监管制度缺乏系统集成创新

集成度是指由系统整体所划分出的子系统的规模与复合程度。"制度集成创新"概念出自我国经济领域改革的要求,其内涵是从整体和全局出发,注重把握各项制度之间的内在联系和辩证关系,统筹协调和推动各领域、各子项、各事项间的制度创新,避免出现"碎片化""分散化"等不利局面,它更注重把握制度之间的内在联系和辩证关系,是涉及面更广、系统性整体性更强且更为复杂的创新。④ 制度集成创新的核心在于"集成",这并不意味着将各项制度简单地进行加和,而是对各项制度进行精准分析并将其有机组合起来,通过组合而使其

---

① 张红伟.中国金融科技风险及监管研究[M].北京:中国金融出版社,2021:28.
② 张红伟.中国金融科技风险及监管研究[M].北京:中国金融出版社,2021:33-43.
③ 张红伟.中国金融科技风险及监管研究[M].北京:中国金融出版社,2021:121-122.
④ 刘允明.制度集成创新:内涵、特征及动力[N].海南日数字报,2020-06-25(5).

中的创新要素重新融合,进而形成一套新的制度体系,使其政策功能发挥到最优,制度集成创新的特征集中表现为系统性、整体性与协同性,这与本书阐述的系统论范式的特征高度契合。引起范式转变最迫切的需求是来自于金融科技实践的发展,时下金融业务与科技应用创新融合的趋势更为显著且不可逆转,随着金融业务边界的不断拓展,金融机构纷纷对前瞻性金融科技进行布局,并广泛联动社会资源,深入协同合作伙伴的科技能力,以实现客群经营及业务生态的持续扩张。金融监管的系统性、协调性需求一方面来自金融监管对象跨业混业经营现象混乱,另一方面则是金融科技技术本身迭代升级亦对金融监管的系统性和协调性提出新的挑战。

当前,模型、算力、生态推动 AI 应用进入大爆发时代,2017 年 Transformer 模型及 2022 年 ChatGPT 的发布标志着生成式 AI 在文本领域的重大飞跃,并在多项能力上超越了人类基准,未来随着更强大的语言大模型(GPT-5)以及多模态生态和视觉大模型的技术持续突破,将推动 AI 应用持续进化。由于金融行业具备海量金融数据积累的先天优势,因而在生成式 AI 变革中具备明显优势,对于金融领域来说,ChatGPT 等生成式 AI 产品拥有生成、分析、查询等多种功能,包括但不限于数据分析、模拟投资、市场动态追踪、知识解读、经济走势预测等,"AI＋金融大模型"的参与者主要由金融机构、金融资讯公司或者科技初创公司等构成。以头部金融资讯公司彭博(Bloomberg)为代表,基于其 IT 技术优势,叠加海量金融数据的积累,自建了拥有 3630 亿词例的数据集和超过 7000 亿 token 的大型训练语料库,开创性地采用"金融＋通用数据"混合预训练的方式,生成了一个包含 500 亿参数的金融大模型 Bloomberg GPT,以支持的金融场景的情感分析、命名实体识别、新闻分类和问答等与文本生成相关的任务。又如,摩根大通、摩根士丹利凭借其强大的资金实力与大量金融数据,采用基于底层通用大模型微调,或者接入 ChatGPT 的方式参与竞争(由于数据隐私、合规等问题,多用于机构内部)。[①] 2023 年 9 月,摩根士丹利正式发布了一款生成式 AI 产品用于金融服务,可查询专业金融数据,总结金融顾问与客户的对话内容,起草电子邮件等,该产品由 OpenAI 支持,并结合了摩根士丹利超过 10 万份财务报告、内部资料、金融文献等数据进行了微调,这将进一步提升工作

---

① 华金证券研究所:《全球生成式 AI 应用全景图:AI 应用进入大爆发时代》,http://www.huajinsc.cn/访问时间 2023-10-4.

效率和决策准确率。① 生成式人工智能的技术应用将会持续对监管部门的监管技术形成新的挑战。

3.3 传统金融监管范式向金融科技监管范式的过渡

3.3.1 动态系统思维方式：金融科技监管理念的多元化转变

"一切法律都是为了弥补人类的有限理性与矫正人类的非理性行动而存在的一种知识性规则"。② 金融科技发展带来的负面影响使金融监管法律制度设计的基本切入点，它是促使金融监管法律制度与理念转变的推动力量。传统金融监管理念时至今日仍有重要的参考价值，即便传统监管理念中的一些价值追求依然可延续，在面对金融科技以日行千里的发展速度、创造出更多复杂"新组合"的发展局面时，金融监管需要充实更多的时代概念、注入更多的时代元素，因而金融科技监管理念也亟待明确和拓展。

（1）功能性监管——从"形式"到"实质"的转向

功能性监管源于 Merton 和 Bodie 提出的功能监管理论，他们将金融体系功能分为清算和支付结算的功能、聚集和分配资源的功能、在不同时空转移资源的功能、管理风险的功能、提供信息的功能、解决激励问题的功能，并在此基础上提出了功能性监管的设想。③ Merton 和 Bodie 认为基于功能视角的金融系统与基于机构视角的金融系统相较，具有更多的优势来帮助政府实行监管。一是功能具有相对稳定性。无论是发达国家还是发展中国家，其金融体系的基本功能在本质上都是相同的，各经济体的金融科技创新可以随着市场竞争采取不同形式不断更新"包装"，但金融功能却相对稳定。二是以功能为视角进行监管，更加容易识别判断未来具有金融功能的组织机构，在此基础上，更易于针对机构的变化来设计监管方案，而金融功能的稳定性，法律法规的制定与执行也更加稳定。三是压缩监管套利空间。分业监管范围单一，容易形成监管空白或职能重叠交叉，这给金融机构创新活动提供更多监管套利的机会，而功能

---

① 路透社，Morgan Stanley is testing an OpenAI-powerd ChatBot for its 16000 Financial Advisors. 访问时间 2023-10-1.

② 岳彩申. 论经济法的形式理性[M]. 北京：法律出版社，2004：88.

③ 齐亚莉，伍军. 功能性监管：现代金融业发展的必然选择[J]. 金融理论探索，2005，4：15-16.

监管更加注重金融活动的实质,减少金融机构以创新的名义利用政策法规空白进行套利的机会。功能性监管的基本逻辑是相似功能应当受到同类监管,而不是根据这种功能由何种监管机构来决定。它突破了传统金融监管的定义,有效改善机构监管在复杂的混业经营形势下的监管乏力,其核心在于金融功能比金融机构更稳定,且在监管实践中制定政策更加灵活易调整,防止监管制度僵化。此外,功能性监管更加有利于金融科技创新。混业经营对金融业的有利影响就是能够更好地促进金融创新产品的推出,功能性监管更加倾向于实现对金融创新产品的有效监管,能够尽可能避免对金融创新产品的不必要限制,为金融创新产品提供相对宽松的环境。

(2)适应性监管——从"静态"到"动态"的转向

伴随着新技术发展新问题也层出不穷,金融监管面临着一个复杂多变的局面。因此,好的监管应当具备适应性,紧跟信息技术发展步调,监管者应持续收集不断更新的科学技术和新信息,主动、适时、循序渐进地调整监管策略,以实现监管预期的目标。[①] 摒弃"全能主义"的静态监管方式,适应性监管的核心要义在于监管部门根据市场运行情况在原有的市场监管政策和规则之上适当创新,在其自由裁量权基础上对监管决策进行调整,使其适应微观结构变动不居的新金融市场。适应性监管是一个多步骤、反复调试的决策过程,通过确定监管目的和目标以及底线,来开发概念模型并选定未来行动,本书认为金融科技适应性监管具体表现为监管时间维度的适应性、监管空间维度的适应性以及监管能度的适应性。一是监管时间适应性。金融科技创新导致监管机构在监管应对时更为棘手,传统监管的"时滞性"与金融科技创新产生了更大的"速度差"而加剧金融风险。监管滞后的不利后果不仅在于给"伪金融创新"监管套利的机会,也会使有益创新陷入无序竞争,二者都会对金融市场生态造成危害而背离金融监管创新的初衷。二是监管空间适应性。监管空间适应性在于把握监管方向和范围而"因材施策",对不同类型的创新项目实行有针对性的差异化规制。金融科技创新的颠覆性暗示着比一般金融创新项目监管更为复杂,需要对颠覆性技术和产品创新严格加以分辨,在"守正"和"创新"之间找到平衡点,为金融科技创新留有安全可靠充分的试验空间。三是监管能度适应性。与传统

① H-G Eichler, et al. From adaptive licensing to adaptive pathways: Delivering a flexible life-span approach to bring new drugs to patients. American Society for Clinical Pharmacology and Therapeutics, 2015(97): 234-246.

金融监管相较,适应性监管更加强调灵活而精准的监管能力而超越传统监管动态监管步调不一致的问题。传统监管选择缺乏柔性,难以迅速适应金融市场变化节奏,并且在监管预期与实际监管效果之间存在一定偏差,"一管就死、一死就放、一放就乱"的监管困局循环往复,强调监管能度适应性是为了使监管的动态调试更为精准,设置柔性监管边界并掌握技术监管能力,利用监管科技手段实现监管者与创新者的双向互动,实现与金融科技监管价值目标相适应的最优监管能度。

(3)包容性监管——从"刚性"到"柔性"的转向

在社会经济变迁与经济法理念更新的背景之下,从功能上来看金融法正经历着从管制法到服务法的转型。[①] 作为"新治理"理念,包容性监管以监管者角色为中心同时,具有跨越公私部门的特性,兼顾着监管的社会控制及其影响效果。[②] 在监管实践中"包容审慎"的提法越来越多,但包容与审慎并不是对立关系,而是互补相升的关系。审慎监管包括宏观审慎监管和微观审慎监管,宏观监管理念主要是针对金融体系的系统性风险的防范。微观审慎监管理念则出自 BCBS《银行业有效监管核心原则》(1997),具体包括银行准入和结构、审慎监管法规和要求、持续监管手段、信息披露、监管者的正式权力、跨境银行监管等方面的规定。[③] 包容性理念的内涵是放松机械、僵化的金融管制,选择有限度的宽容,并不意味着监管缺位或放弃原则,而是以必要有效的金融风险控制为前提。

(4)试验性监管——从"保守"到"创新"的取向

试验性监管理念主要来自试验主义治理的启示。试验性监管理念是一种"软约束"模式的存在,在政策目标以及结果都不确定的前提下,从底层级别监管部门开始政策推行试验,这个过程本质上是在"试错"。[④] 以欧盟试验主义治理为例,欧盟试验主义治理的核心制度安排包括政策倡导权、试验评议权和激

---

① 冯果,李安安. 包容性监管理念的提出及其正当性分析——以农村金融监管为中心[J]. 江淮论坛,2013,1:109-116.

② Robert F. Weber, New Governance, Financial Regulation, and Challenges to Legitimacy: the Example of the Internal Models approach to Adequacy Regulation, *Administrative Law Review*, 2010, V0162, No.3.

③ 方毅,张丽丽. 民间金融监管理论与实践[M]. 北京:中国财政经济出版社,2021:45.

④ 刘然. 并非只为试验:重新审视试点的功能与价值[J]. 中国行政管理,2020,12:21-26.

励设计权,从而形成一种"软控制"。① 在欧盟框架影响下,试验主义治理逐渐形成了具有开放性与协调性的软约束机制,并且被广泛应用于经济社会诸多领域的改革,在金融监管体系建设方面深受其影响。在金融科技创新领域,彰显试验理念最为典型的监管实践当属监管沙盒制度。英国金融行为监管局(FCA)率先将"沙盒"概念引入到金融监管领域,监管沙盒作为一种试验机制为金融创新提供了安全的测试环境,同时,金融科技企业在创新方面取得了更多的试错空间。根据英国实践,"监管沙盒"机制是指金融科技企业基于对消费者的保护,并且监管部门制定的审批程序,提交金融创新项目申请并取得相应的行政许可,在监管沙盒环境下对其创新的金融产品、服务、商业模式和营销方式进行试推出和试运行。这体现了金融监管更为灵活的适应性,从而使监管和创新都得到正向促进。②

(5)协同性监管——从"单一"到"多元"的取向

协同性监管概念来源于协同论(Synergetics),协同论是金融监管协调理念和机制的主要理论依据。早在 1971 年,Hermann Haken,协同论的提出者,就已经认为,在远离平衡状态的开放系统在与外界进行物质或能量交换的情况下,通过内部的协同作用,系统可以自发地实现时间、空间和功能上的有序。这种协同作用不仅可以放大复杂系统的整体功能,还可以使各子系统产生互补效应,从而使系统的整体功能远大于各个子系统功能之和。金融监管协调是指为了达到共同发展目标,金融监管主体之间在监管活动中所表现出来的形式与规则,具体而言包括组织形式、运作模式及其内在的运行规则。③ 协调性监管具有独立性、全局性、动态性、经济性和多元性的基本特征。独立性主要表现监管执行上具有相当的自主权,是实现监管协调的必要前提;全局性主要表现在监管部门对金融体系整体的把握,是实现监管协调的必要基础;动态性主要表现在监管决策随市场环境而改变,是实现协调监管的基本要求;经济性主要表现在监管实施收益和成本的考量,是协调监管的价值追求;多元性主要表现在监管的多方主体参与,是实现协调监管的必要途径。随着金融技术范式从"模仿型技术"向"创造型技术"转型,当今金融领域的时代特征也呈现"多元化"与"去中

① Jonathan Zeitlin. EU experimentalist governance in times of crisis. West European Politics:2006. Vol 39,No 5.

② 刘盛. 监管沙盒的法理逻辑与制度展开[J]. 现代法学,2021,1:123.

③ 方毅,张丽丽. 民间金融监管理论与实践[M]. 北京:中国财政经济出版社,2021:162.

心化"的特征。在金融服务准入门槛降低、金融科技搭建更多中介平台使金融可获得性极大提升的同时,也增加了金融体系的各类风险,协调性监管需要建立全面的监管系统方能满足维护金融稳定、促进金融创新、防止监管套利等共同需要。从当前各国金融监管实践来看,发达国家和其他典型国家(包括中国)金融监管协调机制内容依据各国实际情况而定,并不存在一个统一的协调范式,但其参与主体也呈现多元共治的特征,既有主管金融系统或与其关联的政府部门,同时也包括行业自律组织等。

3.3.2　"科技应变"之术:金融科技监管模式的平台化转向

技术是金融科技发展的"灵魂",因此新兴技术的全链条应用是金融监管应当具备的基本能力。① 金融科技监管方式的革新是在传统金融监管基础上创新监管方式和监管工具,是以技术驱动型的思路应对新的监管情势。

(1)"科技应对科技"监管方式的现实方案——监管科技

监管科技(regtech)从技术上根本改进了传统金融监管方式,为金融监管部门提供了强有力的支持,也成为国际金融科技监管的必要选择。监管科技作为一种监管工具,在满足监管技术需求的基础上,实则也带来了监管理念和监管方式的转变。与传统的监管重度依赖被监管主体提供的数据来进行监督检查的方式相比,主动直接获取被监管者的数据可以避免一些局限,而与此同时,更为根本的推动力量是基于近年来金融行业数字化程度越来越高,传统事后的基于报告型数据的监管方式已经不能满足新业态的监管要求。因而,监管科技在监管机构端的运用,可以用来回应以下问题:如何更高效执行监管政策? 如何在市场变化下提出更具有适应性的监管规则? 如何更为有效进行金融市场监督管理。

关于监管科技的定义,英国金融行为管理局(FCA)发布的《创新工程征求意见书》中,将其定义为"运用新技术,促进金融机构更有效地达成监管要求"。我国京东金融研究院将 regtech 解释为在金融与科技更加紧密结合的背景下,以数据为核心驱动,以云计算、人工智能、区块链等新技术为依托,以更高效的合规和更有效的监管为价值导向的解决方案。② 金融科技的不断发展是由信息

---

① Chris brummer,Disruptive Technology and Securities Regulation Fordham Law Review,vol.84,no.3,2015.

② 中国支付清算协会监管科技研究组. 监管科技研究与实践[M]. 北京:中国金融出版社,2019:35.

技术进步所驱动的"颠覆性"变革,而监管科技则是利用技术手段对金融机构进行主动监管。通过数字化表达监管政策、合规性要求等方式,实时采集风险信息、抓取业务特征数据,推动监管模式从事后向事中转变。这有效地解决了信息不对称问题,消除了信息壁垒,有助于实现监管的统一性,克服监管的时滞性,并增强监管的穿透性。① 在金融科技发展过程中,监管科技的应用表现无论是对监管机构还是金融机构都产生了积极影响。

①监管科技对监管机构的影响。一是监管能力的突破与提升。在金融创新不断突破的过程中,监管机构的监管能力也应随之提升。金融市场中,一些金融科技公司通过影子银行的装扮从事类似银行的业务,但却并未受到相应的监管,监管系统存在的漏洞为金融科技公司监管套利预留了一定的空间。相比人工监管,监管科技在新兴技术支撑下,能够及时帮助金融监管机构排查监管漏洞和不合规情况,更为高效地防范监管套利行为。二是监管成本与效益的影响。传统金融监管审查的做法通常是调动大量人力、财力和时间开展现场检查,去审核金融机构业务合规情况,这极容易导致监管成本过高且监管效率并不理想。而监管科技解决方案使监管机构监管流程实现自动化与智能化,进而解决监管成本和监管效率问题。监管科技在数据处理上,能够提供自动化、智能化的数据收集、整理与分析的方法,采用机器学习(人工智能技术)检测金融机构违规行为,及时发出风险预警信号,并与执法系统联动处置。在实践中,实时交易监测一致依赖存在监测数据质量低、一致性差等系统问题,这为洗钱等非法活动创造了滋生土壤,而监管机构应用监管科技实时监测为其节省了大量人力、物力监管开支,并且在解决监管时效性问题方面的能力显著增强。三是监管创新的必要工具和必然选择。当下,快速变动的金融市场活动中,银行业与非银行金融业、金融业与非金融业、货币资产与金融资产的边界日趋模糊,这必然导致监管机构既定的监管范围与监管方式落后,并出现监管真空地带。监管机构通过与监管科技公司的合作可以加强对新型金融产品与服务、商业模式创新以及交付机制的掌握,监管与科技的高度融合可以促进金融机构内部创新,从而帮助金融监管机构更为科学、严谨地制定金融科技监管框架、规则以及标准,厘清监管范围并明确监管职责,构建良好的金融创新监管生态体系。

②监管科技对金融机构的影响。一是减轻合规成本的负担。如今,金融企业既需持续进行审计、报告、管理等活动以应对各项合规要求,也需考虑监管规

---

① 李伟. 监管科技应用路径研究[J]. 清华金融评论,2018,3:20-22.

则的变化为监管新规的实施备好解决方案。金融企业通过监管科技解决方案可实现自动化分析海量数据、核查反洗钱（AML）等监管规定。同时，监管科技可实现合规程序和人工报告的自动化，以最小成本完成不同监管机构的合规要求，最大程度降低了人工干预与重复报送次数，这不仅使金融企业更高效地执行和落实监管制度，同时也真正减轻了金融企业地合规成本与负担。二是提升风险内控能力。风险管理关乎金融企业的业务安全运营和健康可持续发展，基于大数据技术和软件集成工具的风险管理应用使金融企业具备更强的抗风险能力。具体而言，金融企业将非机构化数据和定性数据以及可疑的交易模式以可视化和水平扫描方式进行解析，使监管人员更易理解数据，及时获取分析结果，即时识别出业务运营中的风险和潜在问题，并根据合规参数提供有益建议，实现金融机构风险框架和内部控制的无缝衔接，使其合规管理体系更加完善。此外，金融科技可以帮助金融企业处理资产安全、交易安全、法规遵循等问题，从而促进公司治理朝向更加透明化的方向迈进。[1] 三是持续巩固市场竞争力。监管科技的应用将有助于提升客户体验。例如，一个强大的风险欺诈监测平台可以对欺诈风险迅速作出判断，而减少客户身份验证的频次以及交易时间；再如，数字加密技术可以确保客户个人信息和财务信息安全，这从技术层面解决了金融消费者权益保护的问题。时下金融行业竞争日趋激烈，因而强化金融企业内部管理从而提升自身市场竞争力是金融企业的必要选择，金融企业通过监管科技升级不仅可以提升客户体验，还可以使财务更加安全健康，通过巩固自身抗风险能力使整体竞争力逐渐增强。

（2）监管科技对传统监管范式的升级路径

新的监管范式的确立是能够开拓和拓展新的认识领域的，并且能够扩大和深化研究范围和背景条件，进而解决新的问题。关于监管科技如何影响传统监管方式并引发传统监管范式的转变，大体表现在以下四个路径。

①监管科技助益金融科技监管技术能力的升级。监管科技是以技术为中心的智能化监管模式。[2] 随着金融行业数字化转型加速发展，传统人力监管越来越难发挥作用，而监管科技同金融科技一样，具有处理业务敏锐便捷、提高作业效率并且实用性强等又是，具有高效提取、分析并呈现数据的能力，将"智能"算法引入监管流程中去，能够有效识别各种违规行为。金融机构则能够通过监

①　谢平，周传伟. 互联网金融风险与监管［M］. 北京：中国金融出版社，2017：199-200.
②　张永亮. 金融科技监管法律制度构建研究［M］. 北京：法律出版社，2020：125.

管科技帮助自身进行市场行为监控、履行合规义务等,例如反洗钱、反恐融资、了解你的用户等。[①] 金融监管部门应用监管科技,主要是通过与金融科技相当的新兴信息技术将监管法律、政策和指令程序化,内嵌于各个金融业务系统,及时监测和预警,实现风险主动识别与控制,这不仅能够满足金融机构合规管理的特定需求,而且能够满足监管部门对金融科技监管的各类需求。监管科技的动态性(Dynamic)是动态监管和动态调整的统一,监管科技通过技术手段对被监管对象全过程实时监控,视金融市场运行情况而对监管指标进行动态调整,是监管科技在监管"适应性"能力方面的突出表现。同时,监管科技是实现"穿透式"监管的重要工具,透过金融科技的表面形式来识别其金融业务本质,再依据金融科技的业务功能和法律属性的判定结果进而明确监管规则。

②监管科技助益金融科技监管法律功能的拓展。监管科技随着金融科技的向前推进而不断发展、创新。监管科技不仅依赖于金融科技创新,而且具有法律依赖性。监管科技在用于监管时应当在现行法律框架内去应对、处置各类监管问题,不能挑战法律底线。同时监管科技需要更为完善的法律规范体系,为其监管运行提供内容支撑、奠定法制基础。例如,数字化监管协议为例,监管机构如果仍以文本形式发布自己的监管法律规范,这在一定程度上存在理解成本较大、执行效率低等问题,而通过自然语言处理(NLP)技术能够实现监管法律条文的数字化存储与展现。

③监管科技助益金融科技监管效率的提升。2008 年全球金融危机后,世界金融市场环境对金融监管和金融机构自身发展提出了更为严苛的要求,各国纷纷出台防范金融风险的监管规则,投入大量人力、物力、财力实施监管。传统金融监管措施的"事后监管"具有天然的滞后性,使金融监管难以提前防范金融风险,甚至使部分风险演变成系统性风险。运用监管科技,金融监管部门可以及时了解金融风险动向而精准作出风险识别和风险防范措施。从合规角度来看,监管科技有利于金融机构履行合规义务。以客户身份识别和背景调查为例,KYC 一直是传统金融行业的难点和痛点,而监管科技从科技原理上来看是机器学习与自然语言理解的结合,这在全面审计和评估客户风险上大大提高识别效率。此外,以区块链监管技术为例,金融机构通过区块链透明的设计,能提供给监管机构直接、及时和其安全透明的监管信息,其交易记录在都在分布式账本上有章可循,监管机构可以实施安全、全面、精准和不可逆的永久跟踪。尤其

---

① 中国支付清算协会监管科技研究组. 监管科技研究与实践[M]. 北京:中国金融出版社,2019:53.

在当前地方金融监管资源相对紧缺、监管能力相对薄弱的背景下,监管科技能够帮助缓解监管技术、监管效能、监管法律等方面的压力。①

④监管科技助益金融科技协同监管的实现。监管科技成为金融监管新的解决方案,在于其实质与金融科技一样具有数字化、数据化、技术化的优势,其将区块链、人工智能、机器学习等新型技术应用各类监管场景,从而优化金融市场结构及监管框架体系。② 监管科技应用以系列法律制度作为支撑,例如金融数据标准化法律制度、数据共享法律制度、数据管理法律制度、协同合作法律制度等,③这些制度同时也彰显了监管科技多元治理的监管路径。监管机构借助监管科技及时获取金融机构数据,监管从被动变为主动,通过数据共享监管方和被监管方形成一个有机的交互系统,破除数据壁垒有助于监管部门从单一治理金融科技活动参与者多元治理的转型,从而实现协同监管。

3.3.3　矩阵式法律规范创制:金融科技监管制度体系化整合

矩阵式立法是一种创新的立法模式,这种立法模式以"矩阵"为喻,意在强调不同法律规范和制度之间的交叉和互动关系,其主要特点是将不同的法律规范和制度进行系统化整合,形成一个相互衔接、相互支持的有机整体。在矩阵式立法中,不同的法律规范和制度被视为一个整体,彼此之间存在密切的逻辑联系和互动关系;每个法律规范和制度都有其特定的作用和目的,但同时也要考虑到其他规范和制度的影响和制约。因此,矩阵式立法需要充分考虑不同规范和制度之间的协调性和一致性,以确保整个法律体系的统一性和稳定性。矩阵式立法的优势在于可以提高法律的适用性和操作性,通过将不同的法律规范和制度进行系统化整合,可以消除法律之间的冲突和矛盾,避免出现法律真空和法律漏洞。同时,矩阵式立法也可以更好地满足社会发展的需要,根据不同领域的特点和要求制定相应的法律规范和制度,以促进经济社会的发展和进步。

金融科技的发展带来了新的监管挑战,需要建立与之相适应的监管制度体系。矩阵式法律规范创制可以整合现有法律法规,形成一套完整的、相互衔接的监管制度体系,以适应金融科技发展的需要。具体来说,矩阵式法律规范创制可以采取以下几种方式:一是制定专门的金融科技监管法律。针对金融科技

---

①　赵永新. 金融科技创新与监管[M]. 北京:清华大学出版社,2021:172-182.

②　陈辉. 监管科技:框架与实践[M]. 北京:中国经济出版社,2019:279.

③　张永亮. 金融科技监管法律制度构建研究[M]. 北京:法律出版社,2020:127.

的发展特点,制定专门的金融科技监管法律,明确金融科技监管的原则、范围、标准等,以实现对金融科技的全面监管。二是整合现有法律法规。对于现有的涉及金融科技的法律法规,进行梳理整合,形成一套完整的、相互衔接的监管制度体系。三是建立监管协调机制。建立跨部门、跨领域的监管协调机制,加强监管部门之间的合作,解决金融科技监管中的跨部门问题。在矩阵式立法中,立法者需要具备较高的法律素养和专业知识,能够全面把握不同法律规范和制度之间的关系和影响。同时,立法者还需要具备较强的协调能力和沟通能力,能够与不同的利益相关方进行有效的沟通和协商,以确保制定的法律规范和制度能够得到广泛的认可和支持。

第4章　金融科技监管范式的
理论基础与法律规则

新的监管范式以经典的法经济学理论和试验主义治理理论为基本依托,同时系统论范式为金融科技监管范式提供了方法论基础。系统论范式的核心在于综合集成方法,是把专家体系、数据和信息体系以及计算机体系有机结合起来,构成一个高度智能化的人·机结合,人·网络结合的系统,这为复杂的金融科技体系监管(尤其是监管科技模型设计)提供了"精密"的方法论。而金融科技监管的运作逻辑是数据驱动的技术监管,其法律制度也围绕对数据的监管和技术的规制展开。

4.1　金融科技监管范式的基础理论支撑

4.1.1　金融科技监管范式的法理依托:法经济学理论的回归

(1)基于市场监管考量的市场失灵理论

市场失灵是指维持合乎需要的活动或停止不合需要的活动,其价格——市场制度偏离理想化状态,致使市场对资源的配置出现低效率。[1] 在经济运行中,市场如一把"双刃剑",虽然具有多方面的积极作用,但市场并不能保障自身不产生消极作用,这是市场在"作用上"的局限性。例如,垄断的倾向、无效益竞争、过度投机、舞弊等不良市场行为,甚至洗钱等经济犯罪行为。这些由市场自发产生或引发的破坏性行为需要通过国家调节作用来克服。总的来说,市场失灵理论为我们理解市场经济中存在的问题提供了重要的视角,同时也为政府干预经济提供了理论基础。

依据市场失灵的基本内容和产生原因可将市场失灵划分为三种基本类型:

---

[1]　胡代光,周安军. 当代国外学者论市场经济[M]. 北京:商务印书馆,1996:16.

局限性市场失灵、缺陷性市场失灵和负面性市场失灵。无论市场体系完善与否,市场自身作用都是有局限性的而不能发挥所有作用,此时,政府应当承担起调节的责任,由政府替代市场来作调配弥补市场功能局限。缺陷性失灵是指由于市场发育不完善、市场自身不具备某些功能或功能上存在固然缺陷而产生的市场失灵。例如,协议性垄断、行贿受贿、造假欺诈、陷阱式广告与营销等行为都会产生非正常的市场缺陷,从而导致市场失灵。此时,政府通过改善社会经济环境或直接通过干预手段进行调节,通过制定各种市场法规和制度,建立更为完善的市场规则以维护正常的市场秩序。负面性市场失灵是负面性市场失灵是由于市场无法有效处理外部性问题,使得资源配置缺乏效率。当然,政府矫正市场功能偏差只能尽量将其消极影响降到最低程度,而无法彻底消除所有消极作用。[①]　因而,金融科技监管应当注重适度调试,保持适度的金融自由化和维系公平的市场生态。金融科技竞争监管本质上是在国家干预主义与市场自由主义融合的过程中寻求适度金融自由化。

(2)基于创新监管考量的激励相容理论

关于金融创新,有两种主要的理论观点,分别是"规避管制说"和"功能进化说"。

传统的"规避管制说"基于古典主义经济学的理论,认为金融创新的根本动因是金融组织在资金资源配置过程中追求利润最大化。在这种观点下,金融组织通过创新来规避政府的金融管制,从而实现更高的收益。相比之下,"功能进化说"则认为,随着信息革命的发展,金融组织所依赖的信息优势正在发生变化。相应地,金融组织的功能也正在从规避风险向配置风险转变。在这种观点下,风险被视为一种有价值的资源,类似于其他资源一样,可以通过市场进行配置。因此,金融组织通过创新来更好地管理和配置风险,以实现更高的收益。总的来说,这两种理论观点都对金融创新的动力和目的进行了阐述,但侧重点有所不同。规避管制说强调金融组织追求利润最大化的动机,而功能进化说则强调金融组织适应信息革命和风险管理需求的变化。[②]　而在金融创新监管中,激励相容理论无论在学界还是实践中都起着相当重要的作用。激励相容的概念最早出现在哈维茨的机制设计理论中,该理论认为,基于理性经济人假设,市

---

① 王冰. 市场失灵理论的新发展和类型划分[J]. 学术研究,2000,9:37-41.

② 陆岷峰,吴建平. 基于互联网金融创新与监管关系新特点下的监督政策研究[J]. 西部金融,2016,7:7-16.

场中的个体均按照自利的规则行动,那么能够使得个人追求自身利益的行为与集体价值最大化的目标相一致的制度安排就是激励相容。1982 年,巴伦(Baron)和梅耶森(Myerson)将激励相容的概念引入规制理论中,形成了激励性规制理论。金融创新是金融体系的基石,是有效率且反应迅敏的资本市场的生命线。[1] 在我国金融科技高质量发展新阶段,既能激发金融科技创新的活力,又能合理控制金融科技风险敞口,从而找到金融科技创新与监管之间的平衡点,实现"创新激励"和"风险缓释"的协同共进,仍是一项艰巨系统的任务。金融创新与金融监管相互作用关系自 20 世纪 70 年代就已经成为全球关注的热点话题。

(3)基于监管效益考量的成本收益理论

制度成本收益理论认为,制度实施与其他经济活动一样,需要考虑成本与收益。如果实施某项制度所花费的成本大于收益,则应该慎重考虑是否实施该项制度。从经济学上定义,成本属于人们在获取某项经济利益过程中必须发生的资源性支出。凡事物都有其成本,法律亦如此。"从法律的层面角度,可以分为法律的制定成本和实施成本,亦可分为法律的生产成本和消费成本。从法律成本的承担主体的角度,可分为立法成本、执法成本、守法成本和司法成本等。它们从不同的角度最终影响着法律的总成本"。效益意识决定了我们在法律的制定和执行中必须考虑成本,如果某一社会问题通过法律的规制存在高成本和无效益现象,那么该法律的存在就没有必要。[2]

监管的直接成本主要包括监管部门在进行监管时所花费的成本和被监管者因遵守监管规定而耗费的成本。而监管的间接成本是来源于一些社会福利损失:一是监管实施是本身导致市场风险加大。例如,监管有可能造成公众监督的缺位,从而增大了金融机构的道德风险。二是监管可能形成金融市场静态效率损失。例如,市场准入限制过高则会限制市场的竞争,这将使现有金融机构获得垄断地位及利益,这将会减损社会福利。三是监管可能形成金融市场动态效率损失。监管实施可能阻碍或干扰金融创新,从而使金融发展滞后于经济发展所需,过分严苛的金融监管可能促使金融机构重新选择注册地,从而造成原注册地税费损失。[3]

---

① James C Van Horne. Of Financial Innovations and Excesses. *The Journal of Finance*, 1985 (621):28-30.

② 胡光志,靳文辉. 论法律的不完备性及其克服[J]. 理论与改革,2009,2:127-130.

③ 方毅,张丽丽. 民间金融监管理论与实践[M]. 北京:中国财政经济出版社,2021:63.

　　此外,金融监管应当注重效率,监管决策应当"从成本与收益的对比中找到合理性支撑,应以尽可能低的成本和负面影响实现金融监管目标"。[①] 简而言之,金融科技监管效益就是达成金融科技监管目标的成本与收益的比较,其主要包括监管部门自身效益、金融机构经营效益和社会经济效益。[②] 监管部门不以营利为目的,而是以整个社会经济金融体系稳定为目标,为金融行业营造公平竞争的环境,维护金融活动的有序开展,并推动金融创新潜力的合理开发。因此,监管部门自身效益只体现在完善监管制度、优化监管组织和提高管理人员素质等方面。而金融科技行业典型特征是高负债,其影响可能波及整体经济的稳定,如果金融机构在适度监管下呈良好态势发展,那么对整个社会经济产生的正面效益也是显而易见的。

4.1.2　金融科技监管范式的创新理据:试验主义治理的启示

　　试验主义是中国法治实践学派的核心方法论之一,这对金融科技监管提供了新的管理模式。试验主义理论最初起源于西方,深受约翰·杜威实用主义理念影响,试验主义治理理论是当代较为成熟且新颖的治理理论之一。约翰·杜威把自己的实用主义标示为"工具主义"或"实验主义",认为"实用主义是一种主要通过考察思想如何在对于未来结果的实验决定中发挥作用来构成一套关于概念、判断和各种形式的推理的精密逻辑理论的尝试。"杜威在其作品中提到工具主义的立场是通过关于科学概念之意义的操作理论的语言表达出来的,而这种操作理论是布里奇曼(P. W. Bridgman)提出的。结合了关于概念定义的操作技术和实用主义对于结果的强调,杜威提出"依照执行的操作来定义观念的本质,并通过这些操作的结果来检验观念的有效性"。

　　一般而言,学界认为"试验主义治理"(Experimentalism Governance)的概念最初是从欧洲产生的。20 世纪后期欧洲面临着一系列的治理挑战,在此背景下,作为一种对传统治理模式的优化方案,试验主义治理开始在欧盟国家应时而生。试验主义治理主要体现为四个环节。第一,中央政府与地方政府通常在听取相关民间社会利益攸关者的意见后,确立一个总的开放式框架性目标及评价这些目标实现状况的指标体系。第二,为了实现目标,层级较低的政府部门通常被赋予较大的自由裁量权,以根据当地实际情况灵活应对。第三,作为这

种自主权的前提,下级单位治理绩效定期上报并参加一个同行评审。在同行评审中,它们的结果将会与其他采用不同手段来实现这一目标的单位进行比较和评估。第四,假若下级单位进展达不到预期,则应取相应的纠错措施改进。① 试验主义治理的运行机制表现为公共问题导向下的目标设置机制、差异探索机制、治理评估机制、政策迭代机制和政策扩散机制,这些机制前后相承,构成了一个完整的实验主义治理的回环运作链条。

一是目标设置机制。试验主义治理的初始阶段需要高层级政府对特定现实问题提出一个宽泛的框架性目标。试验主义治理认为科学的决策需要知识,但相关行动者并不掌握决策所需的所有知识,而让其他相关者参与决策有助于弥补这种知识的不足。② "开放式协作方法"(Open Method of Coordination, OMC)是试验主义治理使用的重要决策手段,它旨在将更多的利益相关者纳入决策过程,从而使目标设定和规则制定都是开放的过程。③

二是差异探索机制。试验主义治理被视作为对集中决策和层级式治理模式的反思与回应。在层级式治理体系中,高层级政府采取层层推动的治理方式使低层级政府实现其设定的治理目标。但是,伴随着治理复杂性和不确定性因素的增强,现代社会治理难以再是低层级政府简单遵从和执行高层级政府既定方案的过程。相反,高层级政府无力再为它们的代理提供详细的方案,而必须依靠后者的经验和知识。④ 因此,实验主义治理通过使共同目标框架适应不同的地方环境来适应多样性,而非寻求一种适用于所有人的解决方案。

三是治理评估机制。实验主义治理认为低层级政府自主权的前提是定期汇报其治理绩效并接受全面评估。实验主义治理的目标设置、规则制定和同行评审是一个开放的过程,规则和目标基于相关参与者回应当前问题的不同实践经验而产生新的可能性。治理的方法、工具、度量标准和价值将通过实施过程

① 钱弘道,杜维超. 论实验主义法治——中国法治实践学派的一种方法论进路[J]. 浙江大学学报(人文社会科学版),2015,6:6-19.

② MATTIAS KUMM. Constitutionalism and Experimentalist Governance. Regulation & governance,2012(6):401-409.

③ 钱弘道,杜维超. 论实验主义法治——中国法治实践学派的一种方法论进路[J]. 浙江大学学报(人文社会科学版),2015,6:6-19.

④ SANDRA ECKERT, TANJA A. BÖRZEL. Experimentalist governance: an introduction. Regulation & governance,2016(10):371-377.

进行评估,而非由监管者事先设定。①

四是政策迭代机制。政策迭代是基于现有治理实践的经验证据而对初始政策加以修订、调整、改进和完善,从而使政策更具科学性和有效性。为了适应决策者在复杂和快速变化的环境中面临的不确定性,试验主义治理的规则和目标被定义为临时性和可竞争性的,可根据新的信息和实施经验进行修订。事实上,实验主义治理通常被描述为一个递归的临时目标设定和修订过程,这个过程基于不同环境下推进目标的替代方法之间的比较学习而实现。②

五是政策扩散机制。与政策迭代反映政策的历时性演变不同,政策扩散体现的是政策的横向传播。事实上,实验主义治理可视为一种"知识共享型"的治理模式,也就是在治理体系内通过共享知识寻求大家共同关心问题的最佳解决方案。具体来看,在政策共同体或治理体系内,不同治理主体基于它们各自的探索实践,通过考察学习、汇报交流、同行评议等多种方式分享彼此应对共同问题的经验和知识,从而促进地方性的创新政策向其他区域传播。因此,正如一些学者所指出的那样,学习特别是"从差异中学习"(learning from difference)构成了试验主义治理的核心组成部分。③

4.1.3　金融科技监管范式的方法论基础:系统论范式的引入

德国学者卡尔·拉伦茨认为:"每种学问都运用一定的方法,或遵循特定的方式来答复自己提出的问题。"不同研究方法对各个具体部门法学的研究价值各不相同,因为"每种学科的方法论都是这个学科对本身进行的情况、思考方式、所利用认识手段之反省"。④

(1)范式的定义与内涵解析

范式是一种关于科学方法论的整合机制,在当前法学研究中得到广泛应用,范式理论是当前法学研究中的一个重要方法论指导理论,就金融科技监管而言,也应当重视范式理论的研究意义。托马斯·库恩《科学革命的结构》中,

---

①　SUSANNE WENGLE. When experimentalist governance meets science-based regulations: the case of food safety regulations[J]. Regulation & governance,2016(10):262-283.

②　JOHN ERIK FOSSUM. Reflections on experimentalist governance[J]. Regulation and governance,2012(6):394-400.

③　SUSANNE WENGLE. When experimentalist governance meets science-based regulations: the case of food safety regulations[J]. Regulation & governance,2016(10):262-283.

④　〔德〕卡尔·拉伦茨. 法学方法论[M]. 陈爱娥,译. 北京:商务印书馆,2003:21.

虽然未对范式的概念作出明晰界定,但从方法论、模型、科学共同体、价值观等多个维度对其作出了阐释,"取得了一个范式,取得了范式所容许的那类更深奥的研究,是任何一个科学领域在发展中达到成熟的标志。"①具体而言,托马斯·库恩在《科学革命的结构》书中赋予了范式多种含义,根据书本的梳理,范式主要有以下含义:①将范式作为一种信念。②将范式作为一种世界观。③将范式作为科学共同体的研究成果。④将范式作为一种研究方法。⑤将范式作为一种实例。⑥将范式作为一种共有范例。⑦将范式作为一种承诺。⑧将范式作为一种标准。⑨将范式作为一种规则。⑩将范式作为一种理论。⑪将范式作为一种方法论。⑫将范式作为一种揭示事物本质的事实。⑬将范式作为一种模型。② 有学者认为范式包含六个层级,第一层级为信念、世界观和价值取向;第二层级为行为规范、理论选择、概念体系;第三层级为代表性的研究成果;第四层级学科形象和学科定位;第五层级为专业人才培养;第六层级为技术共同体。③ 托马斯·库恩对范式的理解不拘泥于具体的形式和定义,尽管界定并不清晰,但其核心要义可以概括为价值观与行为选择的范例。张文显教授对库恩范式理论的解读为"库恩范式理论是现代科学中整体性观点和整体性方法在哲学上的反映。"也就是说,范式不是一种简单的研究方法,而是一种整体性思想与整体性研究方法,它不仅关注方法自身,而且关注方法得以实施的理论基石、现实背景等系统性因素,是一个更加严密的方法论体系。④

(2)系统论基本原理阐释

我国杰出的科学家、思想家钱学森在界定系统学概念时,将其界定为研究系统结构与功能(系统的演化、协同与控制)一般规律的科学,并提出了"从定性到定量综合方法",他认为把定性和定量研究有机结合起来,通过定性综合集成,定性定量相结合综合集成以及从定性到定量综合集成,从多方面定性认识上升到定量认识,解决了目前还没有办法处理的复杂巨复杂系统。⑤ 综合集成方法论的实质是把专家体系、数据和信息体系以及计算机体系有机结合起来,

---

① 〔美〕托马斯·库恩. 科学革命的结构[M]. 金吾伦,胡新和,译. 北京:北京大学出版社,2003:9.

② 丁华东. 档案学理论范式研究[M]. 北京:中国出版集团,2014:7.

③ 丁华东. 档案学理论范式研究[M]. 北京:中国出版集团,2014:30.

④ 赵树文. 系统论范式下公司资本规制体系修正及其制度实现研究[M]. 杭州:浙江大学出版社,2023:5.

⑤ 钱学森. 创建系统学[M]. 上海:上海交通大学出版社,2023:7.

构成一个高度智能化的人·机结合,人·网络结合的系统①,这为复杂的金融科技体系监管(尤其是监管科技模型设计)提供了"精密"的方法论。"系统结构是分层次的,尤其是对复杂系统的研究,必须依据系统的层次观进行层次划分,才能使复杂问题变得条理化,以建立起复杂问题有层次的理解和认识。"②系统具有整体性、普遍性、层次性、结构性、功能性和演化性的特征。系统的整体性作为系统的首要特点,强调系统是一个复合体,系统的整体性并不是各个局部要素的简单叠加而成,而是通过各个要素有机组合而成的,是各个独立要素相互联系、相互制约而成的复杂整体③,具体如整体形态、整体的特性、整体的行为、整体的状态、整体的功能、整体的解决问题的途径等。④ 系统的普遍性则意味着任何事物都可以看作一个系统,一个由自身构成要素有机结合而成的系统,对任何事物都可以运用系统观点进行分析。系统的层次性是深入认识系统的一个重要概念范畴,系统的层次性在一些复杂系统中有着更加清晰的显示,因为复杂系统中存在着更加鲜明的高级系统与低级系统,高级系统包含并控制相对较低的系统,低级系统则从属并支撑高级系统。系统的结构性则指任何系统都是拥有特殊结构的组织体,不同的结构会导致系统功能的差异。系统的功能性是指系统通过其自身功能对外部事物产生影响,促进或阻碍外部事物的发展。系统的演化性是指任何系统不会处于一成不变的状态,系统自身不断与外界进行能量交换而处于不断演化之中。⑤

(3)系统论范式理论的引入与其方法论意义

金融科技本身是"金融＋科技"的复合体,同时又面对着不断迭代的技术创新,在其法律监管研究中必然要考虑其整体性、层次性、协同性与开放性。而系统论和范式之间存在着天然的关系,他们都具有方法和方法论的意涵,是具体研究方法与相关研究理论的整体集合,都强调研究方法的整体性与系统性建构,使得研究结论更具完备性。作为一种现代法学研究方法,系统论范式不仅在我国法学研究中被广泛使用,而且也是法学研究中非常重要的法哲学方法。

---

① 钱学森. 创建系统学[M]. 上海:上海交通大学出版社,2023:8.

② 常绍舜. 系统科学方法概论[M]. 北京:中国政法大学出版社,2007:76.

③ 赵树文. 系统论范式下公司资本规制体系修正及其制度实现研究[M]. 杭州:浙江大学出版社,2023:53.

④ 许国志. 系统科学[M]. 上海:上海科技教育出版社,2000:20.

⑤ 赵树文. 系统论范式下公司资本规制体系修正及其制度实现研究[M]. 杭州:浙江大学出版社,2023:59-61.

在 21 世纪前,学界主要以"系统论方法"作为一种表达形式,主要用于指导宏观法律研究;而 21 世纪后,学界更多地将系统论应用于部门法学研究,应用领域更加微观。① 系统思考不只是一种分析问题、解决问题、制定政策的方法,也是一种深入认识客观世界、应对复杂性挑战的技能,还包含深层次的思维范式转换。② 系统化思维为法学研究提供更多思考的路径在于:对相关法律问题的研究不仅关注其当前法律制度架构,还要追溯其历史发展状况,预测未来可能的发展方向;不仅要关注国内立法发展,也要对相关域外立法进行考察;不仅要对某一部门立法进行深入的研究,还要比对相近立法进行综合研究;不仅要研究法律制度架构的自身体系,还要注重研究法律制度面临的外在环境影响及相互作用;不仅研究法律规范以及制度体系,还要关注执法、司法等相关法律实施;不仅关注法律制度的预设效果,还要关注法律制度的实践效果。③ 系统论范式对金融科技监管研究具有重要的方法论意义,因为从金融科技市场主体从准入到退出是一个系统性过程,从另外的技术监管角度来说,金融科技所利用的新兴技术本身又是一个庞大的系统,而整体监管过程又是密切联系的、动态的。本书认为,为了更好地推进金融科技监管制度完善,有必要将系统论原理上升到研究范式,进而对金融科技监管开展深层次地理论分析与实践调查。

4.2　金融科技监管范式的技术基础与运作逻辑

4.2.1　金融科技监管范式的技术机理:监管科技的法律应用

　　"监管科技"的概念随着科技与金融监管的深度融合应运而生。关于监管科技(RegTech)④的定义,在第三章作了简略介绍,本书仅限在金融领域语境下探讨监管科技。国际上的定义主要是以金融机构合规角度来定义监管科技。如果将监管科技的概念纳入理论范畴,其概念界定还应考虑金融科技监管理

---

①　赵树文. 系统论范式下公司资本规制体系修正及其制度实现研究[M]. 杭州:浙江大学出版社,2023:90.
②　〔美〕丹尼斯·舍伍德. 系统思考[M]. 邱绍良,刘昕,译. 北京:机械工业出版社,2012:1.
③　赵树文. 系统论范式下公司资本规制体系修正及其制度实现研究[M]. 杭州:浙江大学出版社,2023:80.
④　RegTech 是 Regulation technology 的合成词。

念、监管范式、监管主体、监管范围等。国内学界也根据监管科技的特性和功能对其作出定义:杨东教授将监管科技定义为"科技驱动监管"的手段,是指在去中介、去中心化的金融交易之下传统金融监管维度以外的科技监管。[①]

监管科技与金融科技是同类技术在不同需求场景下的应用,其兴起动因具有同源性。[②] 监管科技的运作机理是利用新兴信息技术为监管者和被监管者之间搭建可信赖、可持续、可执行的监管协议与合规性评估机制,用以改善监管机构被动、机械的传统监管,既能帮助金融机构降低合规成本也能使自身监管效率得到提高。监管科技的主要特征及优势可归纳为:数字化、智能化、实时性、预测性、共享性。[③] 在监管科技监管端的监管机构得到的显著益处是聚合金融机构数据以实时识别、防范金融风险,避免监管真空与监管套利,并掌握金融机构合规情况。对于在监管科技合规端的金融机构,应用监管科技可以帮助其更好地实现内部风险管理,降低合规成本并提升合规经营水平。

(1)监管科技的底层技术

在监管科技应用场景构建中,新兴技术应用显得尤为重要。当前,监管科技的主流核心技术仍是大数据、人工智能、区块链、云计算以及 API(应用程序接口),新兴技术为监管机构和金融科技企业赋予新的价值和动能,辅助传统监管手段改进升级,重塑监管理念和监管模式。《金融科技动向 2021 年下半年》报告显示,2021 年全球监管科技投资超过 100 亿美元,反洗钱、支付系统持续推动大量投资者涌入监管科技领域,并且投资者开始投注于隐私保护、欺诈防范与检测、消费者保护等细分领域。

(2)监管科技的法律功能与应用场景

监管科技的法律功能主要是通过技术手段来提高金融机构和监管机构的合规性、风险管理能力和服务质量,同时保护消费者的权益和数据安全。当前,监管科技主要法律功能具体应用于用户身份识别、市场交易行为监控、合规数据报送、法律法规行为跟踪、风险数据分析、金融机构压力测试、监管沙盒等方向。同时,每一应用场景都需要多种技术相互协同和支撑,目前监管机构和金

---

① 杨东. 监管科技:金融科技的监管挑战与维度建构[J]. 中国社会科学,2018,3:69-91.
② 费方域. 金融科技与监管科技:生态的视角[J]. 新金融,2018,5:6-10.
③ 尹振涛,范云朋. 监管科技(RegTech)的理论基础、实践应用与发展建议[J]. 财经法学,2019,5:92-105.

表 4-1　监管科技技术分类与特征[①]

监管科技技术分类	技术特征与描述	监管科技具体应用实例
人工智能	以元学习、迁移学习为代表的自动化机器学习技术,可与复杂网络结合,减少学习参数的人工调整,建立监管动态风险模型,对这些零散、非线性的数据进行深度挖掘,可在样本有限的情况下,实现企业行为监控、关联关系识别等监管情景的智能模拟、分析和预测。机器人流程自动化(RPA)更加速了 AI 在监管科技领域的落地,RPA 非侵入式的部署方式可极大扩展 AI 在监管科技的应用边界,而 AI 的智能认知技术也能增强了 RPA 对复杂监管与合规场景的处理能力	2021 年 7 月,美国金融业监管局(FINRA)计划使用机器学习和自然语言处理等技术建立一个风险审查系统,辅助监管部门进行舆情监控和风险审查工作,确保监管工作高效、顺利进行。此前,美国证券交易委员会(SEC)也曾开发了一个国家监察分析工具 NEAT,该系统可以收集公司的交易数据并自动生成分析报告,而 SEC 审查员则根据报告来识别可能存在内幕交易
大数据	大数据技术具有强大的感知和支撑能力,能为监管机构采集、存储海量的业务数据、消费者数据、企业行为数据,辅以网络挖掘、特异群组挖掘、图像挖掘等新型数据挖掘技术,可展示出更全面的监管视图。此外,隐私计算"数据可用不可见"的数据处理模式,可在不直接提取被监管单位数据的情况下,打破数据孤岛,融合多方数据模型开展联合风险控制分析,既能保护个人与企业的信息安全,也能加强监管机构的整体感知能力	英国金融行为监管局(FCA)于 2021年 4 月计划建立一个基于大数据、人工智能等技术的风险监督预警系统——监管托儿所(Regulatory Nursery),监管托儿所能够自动搜集整合金融科技创新试点企业的相关数据信息,并通过系统内部的企业风险识别模型快速甄别标的企业可能存在的风险隐患,为监管当局能够及时制止"监管沙盒"中企业的高风险活动提供了有力保障

---

① 毕马威,腾讯研究院:《科技向善 数实共创 监管科技白皮书》,2022 年 12 月。

（续表）

监管科技 技术分类	技术特征与描述	监管科技具体应用实例
区块链	区块链利用分布式存储技术与共识机制，容许分布在不同地理位置的机构向链内所有节点更新数据，且确保各节点的数据得到同步，从而建立起监管单位与被监管单位的数据信任机制。未来，监管区块链将由跨链协作技术牵引，朝跨链监管发展，使得跨行业、跨领域的联合监管生态成为可能	2021 年欧洲中央银行(ECB)与欧洲单一银行业监管机构(Single Supervisory Mechanism)相继合作开发了"Atlas"系统和"Agora"平台。"Atlas"系统是综合区块链、人工智能等技术的一种全新决策过程解决方案，能够辅助监管部门进行会议决策、书面程序和授权批准的准备和后续工作。"Agora"平台则通过利用综合大数据、光学字符识别和人工智能等技术，整合与监管相关的信息资料，为监管机构提供一站式的审慎数据分析服务
云计算	以分布式云为主的云原生架构包含容器、服务网格、微服务、无服务器计算和声明式 API 等技术，它使监管机构与被监管机构在开发科技应用服务的过程中，可聚焦监管逻辑的梳理与实现，并显著提升应用服务开发、部署、迭代升级的效率以及应对高并发的能力，支撑监管科技从稳态向敏态转变	在合规咨询上，CUBE(总部位于伦敦的全球监管科技提供商)开发了 RegPlatform 的 SaaS 云平台，可以为金融机构提供实时有效的监管信息，同时利用 AI 技术实现自主合规功能。此外，CUBE 还提供合规评估服务，系统可以为特定企业一键自动生成量身定制的详细清单，涵盖公司的所有法律和监管要求，并届时公司可能面临的合规问题①

---

① 巴曙松. 金融监管科技[M]. 北京：机械工业出版社，2022：72.

（续表）

监管科技技术分类	技术特征与描述	监管科技具体应用实例
应用程序接口	应用程序接口（API）是预先定义的函数，目的是提供应用程序与开发人员基于某软件或硬件得以访问一组例程（例程是某个系统对外提供的功能接口或服务的集合）的能力，而又无需访问源码，或理解内部工作机制的细节。API允许不同软件之间交互，提供了高效和灵活的数据收集和传播方式。API给软件应用程序提供了一个金融数据交互标准，而且可以执行请求交易①	为了减轻非银行持牌公司的监管报告负担，同时增强其风险管理能力，阿布扎比全球市场（ADGM）金融服务监管局（FSRA）正在利用应用程序接口（API）来实时监控此类持牌公司在托管银行持有的客户资金。监管科技解决方案可始终根据FSRA的监管要求，对在FSRA持照公司在托管银行中持有的客户资金余额与该持照公司的内部客户资金记录进行核对。关于持牌公司客户资金余额核对的任何差异，都将立即通知该公司和FSRA，以迅速采取补救措施②

融机构对多个应用场景进行了部署。根据在监管端和合规端的不同应用，可细分为以下方面。

①监管端监管科技（SupTech）的主要法律应用。

国际上，国际清算银行（BIS）下设的金融稳定研究所（FSI）在2018年发布的报告中，在收集了主要国家在金融监管科技方面的探索经验基础上，对监管端的监管科技（SupTech）功能进行了全面的梳理。

一是用于法律法规条文的解释。法规解释是以一定的解释主体对法规条文的含义，目的，适用范围等内容做出的进一步说明和解读。法规解释具有消除歧义、把握监管要求、弥补法规漏洞的功能，其目的在于通过解释能够让人们对出台的政策有较为清晰的认识和理解，从而有利于各市场参与主体对政策的落实，制定具体的措施。从金融监管端来看，法规解释是监管部门为帮助金融

① 赵永新. 金融科技创新与监管[M]. 北京:清华大学出版社,2021:181.

② 未央网.《阿布扎比全球市场金管局推出三项监管科技新措施》, https://www.weiyangx.com/357423.html./访问时间 2023-10-8.

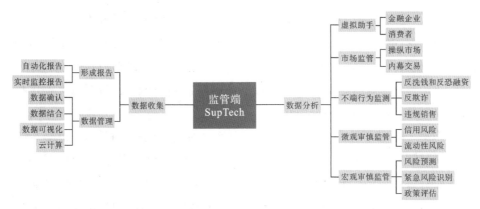

图 4-1　监管科技在监管端的主要应用[①]

机构等市场参与者能够准确、系统的把握金融监管方向，满足金融监管要求，对监管规则所做出的全面解释。由于传统法规解释以人工既为主，监管政策实施成本较高，且监管规则更新滞后，通过监管科技能够实现传统以文本的监管规则向监管规则数字化翻译、法规解释智能化和监管规则实施更新转变。

二是基于金融数据的风险分析。2008 年金融危机后，世界各国都加强了风险数据分析，宏观审慎监管进一步增强，监管部门需要全面融合各个金融机构之间的数据，并将数据由整体的分类分析和管控转换到对细节分支数据的分析和管控，基于单一的金融机构的数据很难及时识别系统性金融风险。监管科技通过风险数据模型测算和融合分析，监管部门实现对系统性风险的预警和报告。统一的大数据监管平台的建立和初步运营逐步实现了各个金融之间在成员认证、接入管理、数据查询、索引记录、流通规则等方面的互联互通，有效汇聚和及时分析风险数据，为监管部门进行宏观审慎监管提供有力保障。

三是自动生成监管报告的应用。作为金融监管的手段之一，监管报告是进行有效监管的必要手段。监管报告是指监管机构对监管机构业务运营、内部控制、风险管理等实施监管的综合评价和对监管机构采取监管措施的全面阐述，是监管机构把握金融市场情况，及时发现风险隐患，制定有效监管措施，防范和化解金融风险，维护金融市场稳定的重要依据。传统监管报告存在的弊端在于报告质量低下、报告时效性较差，而监管科技则可以较好地解决传统监管报告存在的问题。例如，被监管机构可以通过 API 技术直接向监管机构提交金融数

---

① 资料来源：FSI,"Innovation technology in financial supervision(suptech)-the experience of early user",2018 年 7 月。

据和报告,实现金融信息和数据的自动交互,有效避免金融机构人为操作错误或篡改数据的情况发生。同时,监管科技有助于监管机构构建数据自动报告系统,实现监管报告自动化生成,降低了人工成本,从而减轻监管报告生成压力。监管机构通过监管科技实现对金融市场的即时监测、获取实时动态,大幅度增强了金融监管的时效性和全局性。

四是金融压力测试的应用。监管部门通过对金融机构进行压力测试,可以在隔离封闭环境下进行风险评估,避免出现外溢性的风险事件。目前,严格的金融监管条例在保证金融市场稳定性的同时,也在一定程度上限制了金融新业态的创新发展,因此金融创新需要新技术给予必要的支撑,同时给予有效的风险防控,实现创新发展与风险防控平衡发展的目标。[①]

五是反洗钱以及预防金融犯罪的应用。在金融数字化加速的背景之下,传统的静态监管体系已经不能有效实现反洗钱与预防金融犯罪的目的。目前全球范围内最普遍的金融犯罪主要包括两类:一是洗钱类犯罪,通过各类手段掩饰、隐瞒非法收入的性质,将非法收入合法化,二是欺诈类犯罪,主要是不法分子通过伪造凭证、虚构交易、身份盗窃等方式骗取资金。为保护金融消费者和维护金融市场的稳定,监管部门和金融机构定期采取有效的措施和识别手段,监控洗黑钱、反恐融资、内部交易等行为。监管科技能够帮助各类金融机构通过系统对接、嵌入等技术手段实现实施监管,并能持续对交易进行跟踪、测试、监测,可以有效识别诈骗、集资、多账户操纵、票据虚开、洗钱、传销等行为,从而实现对资金来源和最终去向的全链条监测。

以墨西哥为例,墨西哥国家银行和证券委员会(CNBV)尝试使用监管科技建立一套新的反洗钱系统,以实现消费者保护和金融稳定的目的。CNBV 搭建出一个反洗钱数据收集平台、反洗钱数据收集架构,以解决反洗钱成本高、效率低的问题。该系统对 CNBV 的反洗钱结构方法进行了根本性设计,具体操作流程有数据提交、数据处理、数据存储、数据分析及展示。AML 数据收集架构取代了数据收集、清洗等需要大量人工投入的环节,使得监管人员能够投入更深度的数据分析和现场检查。同时,AML 数据收集架构帮助监管人员以新颖的方式可视化数据,有助于鉴别隐藏的风险内容。整体而言,AML 数据收集架构

---

①　中国支付清算协会监管科技研究组. 监管科技研究与实践[M]. 北京:中国金融出版社,2019:191.

帮助 CNBV 实现了监管能力和监管效率的全面提升。①

②合规端监管科技(CompTech)的主要法律应用。

一是被监管主体在用户身份识别方面的应用。目前监管部门对金融机构在"了解你的客户"(KYC)和"客户尽职调查"(CDD)等有着明确的监管要求。因此,在目前金融市场上,一些非客户本人操作的金融业务违规违法现象频频发生,比如利用假证件办理开户、信用卡被盗、代客理财等行为。其基本构建方案:一是充分利用智能生物识别技术。金融机构可利用生物识别技术和特征信息(如人脸、指纹、虹膜、声纹)所具有的稳定性、不易复制性和不易窃取性,在客户建立账户和进行账户交易时加入生物识别技术,有效提升其用户身份识别能力。二是充分运用大数据技术进行比对。通过大数据比对,金融机构可识别非常规地区转账、非常用设备转账等异常操作,对账户异常违规操作进行拦截,要求再次身份识别和验证。

二是被监管主体在合规审查方面的应用。合规审查是金融机构降低合规风险、实现合规经营的重要手段。金融机构的合规主要体现在金融机构的经营活动要符合当相关法律法规、监管规定、行业准则及内部规则制度等。监管科技赋能合规审查有利于提高合规审查准确性,通过人工智能等新兴技术,金融机构合规审查能够实现从人工审查向智能化审查的转变,减少人工操作失误等问题,并且有利于提升合规审查效率,降低合规审查成本。以毕马威合规解决方案为例,该方案从整理和分析底层技术出发,通过利用知识图普及、模型算法等核心技术,帮助金融机构更高效的获取合规数据,提升合规管理效率、减低合规成本。具体包括四大核心功能模块:一是智能监管规则库,将监管规则标签化处理后,运用算法及关联规则对金融机构内外监管规则进行关联,并将其运用与金融机构合规管理的各个环节。二是智能合规评审助手,帮助金融机构对合规评审内容进行自动识别与读取,运用自然数语言处理技术对评审内容进行判断,从而达到统一评审尺度、提高评审效率和准确性的目的。三是智能合规问答机器人,以聊天机器人的形式帮助金融机构与客户进行人机交互,为客户进行合规知识分析,从而提高合规管理效率和时效性。四是智能合规报告,通过使用大数据、自然语言处理等技术,助力金融机构自动化生成报告,保障金融机构在合规审查过程中,能够实时对相关指标进行监测和预警,从而尽可能

---

① 巴曙松. 金融监管科技[M]. 北京:机械工业出版社,2022:134-138.

的减低人工成本,提高合规效率。①

三是被监管主体在法律法规跟踪方面的应用。金融机构通过提升技术能力,实现对监管信息和法规的实时跟踪,不断提升合规能力。在金融行业监管不断升级的大背景下,监管法律和法规不断出台,金融机构需要实时追踪最新的法律法规,还要逐条对比新旧条文的细微差别,涉及跨国金融机构的市场行为还要追踪业务所在国的现行法律法规。人工智能技术通过近些年的发展已经逐步在不同领域进行了实践,人工智能技术可以做到自动发现、识别、预警、报告、归档等,将最新的金融法律法规进行分类收档。金融机构可以通过应用工具在海量法律文档中快速查询需要的条文字段。②

四是被监管主体在风险管理方面的应用。风险管理是金融机构赖以生存的关键,传统风险管理存在风险管理能力弱、成本高、效率低等局限和痛点,也不能满足日益变化的金融科技发展趋势。而监管科技的运用可以丰富数据来源,提高风险管理能力。以美国 Provenir 构建的云套件(Provenir Cloud Suite)为例,能够运用人工智能技术为金融机构提供自动化风险决策,使金融机构可以更好地控制金融风险。具体产品包括决策云、数据云、洞察云、解决方案云。其中,决策云可以形成风险决策或分析工作流,帮助金融机构更快的做出更明确的决策。数据云能够使访问数据变得快速而轻松,可按类型、用例和地区过滤选择和混合数据集,从而消除数据集成和聚合的难题。③

4.2.2　金融科技监管范式的运作逻辑:数据驱动的技术监管

监管科技体系依赖于先进的科技基础设施,包括高性能计算机、大数据平台、云计算服务等。这些基础设施能够为数据处理、分析和存储提供强大的支持。其真正潜力在于以数据监管为核心,采取有效的数据收集、报告、管理和分析流程,从而推动监管模式由"了解客户"向"了解数据"转变。金融科技监管的主要任务在于以数据为本,丰富数据监管多样化手段从而构建真正意义上的实时、动态监管科技体系。具体而言,科技驱动型监管模式对于数据的利用包含以下四个递进过程。④ 一是数据收集与数据触达。监管科技首先需要采集金融

---

① 资料来源:https://www.sohu.com/a/393570288_120070887 访问时间 2023-10-1.
② 赵永新. 金融科技创新与监管[M]. 北京:清华大学出版社,2021:180.
③ 根据 Provenir 官方网站整理. www.provenir.com/访问时间 2023-10-1.
④ 杨东. 监管科技:金融科技的监管挑战与维度建构[J]. 中国社会科学,2018,3:69-91.

机构的业务数据,包括交易数据、客户数据、风险数据等。这些数据可以通过金融机构的系统接口、数据报送等方式获取。从市场的角度,若监管者能够实时地分析监测破产、流动性及金融机构其他风险因素,可以提升市场的稳定性和竞争水平。[①] 为了获得有效的监管数据,监管机构可以建立一套监管科技解决方案,直接连接各个金融机构的后台系统,实时获取监管数据。[②] 二是数据共享。数据共享的实质是把数据看成生产要素或有价值的资产,在一个或多个部门间进行传输或使用。金融数据共享则是金融市场主体间就金融市场所产生的所有数据进行的共享,即数据在监管机构、金融机构、第三方机构及消费者之间或内部进行分享。[③] 三是数据分析与决策。监管机构需要对所收集的信息进行评估,并以此识别风险。监管机构需要评估金融机构和个人的风险状况,以便采取适当的措施来保护消费者和金融市场的稳定。例如监管机构可以使用各种技术来评估风险;利用风险模型,对金融机构和个人的风险状况进行预测和评估等。四是监督执行。在必要时,科技监管可以采取措施使不合规的金融机构退出市场并对其进行处罚。作为一种前瞻性的金融监管方式,科技驱动型监管利用科技手段实现密切而持续的监控,及时发现并应对金融机构的风险。通过对这些数据的分析,监管者可以实现对金融机构的有效监督,并及时发现潜在的风险。总之,在金融科技时代,数据和信息已经成为监管的核心。[④]

4.2.3　金融科技监管范式的实现路径:多维监测的平台机制

从监管科技的应用实践来看,监管部门的监管科技在监管事中阶段的应用较为广泛。这主要表现在对监管数据的自动化采集和对风险态势的智能化分析方面,这些技术的应用已经日益成熟。通过自动化采集数据,监管部门可以实时获取金融机构的业务数据,及时掌握其经营情况。同时,通过对风险态势的智能化分析,监管部门可以及时发现潜在的风险,并采取相应的措施进行防范和应对。这些技术的应用不仅提高了监管效率,也增强了监管的准确性和有效性。监管科技的应用总体上可归纳为三种具体的实施路径:一是从空间监管维度上,监管科技应当创建立体分布式的平等监管机制。二是从时间监管维度

---

① Douglas W Arner,Janos Barberisand RossP. Buckley,"The Evolution of FinTech:A New Post-Cnisis Paradigm",pp.1217-1319.

② 京东金融. 2017 金融科技报告:行业发展与法律前沿[M]. 北京:法律出版社,2017:35.

③ 巴曙松. 金融监管科技[M]. 北京:机械工业出版社,2022:129-130.

④ 中国支付清算协会监管科技研究组. 监管科技研究与实践[M]. 北京:中国金融出版社,2019.

上,监管科技应当满足动态智能化的实时监管机制。三是从整体管理模式上,监管科技应当构建基于试验主义(试验性)的监管沙盒机制。

(1)立体分布式的平等监管机制

监管机构作出监管决策的前提是被监管主体提供的信息是真实、准确和完整的。在科技驱动型监管下,实时获取金融机构的数据是监管机构可以利用科技手段的前提,实时监测金融活动动态有利于监管机构由"被动"向"主动"转变。依据这种平等的信息共享机制方式,监管模式将由单一的监管方治理转向利益相关方共同治理,监管结构也将由过去的层级制转向扁平化。监管部门使用平台机制这种直接信息获取的方式可以避免监管对象针对监管者的要求对其行为进行有针对性的调整,从而提高了监管的准确性和有效性。以我国地方金融监管平台为例,深圳市地方金融监督管理局联合相关技术企业,开发了深圳市金融风险监测预警平台,利用技术手段实现对金融风险的监管。目前已经上线的大数据、人工智能等新技术构建了七个子系统,这些子系统可以实时监测深圳市类金融企业的风险情况,实现举报、预警、打击、处置的一体化全流程。金融风险监测预警平台内包含了市场监督部门、司法部门等数据,外部舆情、招聘、企业官网等数据,以及用户的线下投诉数据和监管部门的监管数据,通过对海量数据的分析,实现对风险的预警和处置。[①]

(2)动态智能化的实时监管机制

在传统监管方式缓慢、不灵活和单向的规则制定过程的背景下,学界不断探索敏捷、迭代和结果驱动的替代措施。它们依赖于测量结果,以确保监管目标和目标得到满足,促进反馈循环,并基于规则的频繁迭代。例如,PayPal 提出的一个框架要求采用和应用"动态性能标准",以取代指定特定业务模型或方法的基于规则的"设计标准"。在这一构想下,结合使用"技术与数据的协作、迭代过程来衡量被覆盖实体的绩效,可能会创造一个更为知情的监管开发过程。"这种模式允许通过"专注于绩效而不是设计"来进行创新,通过数据分析来衡量一致的结果,追求频繁的迭代,并促进与关键利益相关者的监管合作,以确保一个运行良好的反馈循环。在蒂姆·奥莱利(Tim O. Reilly)关于"算法监管"的文章和最近的一篇来自奥米迪亚网络的影响投资者探索"精益监管"概念的文章中也发现了类似的线索。Reilly 强调使用技术来不断衡量结果,然后经常迭代

---

① 详见深圳市地方金融监督管理局官网。http://jr.sz.gov.cn/访问时间 2023-1-1.

规则,以确保监管的满足目标。引用埃里克·里斯倡导的"精益创业方法",建议监管机构应该与金融科技公司合作,以增加对创新的学习和理解,然后"根据观察到的市场行为制定规则,并反复引入监管(同样采取'精益'方法)。这种'分层'的方法可以加强和鼓励一个新兴行业,同时仍有助于促进日益加剧的市场竞争。"该模式有效运用了实验验证学习、迭代产品和规则设计和反馈回路的创建。[1] 以 AI 技术为基础的监管系统可以根据监管规则即时自动地对被监管者进行监管,从而避免激励不足导致的监管不力等情况。科技创新使监管更加透明化和自动化,从而使合规程序更加完善。科技治理为适度且以风险为基础的金融监管创造了条件,监管部门通过有效的数据管理和市场监测手段。[2]

(3)试验性的监管沙盒机制

不同于前两种平台机制,监管沙盒并不是实体技术监测平台,而是实现监管科技进行预期管理的制度保障。2015 年 11 月,英国金融行为监管局(FCA)率先提出了监管沙盒(regulatory sandbox)的理念[3],金融行为监管局(FCA)指出,设立监管沙盒的目标为在保证消费权益的前提下,支持金融创新,促进有效的市场竞争。监管者可以通过监管沙盒来构建促进金融科技创新的新型监管框架:一是监管部门对金融机构想迫切需要解决的问题给予指导和回复。二是采取开放态度接受金融科技创新活动的试错方案。三是根据创新活动情况作出相应决策。

监管沙盒并不是监管科技本身,确切来说是金融科技监管制度的创新模式。监管沙盒在金融领域中是指一个"安全空间",在这个"安全空间"内金融科技企业可以测试其创新金融产品、服务、商业模式和营销方式,而不用在相关活动遇到问题时立即受到监管规则的约束。英国能源监管机构 Ofgem[4] 的定义是,它允许创新者在现实环境中试用新产品、服务和商业模式,而并不适用一些通常的规则。协助穷人咨询小组(CGAP)[5]将沙盒定义为"由监管机构建立的

---

① Brummer, C., Gorfine, D. FinTech: Building a 21st-Century Regulator's Toolkit. www. milkeninstitue.org.

② Douglas W Arner, Janos Barberis and Ross P. Buckley, FinTech and RegTech in a Nutshell, and the Future in a Sandbox.

③ FCA, Regulatory Sandbox, 10/11/2015, http://www.fca.org.uk/.

④ Ofgem, 全称为 Office of Gas and Electricity Markets.

⑤ CGAP, 全称为 The Consultative Group to Assist the Poor, 是由世界银行发起的金融创新伙伴关系。

框架,允许金融科技初创企业和其他创新者在监管机构监管下的受控环境中进行实时实验"①。2015 年 11 月,英国金融行为监管局(FCA)率先提出了监管沙盒(regulatory sandbox)的理念,设立监管沙盒的目标为在保证消费权益的前提下,支持金融创新,促进有效的市场竞争。英国的监管沙盒采取一事一议、个别指导的运行模式——企业准入门槛要由金融行为监管局对申请企业的创新性与价值性进行评估。申请沙盒成功的企业需要提交一份详尽的测试计划,其中包括测试目标、参与人数、成功标准、潜在风险与消费者保护等。企业可以根据自身需求来设置测试所需的客户数量与交易额度,FCA 也会就测试规模提出建议,并设定一系列的保障措施,如要求测试企业设定退出机制,如果测试中出现危害消费者的风险,则可能触发退出机制,将对消费者的利益损害程度降到最低。此外,如果企业对监管制度如何应用到自身有任何疑问,监管部门负责案件的专员也会为其提供解释与指导,帮助其结合自身情况进行测试。总之,英国监管沙盒机制的初衷与理念是在保障消费者权益的前提下,给予企业足够的自由空间以实现支持金融创新的目标。②

4.3　金融科技监管范式的法律规则与制度表达

4.3.1　一般法律规则:金融数据制度的适用

关于数据的概念,学界和实务界有不同的认识,有学者认为数据和信息是等同的,本书依照我国国家标准《信息技术 词汇 第 1 部分:基本术语》(GB/T 5271.1—2000)的定义,数据是指"信息的可再解释的形式化表示,以适用于通信、解释或处理"。金融数据,即金融机构收集、适用的数据。在金融科技数据监管视阈下,数据安全保护、数据隐私保护、数据协同共享、数据跨境流动是金融数据监管规则中的核心规则。

(1)数据安全保护的一般规则

关于安全的概念,通常是指通过持续的危险识别和风险管理,使得人或资

---

① Consultative Group to Assist the Poor Blog. Regulatory Sandboxes:What Have We Learned So Far? (2018)https://www.worldbank.org/

② 中国支付清算协会监管科技研究组. 监管科技研究与实践[M]. 北京:中国金融出版社,2019:108.

产面临的风险降低并维持在一定可接受水平的状态。根据 ISO/IEC 27002：2005(E)的相关标准，数据(信息)安全通常是指"保护数据免受广泛威胁，以确保业务的连贯性，最大限度地降低业务风险并提高投资回报率与业务机会"。[①]在新一轮科技革命的深化发展过程中，数据在金融领域的重要性越发显现，数据的战略性价值也被各国所重视。数据资源的价值不仅是单纯的"生产要素"层面，并不断延伸至"个人安全"以及"国家安全"领域。数据安全主要关注于大数据基础设施安全建设(计算机软硬件设备、网络安全设施等)，使数据在收集、存储、使用、加工、传输、提供、共享等过程的保密性、完整性与可用性等得以保障。2022 年 7 月，滴滴全球股份有限公司接受了中国国家互联网信息办公室作出的关于网络安全审查相关的行政处罚。与一般行政处罚不同，滴滴公司未按照相关法律法规规定和监管部门要求自觉履行网络安全、数据安全、个人信息保护义务，罔顾国家网络安全与数据安全，其行为给国家网络安全、数据安全带来重大隐患，严重违反了中国《网络安全法》《数据安全法》《个人信息保护法》，国家网信办结合网络安全审查情况，对其作出顶格罚款的决定。维护数据安全关乎维护国家安全的具体展开，数据安全已经逐渐成为国家安全体系的重要组成部分。数据安全的内在隐患主要来源于大数据基础设施不完备以及数据全生命周期保护不完善两个方面。大数据基础设施是大数据技术存在与发展的主要依托，包括存储设备和运算设备等在内的硬件设备、网络体系以及其他基础软件系统。[②] 假若大数据平台安全机制缺乏有效的漏洞管理和风险防范能力，数据安全将会受到极大威胁。从数据的整个生命周期来看，在数据产生—采集—存储—传输—分析—使用—销毁的每个阶段和环节操作不当都有可能诱发数据安全风险。此外，数据安全的外部风险主要有网络木马、病毒威胁，以及数据黑产的利益驱动。

金融科技发展和数据安全保护都有赖于法律制度保障。数据安全法律制度在平衡安全与发展二者关系的基础上更加注重维护国家数据主权、保护合法数据权益。欧盟在数据安全战略部署和安全政策方面起步较早，建立了相对全面和综合的数据安全法律体系。早在 1981 年欧洲委员会成员国签署了《关于

---

①　ISO/IEC 27002：2005 (E), Information Technology-Security Techniques-code of Practice for Information Security Management(《信息技术 安全技术 信息安全控制实践指南(2005)》)

②　易成岐,窦悦,陈东,等. 全国一体化大数据中心协同创新体系:总体框架与战略价值[J]. 电子政务,2021,6;2-10.

个人数据自动化处理的个人保护公约》(简称《108 号公约》),《108 号公约》确立了数据保护方面的基本规则以及缔约国在数据保护中的基本义务,初步形成了数据处理的基本框架,这也是全球范围内第一份有关数据保护具有法律约束力的国际性文件。[1] 欧盟成立后,在《108 号公约》基础上,于 1995 年通过《个人数据处理保护与自由流动指令》(Directive95/46/EC,95 指令),指令确定了公正合法、知情同意、安全保障等处理个人数据的原则,并且明确了数据控制者、处理者在内的数据主体在数据处理过程中相应地权利和义务。但 95 指令在转化为欧盟成员国国内法的过程中,由于实际国情与利益倾向不同,使成员国在个人数据保护立法领域产生了冲突与分歧。[2] 2018 年,欧洲议会通过了《通用数据保护条例》(General Data Protection Regulation,GDPR)。GDPR 明确了个人数据安全保护的相关概念。同年,欧盟出台了《非个人数据自由流动条例》,对非个人数据保护规范进行补充,从而弥补了 GDPR 在数据保护范围上的疏漏。2019 年,《欧盟网络安全法》与《开放数据和公共部门信息再利用指令》(Directive EU 2019/1024),这些法律法规及配套文件(如《一般数据保护条例下的"同意"指南》《一般数据保护条例下的"透明度"指南》)为数据安全治理问题搭建了更为完备的法律制度框架。此外,在数据权利理论研究和法律保护实践方面美国起步也是较早的,且论述丰富、法律完备。美国模式的特点是分散式立法,即没有针对数据权利保护的专门立法,而是相关法律规范散见于众多联邦法案中,且分散式立法与自律机制相配合。

(2)数据隐私保护的一般规则

"隐私权"理论来源于由美国塞缪尔·沃伦(Samuel Warren)和路易斯·布兰代斯(Louis Brandeis)在 1890 年合作发表在《哈佛法律评论》上的同名文章。[3] 这篇文章中明确指出"即时照片和报业已经入侵了私人和家庭生活的神圣领域",提到隐私权是一种"不被打扰的权利",并试图"考虑现行法律是否提供了一项可以适当援引来保护个人隐私的原则",这被认为是美国第一个主张隐私权的出版物,为奠定了今日隐私权的理论基础,成为美国法律史上最有影

---

① 武长海. 数据法学[M]. 北京:法律出版社,2022:247.

② Fleischmann,Amy,Personal Data Security:Divergent Standards in the European Union and the United States,19 Fordham International Law Journal 1995(143).

③ 《隐私权》另一位作者布兰代斯后来成为美国最高法院第一位犹太大法官,他在日后美国高等法院"奥姆斯特德诉美国"(Olmstead v. United States)判例中撰写的反对意见,成为《隐私权》一文的重要补充。https://www.jstor.org/stable/1321160

响力的论文之一。

以美国为例,其主要的金融数据相关立法包括《金融服务现代化法案》(Gramm-Leach-Bliley Act,GLBA)和《消费者金融信息隐私 P 条例》(Regulation P,以下简称《P 条例》)。《P 条例》规定,一是金融机构必须以明确、清楚且显著的方式告知消费者,在何种情况下,金融机构会对关联企业或非关联第三方披露消费者非公开信息。二是金融机构必须定期以明确的、清楚且显著的方式告知客户其隐私政策。三是金融机构必须向消费者提供选出机制,避免个人信息被非法披露给其他第三方。同时,上述监管机构还专门出台了"客户信息安全与机密保护标准",在管理、技术及检查程序等方面制定了消费者个人信息及交易记录的安全标准,以具体实施 GLBA 的信息安全要求。[①]

此外,加拿大隐私法将隐私保护制度与行业自律全面结合的模式也具有代表性。《个人信息保护及电子文件法》(PIPEDA)适用于在商业活动过程收集、使用和传播个人信息的所有组织。它规定每个组织在使用消费者个人信息时需要遵循和允许例外的规则。在加拿大,联邦隐私专员全权负责处理针对组织的隐私投诉。以下描述了基于 PIPEDA 的法定义务。

表 4-2　基于 PIPEDA 的法定义务[②]

PIPEDA 准则	具体义务描述
问责制度	组织对有责任对其控制下个人信息负责,并设立专职人员去保证组织遵守这些准则
目的明确	组织在收集个人信息之时或之前必须明确采集的目的
授权	组织去采集、使用或披露个人信息时需征求当事人知情和同意,但不适用的情况除外
收集、使用、披露和留存限制	个人信息必须限定于为该组织确定的目标所必需的采集。信息采集应当采取公平、合法的方式。除经个人同意或法律要求外,不得将个人信息用于采集个人信息目的以外。的其他用途或披露个人信息。个人信息仅在为实现这些目的所需的时间内保留

①　张继红. 大数据时代金融信息的法律保护[M]. 北京:法律出版社,2019:89.
②　〔美〕DAMA 国际. DAMA 数据管理知识体系指南[M]. DAMA 中国分会翻译组,译. 北京:机械工业出版社,2021:24.

（续表）

PIPEDA 准则	具体义务描述
准确性	个人信息必须准确、完整、最新，以达到使用目标
保障措施	采集的个人信息必须受到与信息敏感程度相匹配的安全保障措施的保护
透明度	组织必须向个人提供有关个人信息的信息管理制度和时间相关的具体信息
个人访问	个人应被告知其个人信息的存在、使用和披露情况，并有权访问这些信息 个人应当能够对信息的准确性和完整性提出疑问，并酌情予以修正
合规挑战	个人应能够针对以上原则的遵从性，向负责组织或个人发起合规性质疑

(3)数据协同与共享的一般规则

数据共享是指数据拥有者将所拥有的数据，通过正式或非正式的方式与其他数据拥有者共同分享，为数据分析提供原材料，减少重复劳动，使数据被利益相关者及时获取，从而发挥数据价值。从金融监管角度来看，金融数据共享能够提高监管机构从金融机构的数据库中直接提取所需信息的能力，是实现系统金融监管的基础。有效的数据共享机制能够整合各地区、各部门、各系统中的分散数据，提高数据使用价值，为金融监管提供更有力的数据支撑，提高金融监管效能。在全球范围内，推动金融数据共享的模式主要两种：一种是自下而上的市场主导模式，银行和金融科技公司为主，监管为辅，推动数据共享，这种模式的典型代表是美国。自下而上的市场主导方式虽然可以激发创新，实现市场各方利益的均衡，但由于缺乏有效的金融数据共享标准，其效率并不高。同时，如果缺乏政府的积极推动，银行开展金融数据共享的积极性也将受到影响，从而导致进展缓慢，也难以保证公平性。另一种是自上而下的政府主导模式，由政府制定相关政策，银行配合进行数据共享，这种模式较为普遍，主要在欧洲国家、澳大利亚、新加坡、日本和韩国实施。虽然自上而下的方式在实现成果方面具有较高的效率，但容易在其公平性存在欠缺。此外，行政命令很容易遏制商业和技术的创造力，一刀切的行政命令会对实力较弱的银行和机构造成巨大的负担，导致不可持续的发展后果。[①]

数据共享机制的意义在于：①打破数据孤岛。数据孤岛是指由于主观意志，技术或政策环境等原因，导致数据在不同地区，不同部门，不同机构，不同行

---

① 中国总会计师. 金融数据共享与金融变革[J]. 中国总会计师，2017，2：152-153.

业独立存储，独立维护，彼此间相互孤立，互不联通，造成数据分散的状态。出于数据保护等因素的考虑，数据在金融机构间不能随意流动，这导致数据难以发挥最大价值。而数据共享能够实现跨地区、跨行业、跨部门、跨机构的数据交换与合作，拆除数据壁垒而避免数据孤岛现象。②弥合数据鸿沟。大数据鸿沟是指在控制数据等方面存在着权力不平衡的情况，在这种并不平衡状态下，数据鸿沟其中一方能够通过自身拥有的规模和资本实现数据的积累，并能够通过一定的技术手段，从海量数据中获得价值，主要是拥有大量客户数据的金融机构，或者资本充足的金融科技企业，例如 Facebook（现名 Meta）、Google 及阿里巴巴集团等大科技企业。而另一方则是无法直接利用数据的公共和私营部门利益相关方包括监管机构、金融消费者及金融科技初创企业。这种不平衡有可能扭曲数字金融生态系统的发展，仅仅有利于少数大量参与大型参与者，从而减少竞争，破坏创新。而数据共享则有助于弥合大数据鸿沟，构建一个公平的数据获取和使用平台。

（4）数据跨境流动的一般规则

数据跨境流动政策是指一国或地区政府针对数据通过信息网络跨越边境的传输、处理活动所采取的基本立场以及配套管理措施的集合。① 近年来，国际组织高度关注跨境数据流动的跨国协调问题。2021 年 10 月，G7 倡议拓宽了跨境数据流动的内涵与监管适用范围，将传统上属于安全的议题继续延伸。② 在区域数字协定语境之下，跨境数据流动规则已经形成了"允许数据跨境自由流动＋安全例外"的基本模式。该模式意味着成员国可以有各自的监管模式，并且应该允许数据的跨境流动。欧盟等国家或地区主要根据数据类型来设置差异化的出境管理制度，以确保数据出境活动不会对国家安全、公共利益和个人主体利益造成威胁和损害。这些国家或地区通常会根据数据的性质、敏感程度以及数据出境的目的和接收方的信誉等因素来评估和管理数据出境活动。一方面，在数据接收方所在国家或地区满足一定的安全保障要求时，一般允许个人数据出境。但是也存在对出境国家的针对性管理趋势。另一方面，限制重要数据和个人敏感数据出境。欧盟、美国、澳大利亚、韩国等国家和地区的数据出境管理规则分散于国家产品、技术出口管理条例和国家行业立法中，根据数据属性和影响程度等因素，对国内重要领域或行业数据以及国民健康等敏感数据

---

① 个人信息保护课题组. 个人信息保护国际比较研究［M］. 北京：中国金融出版社，2021：160.

② 中信通研究院报告：《全球数字经贸规则年度观察报告（2022）》，第 20-21 页。

实施禁止或限制出境管理。①

　　根据全球各国对数据出境监管的差异限制,数据跨境流动政策可分为以下模式供参考。①数据保护水平适当性评估。适当性评估是指本国数据只有在转入国内获得适当保护的前提下,才能允许数据转移。以 GDPR 为例,欧盟对跨境数据在内的数据存储与流通提出全面的保护规定和监管要求。GDPR 对欧盟成员国家之间的数据流通是没有限制的,即各成员国之间的个人数据可以自由流动,而从欧盟到第三国的数据转移却需要适足性、充分性等因素的考量。欧盟数据保护委员会在确保第三国对相关数据有适当的保护水平的前提下,对其数据转移可以免除特定授权。在其他情况下,数据保护委员会必须对第三国或其他相关组织的数据保护水平进行评估。评估内容包括第三国的法治和人权保障情况、公共当局获得转移数据的情况、数据保护当局的设置和有效职能的行使,以及与国际承诺和其他义务相关的项目。这些评估旨在确保数据转移符合欧盟的数据保护要求,并保障个人数据的安全和隐私。② 俄罗斯《个人数据保护法》规定了数据跨境流动的基本准则,其要求在开始跨境传输之前,处理者有义务确保在个人数据传输到的外国境内对个人数据主体的权利提供充分的保护。②数据控制者担保模式。以澳大利亚为例,澳大利亚遵循《APEC 隐私框架》,不同程度地执行该框架采取的有关跨境数据转移的数据控制者担保模式。在澳大利亚 1988 年《隐私法》中,其规定数据控制者在向第三国数据接收者转移个人数据之前,原则上采取"在当时情况下所有合理措施"确保第三国接收者并没有违反澳大利亚隐私原则(除透明原则)。③数据主体同一模式。日本《个人数据保护法》没有直接规定跨境数据转移问题,但在《经济与工业领域个人数据保护指南》中,规定同意的方式包括了口头和书面的同意,以及点击网页上同意的确认键。同时,指南针对数据主体作出同意后有可能要求数据提供者停止向第三方提供的情况撤回同意。④数据的本地化及禁止出境。数据的本地化要求对数据进行本地的存储和计算,相应地,其相关设施也需要在本地部署。2014 年俄罗斯通过了《数据本土化法》,要求所有收集俄罗斯公民个人数据的数据控制者都应当将其服务器设置在俄罗斯境内,这意味着俄罗斯本国公民的电子通信和社交网络数据需要进行本地化存储和处理。对于不执行该规

①　武长海. 数据法学[M]. 北京:法律出版社,2022:312.
②　武长海. 数据法学[M]. 北京:法律出版社,2022:313.

定的企业,其网络管理部门有权限制访问甚至封锁该网站。①

此外,为了在保障信息跨境流动自由化的同时充分保护个人信息安全,对于个人信息出境,往往需要专门的法律制度加以保护。如欧盟在一般数据保护条例(General Data Protection Regulation,简称 GDPR)中分别确立了标准合同条款(Standard Contract Clause,SCC)、约束性企业规则(Binding Corporate Rules,BCR)、充分性认定(Adequacy Decisions)等相关制度调整数据出境问题。② 欧盟 GDPR 通过白名单、标准合同、风险评估、协议控制等方式进行个人信息出境安全管理。GDPR 第五章规定了国际数据传输规则。个人数据在欧盟以外国家之间的流动对于扩大跨境贸易和国际组织来说是必不可少的。同时对于扩大跨境贸易和国际合作至关重要,但在欧盟以外国家对个人数据的保护水平却很低。根据 GDPR 第 45(3)条,欧盟委员会可决定第三国、第三国领土或第三国境内的一个或多个特定部门确保充分的保护水平。在此条件下,可向第三国转移个人数据无需获得任何进一步授权。GDPR 第 45(2)条所规定的,充分性决定必须基于对第三国有关个人数据法律秩序的全面分析。在评估过程中,确定有关第三国的保护水平是否"基本等同于"欧盟内部确保的保护水平。在此次的充分性决定中,委员会已经仔细分析了美国的法律和实践,包括 EO 14086 和 AG 条例。根据序言 9-200 中的调查结果,委员会得出结论,美国确保对欧盟—美国传输的个人数据得到足够的保护。充分性决定的效果是,个人数据从联盟的控制者和处理者转移到美国经过认证的机构,而无需获得任何进一步的授权。它不影响法规(EU)2016/679 的直接适用于那些满足该法规在其第 3 条中规定的领土范围条件的组织。

4.3.2　"软法"功能填充:技术标准的规制

"标准化是现代化的标志之一。不搞标准化是小农经济。"③从最广义的角度来看,标准包括规范、目标、任务以及规则,规制体系正是据此得以形成。标准如果不明示规制体系的整体目标,至少也会设定该体系参与者应当遵守的某

---

① 高山行,刘伟奇. 数据跨境流动规制及其应对——对《网络安全法》第三十七条的讨论[J]. 西安交通大学学报(社会科学版),2017,2:85-91.

② 刘新宇. 数据保护合规指引与规则解析[M]. 北京:中国法制出版社,2021:70.

③ 钱学森. 论系统工程[M]. 上海:上海交通大学出版社,2023:75.

些行为要素。① 广义的标准则是指"用以鼓励追求或者实现特定价值、目标或结果的工具,但并不具体规定为此需要开展的举措";相比之下,法律规则会具体要求其适用对象必须做出或不得做出某种行为。② 因此,技术标准知识更为广泛的规制标准中一个重要的子集。③ 此外,从科技产业发展视角来看,技术标准作为一种特殊的制度安排,能够实现不同产品之间的兼容,从而减少交易成本,提高经济效益。同时,技术标准也给制度的发起者带来巨大的收益,具有重要的战略意义。④ 国家鼓励企业、社会团体和教育、科研机构等开展或者参与标准化工作。企业、社会团体和教育、科研机构等不仅可以积极参与到国家标准和行业标准的制定工作中去,同时也可以根据自身需要,自行或者结合其他成员一起制定和推广团体标准或者企业标准。相较于前者,团体标准和企业标准,具有灵活性高、针对性强、制定效率高、可自愿选择的特点。标准制定素来是围绕规制机构展开的研究主题。但实际上制定标准的主体经常并非规制机构,而是政府部门或非政府部门组织。⑤ 在欧洲和英国规制标准制定体系中,政府与非政府规范构成的位阶体系已存在于多个领域,详细的公共技术标准已为一般化或框架性的规则所取代。⑥ 国际标准化组织(ISO)和世界贸易组织(WTO)关于标准的定义是认识定义的权威来源。

(1)金融标准化内涵

①金融标准化定义。

在不同语境下,关于标准的定义和规范效力也有所区别。例如,2014 年 ISO 发布实施至今的第 2 号指南中将标准定义为:"为了在指定情形下获得最佳秩序,通过协商一致程序制定,并经公认机构批准,为各种活动或其结果提供规则、指南、特性,供共同和重复适用的文件"。而在我国《标准化法》(2017)中

---

① 〔英〕科林·斯科特. 规制、治理与法律:前沿问题研究[M]. 安永康,译. 北京:清华大学出版社,2018:66.

② John Braithwaite, Valerie Braithwaite. The Politics of Legalism: Rules versus Standards in Nursing Home Regulation[J]. Social&Legal Studies, 1995(4):307-341.

③ 〔英〕科林·斯科特. 规制、治理与法律:前沿问题研究[M]. 安永康,译. 北京:清华大学出版社,2018:67.

④ 吕铁,等. 技术经济范式协同转变与战略性新兴产业发展[M]. 北京:中国社会科学出版社,2014:94.

⑤ 〔英〕科林·斯科特. 规制、治理与法律:前沿问题研究[M]. 安永康,译. 北京:清华大学出版社,2018:44.

⑥ Robert Baldwin. Rules and Government[M]. Oxford:Oxford University Press,1995:233-241.

关于标准的定义则是"指农业、工业、服务业以及社会事业等领域需要统一的技术要求",该定义综合了标准化实践内容,侧重标准的技术性和规范性。[①] 标准化监管可以视为一种理论方法,是指为使监管事物及其运行达到最佳秩序,获得最优监管效率,在标准化思想的指导下形成一个统一的、科学的、规范的监管机制,包括标准化监管的组织架构、监管流程、监管内容、监管方式及原理机理体系等。[②]

②金融标准化的现实意义及其监管功能。

标准化是未来监管科技发展的主流趋势,其规制目标是能够实现监管数据的共享性和数据结构的统一性,对监管合规数据形成统一的标准,实现宏观监管和机构内部监管的统一。金融标准化对金融科技监管的积极影响具体有以下方面。

其一,金融标准化有辅助防范金融风险的作用。完善的金融风险管控标准体系是实现金融行业规范、平稳发展的基本前提。随着银行、证券、保险等主流金融业态借助金文科技持续快速发展,新兴金融业态不断涌现,容易导致金融业出现新风险。此外,全球化背景下的资产配置和复杂金融工具的出现及推广,也将对风险管理和防控提出新的挑战。金融标准化可以促进创新业务和金融新兴业态的规范发展,金融标准通过为金融制度与监管措施提供保障以防范化解风险,制定并实施金融科技监管科技、金融基础设施、金融统计、金融信息安全等金融标准,将有利于系统性金融风险识别、预警和主动防范及化解。金融标准的颁布实施,使得银行与其他金融机构和金融市场密切配合变得更加顺畅、合规,从而有助于强化政府对金融风险的监管。

其二,金融标准化有助于金融市场秩序的规范。标准决定质量。科学合理的金融标准是金融机构公平竞争、行业有序发展、市场有效运行的前提。尤其金融创新会促使金融业务交叉地带和综合经营越来越多,未来金融市场必将向多元、多层次综合经营模式转变。高质量的金融产品和服务标准能够为金融业发展创造良好的金融生态,能够规范金融发展秩序,促进金融产品和金融服务创新。完善现代金融标准体系,也有利于对金融消费者权益进行保护,进而引导金融业发展同经济社会发展相协调。

---

① 武长海. 数据法学[M]. 北京:法律出版社,2022:594.
② 李静宇. 基于标准化管理理念的互联网金融监管问题研究[D]. 广州:广东财经大学硕士学位论文,2017.

其三,有助于保护金融消费者权益的维护。金融消费者及通过金融市场购买或使用金融机构提供的金融产品和金融服务的经济主体。随着金融市场产品与服务愈加丰富,良莠不齐、风险不一的金融产品也随之出现而严重影响经济稳定和社会安定。金融标准缺失与金融标准化不科学导致的金融标准化滞后,是各种金融诈骗频发和金融风险上升的主要诱因。

其四,金融标准化有助于金融业竞争力的提高。金融标准化能够帮助金融业提升效率,降低金融业成本,完善金融业服务质量。例如,金融账户数据标准化具有提高开户效率、提升金融服务质量、控制金融操作风险、透明办理过程等优势,减少了各环节的时间损耗,从标准上规范了业务流程。金融标准支持和促进金融科技创新。金融科技有助于金融效率提升,金融标准可以把金融科技创新的内容具体化而形成行业共识、提升行业总体水平。同时,金融标准化建设是一国在全球经济和金融一体化、国际贸易和服务竞争中的重要手段。谁主导先进的金融标准,谁就将在金融市场竞争中场抢占先机,只有积极参与国际金融标准制定。推动一国先进的金融标准走出去,才能提升该国在国际金融标准制定中的话语权,并推进金融业双向开放。

其五,金融标准化有助于金融监管制度漏洞的填补。金融标准可作为监管措施的有效补充,补齐金融监管短板,填补金融监管空白。随着近几年新金融、类金融迅速增长,部分业务已打破传统金融的划界。金融监管体制还不适应常规的机构监管,容易造成监管空白,导致某些领域产生乱象,互联网金融,资产管理,理财等业务风险事件频发。因此,要用标准化手段补齐金融监管体制的空白和短板,将监管规则逐步转变为标准。总之,金融标准是实现金融交易得以顺利进行的基础条件,同时也起到了保证金融服务质量、保护消费者权益的作用,金融科技创新需要金融标准,金融标准是保证金融科技守正创新的基础,为保证金融科技健康可持续发展,数字金融制度、标准建设显得尤为重要。

(2)金融科技标准国际应用实践

在国际组织层面上,国际标准化组织金融服务技术委员会(ISO/TC 68)在2016年提出从标准功能和利益相关方角度对 TC 68 架构进行调整:撤销证券和相关金融工具分委会(SC 4)和银行核心业务分委会(SC 7),成立参考数据分委会(SC 8)和信息交换分委会(SC 9),并保留安全分委会(SC 2);TC 68 现有标准将划归到各分委会中,TC 68 不再直接管理标准;同时,成立金融科技技术咨询组和外联宣传组两个常设工作组。在规范云计算技术及应用方面,为降低采用云计算带来的信息交互风险,安全分委会(SC 2)成立云计算研究组,积极开展该领域的标准化研究工作。银行核心业务分委会(SC 7)组建"移动银行业务/支付"工作组(WG10),并提出《移动银行业务/支付》新工作项目建议,开始启动相关标准的制定工作。2018 年,国际货币基金组织和世界银行发布《巴厘金融科技议程》,提出政策制定者应该应对市场集中度风险,并促进关键基础设施的标准化、互操作性和公平透明的准入;整体的政策应对措施,可能需要在国家层面、在标准制定机构的指导下来建立。[①]

在欧洲地区,欧盟委员会在 2018 发布了《金融科技行动计划》,基于公开、透明、一致原则,与国际标准组织合作,制定金融科技标准。2018 年,英国财政部发布了《金融科技产业战略》,提出英国将制定发布一系列行业标准。同年 11 月,英国标准协会发布了《支持金融科技公司与金融机构合作指南》(PAS201:2018)标准,对金融科技公司和金融机构的合作流程、金融机构需关注的风险点、金融科技公司应具备的能力等方面进行了较为系统的梳理和规范。金融国际标准是全球金融业共同遵守的准则和规范,旨在确保金融业务的安全、可靠和高效。这些标准是由国际标准化组织(ISO)和国际电工委员会(IEC)等国际标准组织制定的,涵盖了金融业务的各个方面,如支付、清算、风险管理、信息安全。金融国际标准的重要性在于它们为金融机构提供了一个共同的语言和框架,便于跨境交流和合作。通过遵循这些标准,金融机构可以提高业务的透明度和可信度,增强市场信心和客户信任。同时,金融国际标准也有助于降低金融业务的成本和风险,提高效率和安全性。尽管金融国际标准是自愿性的国际"软法",但由于其在全球金融市场中的基础性作用,金融机构普遍认识到遵守这些标准的重要性。实际上,许多国家和地区已经将这些标准转化为国内法规,要求金融机构必须遵守。因此,金融国际标准相对于其他自愿性国际标准具有更强的约束力。[②]

4.3.3　创新测试规则:监管沙盒机制的运用

(1)监管沙盒内涵与特征

沙盒(sandbox)是一个计算机术语,指的是在开发软件的过程中建立的一个与外界隔绝的测试环境,用于进行软件功能的测试。沙盒环境通常被用来测

---

① 李伟,戚桂杰. 金融标准化通识[M]. 北京:机械工业出版社,2020:131-132.
② 刘非,郑联盛. ISO 金融国际标准:演进、博弈与应对[J]. 国际经济评论,2021,5:81-86.

试那些可能具有破坏性、来源不可信或者无法确定其意图的程序。在沙盒中，这些程序可以在一个安全的、受控制的环境中进行运行和测试，以防止它们对真实的系统或数据造成损害。同时，沙盒中的测试通常是在真实的数据环境中进行的，这样可以兼顾测试的准确性和安全性。通过在沙盒中进行测试，开发人员可以发现和修复软件中存在的问题，以确保软件在正式发布之前能够正常运行并符合预期。[①] 通过监管沙盒，可以使那些在现有的监管体系内无法合规运作或具有很高成本的金融科技创新企业能够在监管机构的控制下实现小范围内的真实环境测试。监管沙盒在本质上是一种在保护消费者权益的基础上，促进金融创新与市场有效竞争的工具，[②]其具有开放性、试验性、特定性和衡平性[③]四个鲜明特征。

(2)监管沙盒制度实施域外考察

监管沙盒提供了一个"缩小版"的真实市场和"宽松版"的监管环境，有助于在金融与科技加速融合的时代实现鼓励创新和防范风险的平衡，这使其受到全球广泛关注与应用。英国、新加坡和澳大利亚的监管沙盒实施时间较早、机制设计较为系统，具有一定代表性。韩国金融服务委员会（FSC）于 2021 年 1 月，公布金融创新和数字金融特别计划，其中包括引入数字沙箱，使金融科技初创公司有机会测试新想法；建立一个全面的金融科技支持体系；制定一项以培育金融科技为重点的立法；进一步改善监管沙箱计划的管理，并通过国家支持的金融机构和私营部门的投资扩大金融支持。鉴于韩国金融监管体系改革与我国有诸多类似之处，本书将对韩国监管沙盒制度作出详细分析，以提供有益借鉴。

随着互联网金融与数字经济的不断发展，韩国政府将金融科技产业发展作为经济增长的战略性产业。2017 年 1 月，韩国金融服务委员会（FSC）发布了韩国《2017 金融政策指引》(Financial Policy Direction for 2017)，至此韩国开始了监管沙盒机制试点，随后在 2018 年，FSC 发布了《2018 年金融政策路线图》(Financial policy roadmap for 2018)中提出继续施行监管沙盒项目，并且放宽参与测试企业的初步申请。同年 12 月，韩国国会公布了《金融创新支援特别

---

① 姚国章. 金融科技原理与案例[M]. 北京:北京大学出版社,2019:188.
② 中国支付清算协会监管科技研究组. 监管科技研究与实践[M]. 北京:中国金融出版社,2019:108.
③ 刘盛. 金融监管沙盒制度研究[D]. 厦门:厦门大学博士学位论文,2019:21.

法》(2019 年 4 月 1 日实施,以下简称《金融创新法》),并在 2021 年作出了部分修改后于 2021 年 7 月 21 日生效,这为韩国金融科技监管沙盒制度提供了完整的流程规范。至此,韩国监管沙盒制度步入正轨。[①] 自 2019 年 4 月 1 日监管沙箱首次推出以来,指定服务的总数达到 142 个,2021 年 4 月 14 日,FSC 又增加了三种金融解决方案(区块链的数字房地产证券平台、为银行分行访客提供的数字实名验证服务、基于移动的使用面部识别技术的非接触式银行开户服务)为"创新金融服务",FSC 还对之前选定的 4 项企业的补充要求进行了修改,并延长了其他 11 项服务的监管豁免期。[②] 2022 年,FSC 发布了加强对韩国金融科技企业支持力度的一系列措施,并在 12 月 20 日举行的第五届金融监管创新委员会会议上经过讨论和审议后得以确认。主要措施为:一是通过投资和政策性基金加以支持。二是为金融科技初创公司的业务设置和发展提供成熟的支持系统。三是支持金融科技企业进入海外市场。[③] 以下对韩国监管沙盒制度作具体梳理。

①韩国监管沙盒参与主体。

一是沙盒监管主体。韩国《金融创新法》规定,监管沙盒工作由金融服务委员会(FSC)负责实施,旨在通过制定金融政策法规维持金融市场秩序,促进韩国金融行业发展以及保护金融消费者权益。监管沙盒作为金融科技创新监管重要工具,在培育金融科技企业过程中也将起到重要的作用。《金融创新法》第十三条要求 FSC 设立创新金融审查委员会(Innovative Finance Review Committee),负责审查创新金融服务申请工作。二是沙盒监管对象。《金融创新法》第二条(定义)对"创新金融服务提供者"(innovative financial service provider)解释为"已经申请创新金融服务,并提供了金融服务委员会所制定的创新金融服务的金融公司"。而在提供创新服务的范围涵盖了各种带有金融业务性质的企业组织,该法原文认为的"金融公司"具体包括银行机构、金融投资商业机构、保险公司、农业合作社等具有金融业务属性的机构。

---

① 尹振涛,范云朋,费洋. 韩国"监管沙盒"机制:政策框架、政府职能与启示[J]. 全球化,2021,2: 79.

② Financial Services Commision. Three More "Innovative Financial Services" Added to Financial Regulatory Sandbox. Apr 14, 2021. https://www.fsc.go.kr/eng/pr010101/75754? srchCtgry = 2&curPage=3&srchKey=&srchText=&srchBeginDt=&srchEndDt=.

③ Financial services commision. FSC Plans to Bolster Support to Promote Sustained Growth of Fintech Businesses. December 26, 2022. https://www.fsc.go.kr/eng/pr010101/79234? srchCtgry = 2&curPage=&srchKey=&srchText=&srchBeginDt=&srchEndDt=.

②韩国监管沙盒运作机制。

韩国监管沙盒运作机制主要分为准入机制——测试服务——退出机制三个部分。在准入阶段,由专门设立的创新金融审查委员会负责审核金融创新提供者(企业)的申请。在测试阶段,通过审核的企业需要与监管当局商定测试方案,并按照方案进行测试。监管当局会对测试过程进行全程监测,并实时提出合规性评价与指导。如果测试过程中发现损害消费者利益或有碍金融稳定的现象,监管当局会立即终止测试。

③消费者保护机制。

金融消费者保护是金融科技监管以及监管沙盒法律制度的重要内容之一。《金融创新法》的多项条款,对创新金融服务的相关义务及惩处措施进行规范,其中规定了创新金融经营者的消费者保护方案。此外,还有对消费者的风险告知义务、测试中对消费者的保护措施以及消费者损害赔偿和纠纷解决保障机制等。

(3)监管沙盒制度实施效果评析

①监管沙盒制度效益分析。

当前,金融科技监管沙盒已经在全球范围内得到广泛推广,英国、美国、韩国、澳大利亚、新加坡、泰国、马来西亚等国家都已出台相关的法律文件。尽管各国监管沙盒的目标、范围、规模及应用侧重点有所差异,这些差异是由每个国家监管机构的法律和文化环境不同形成的,但其施行的客观效果具有共同点。综合各国监管沙盒应用实践情况,监管沙盒制度实施的效益主要体现在以下两方面。

一是监管沙盒有助于提升当前制度供给条件下的整体效益。为了准确测量监管沙盒对总体政策目标的影响,韩国 FSC 在 2019 年度作出了自我评估,评估结果包括:①金融科技岗位数量增长:23 家金融科技公司增加了 225 个工作岗位。②投资有所增加:11 家金融科技公司吸引了约 1200 亿韩元投资,预计下一年度追加投资 100 亿韩元。③全球业务扩张:7 家金融科技公司计划将业务扩展到海外市场(东南亚、英国、日本和香港等)①。在英国和我国香港地区,金融科技创新企业进入监管沙盒可获得"事前指引"(Informal Steers),在完善测试项目设计理念的同时准确把握各类监管要求,通过测试环节提升产品或服务

---

① World bank. Global Experiences from Regulatory Sandboxes. P44(141-143)https://www.worldbank.org/. 访问时间 2023-9-15.

的合规性,提升产品进入市场的效率。据 FCA《金融创新影响及有效性评估》报告显示,88%的企业认为"事前指引"对项目设计理念在合规性方面的促进作用很大,也为企业继续创新增添动力。金融监管部门通过监管沙盒能更高效直接地与金融科技创新企业沟通互动,企业能在产品设计之初和完善的过程中得到金融监管部门提供的合规建议和指引,从而减少双方信息不对称所导致的摩擦成本。获得消费者对新产品或新业务的反馈。除了合规性的保障,监管沙盒也为企业提供了一次测试新产品或新业务的机会,帮助其更好地了解消费者的喜好。

二是监管沙盒有助于提供金融科技创新的制度需求。目前,监管沙盒中的大部分企业为寻求牌照的创业型企业,而由于其业务的创新性和特殊性,其中一部分企业并不清楚自身是否需要牌照或需要怎样的牌照。监管沙盒可以提供一个结构化的和独立的过程,以加强监管机构与行业的对话和互动,在促进金融技术创新方面为政策制定者和监管机构创造了相当大的价值。世界银行报告显示,约 73%的监管机构报告称,实施沙盒有助于建立他们围绕金融科技的能力;约 85%的监管机构表示,沙盒帮助他们评估其法律或监管框架的适当性[1]。

②监管沙盒制度局限性分析。

作为金融市场监管的创新机制,监管沙盒的出现和推广一定程度上反映出当前金融监管存在制度非均衡情况,且政府部门、金融机构和金融科技公司等各方均有动力推动制度变迁。然而,在现实应用中监管沙盒制度仍存在限制金融创新的因素,本书仍以韩国沙盒制度作为分析对象,阐释监管沙盒局限性。

一是与现行监管法律规则的冲突。根据韩国《金融创新支援特别法》规定:在指定期间内可以放宽特定金融相关法令的规定,对经营者豁免适用相关监管法规。但在指定期间届满后,经营者仍需重新遵守现有规定。除此之外,《金融创新支援特别法》对立法化只规定了"可以建议修改"的原则性规定。从监管机构的立场来看,想要直接改进或完善现有的监管法规并不容易。

二是金融科技市场信息不对称问题。在金融市场,信息占据核心要素地位,因为市场活动是进行信息的生产、传递、扩散和利用的市场,金融市场进行

---

① World bank. Global Experiences from Regulatory Sandboxes. P28. https://www.worldbank.org/. 访问时间 2023-9-15.

资本配置其本质上是信息问题。① 尽管政府部门监管在解决市场信息问题方面有诸多市场自身和私营部门不具备的天然优势，但政府监管也有其局限性，例如实施监管所需要信息及时性、准确性、完整性以及流动性难以保障。而在施行监管沙盒的多数国家，对"信息披露"大都是一笔带过，并没有更为具体的操作规则②，故而，基于多主体、多层次、多方式的合作监管机制将是监管沙盒解决金融科技市场信息不对称的更优选择。此外还存在与多方协作配合机制的缺欠。此外，大多数国家监管沙盒的经验仅限于在国内使用，在监管机构所在国内范围内施行，缺乏跨部门、跨境监管沙盒合作与制定统一标准的探索。

---

① 王曙光. 金融发展理论[M]. 北京：中国发展出版社，2011：119.

② 刘盛. 金融监管沙盒制度研究[D]. 厦门：厦门大学博士学位论文，2019：137.

第5章　我国金融科技监管的法律问题与制度反思

金融科技得以持续发展是来源于其内生动因与外部政策的推动,基于金融科技的发展前景与技术趋势,我国在金融科技监管方面仍需要作可持续且更为系统、严密的制度设计。通过我国金融科技发展的"前世与今生"以及监管历程,本章系统归纳了我国金融科技监管的法律问题与实际困境,从而为我国金融科技监管法律制度的系统完善提供了现实依据。

5.1　我国金融科技监管变革与法律实践

5.1.1　我国金融科技行业兴起动因与发展历史

金融科技兴起与发展的原因包括技术发展、银行意愿、客户意愿、政府监管等诸多因素,而资本逐利性以及资本为突破对其逐利性的限制的内在动力则是金融科技之所以发展的本质原因,市场供求结构变化、技术革新、金融生态圈的沉淀以及普惠金融政策的出台都为金融科技在中国落地发展提供了前所未有的新机遇。

(1)内生动因:金融抑制下的市场需求是金融科技的内在动力

金融抑制往往发生在发展中国家,存贷款利率限制和资本账户管制是金融抑制的主要形式,政府采取的对金融活动的强制干预政策,都可能压低了利率和汇率,使用金融体系与实体经济停滞不前。同理,中国的金融体系长期处于抑制状态之中,利率受到管控,资金主要由银行体系进行配置,此时,逐利的市场必然将寻求新的监管套利空间。金融科技的兴起,超越了传统金融格局下对资本时空的限制,打破了传统金融行业的市场垄断地位和超高利润模式。[①] 金

---

① 王海军,赵嘉辉."中国式"互联网金融:理论,模式与趋势之辨[M].北京:电子工业出版社,2015:18.

融科技借助新兴技术实现了"细分市场"而降低了交易成本，而传统金融市场存在的人工操作运营成本较高、信息不对称风险、融资费用较高等问题使金融市场主体对金融模式创新的需求更加强烈，尤其是数字经济的发展，这种需求拉动的因素，金融主体的消费习惯已经受金融科技的影响而发生改变，多元的、细分的、个性化的消费趋势逐渐取代了模仿型的消费方式，并且金融科技能够满足中小企业和小微企业的金融需求。基于金融科技发展实践，单纯凭借支付创新不足以让电子商务大行其道，提高服务水平才是生存之道。

(2)外在动因：国内政策导向与国际竞争形势的双重驱动

①普惠金融政策的应有之义。

普惠金融（Inclusive Financial System）逐渐成为全球关注的热点议题并且形成共识。联合国在 2006 年呼吁各国，制定本国金融服务目标时，将普惠金融作为重要目标之一。普惠金融的定义可归纳为：一国金融体系能够可持续为该国弱势群体、弱势产业和弱势地区提供方便快捷、价格合理的基础金融服务。2009 年，G20 国家领导人在匹兹堡峰会上郑重承诺"要促进更多贫困人口享有金融服务"，并成立了"普惠金融专家工作组"。之后，2010 年 G20 国家领导人多伦多峰会一致同意并发布了"创新型普惠金融九条原则"。此外，联合国 2030 年可持续发展议程也在倡导创新和发展金融科技，以刺激新兴国家和发展中国家的经济增长。然而，普惠金融存在风险高、成本高的特点，此传统的手段难以发展普惠金融，而金融科技则是支撑和发展数字普惠金融的基础。

②数字经济战略的应有之举。

2021 年 12 月，国务院发布了《"十四五"数字经济发展规划》，在数字技术与各行业加速融合、新业态新模式竞相发展的背景下，推动我国数字经济转向深化应用、规范发展、普惠共享新阶段。在《中华人民共和国国民经济和社会发展第十四个五年规划和 2035 年远景目标纲要》公布后，为了全面顺应数字经济发展的趋势，中国人民银行制定并印发了《金融科技发展规划（2022—2025 年）》，这一轮发展规划的顶层设计重在推动金融科技深度应用，加快数字化转型。这意味着金融科技将持续纵深发展、释放潜力价值。

③国际金融科技竞争与合作的驱动。

数字经济是构建现代化经济体系的重要引擎，它利用现代信息网络及通信技术促进公平与效率更加统一。在世界主要国家高度重视数字经济的大背景下，各国竞相出台数字战略及规划，不断创新竞争优势，数字时代的国际格局正在发生改变。全球金融科技行业正趋于成熟,行业的早期创业仍然活跃。2022年,全球金融科技行业投融资事件总次数为 3294 次,总金额为 1681 亿美元。①数字经济成为改变全球竞争格局的关键力量,深深影响了生产方式、生活方式和治理方式的变革。数字经济是经济提质增效的新变量,在新一轮科技革命和产业变革机遇之下,发展金融科技将有利于国家在新一轮竞争中赢得战略主动。②

(3)我国金融科技历史与未来发展趋势

一部金融发展史就是一部金融创新发展史,金融业以及金融监管制度发展至今,是不同历史时期金融创新活动相续的结果。③ 近年来,我国金融科技发展蒸蒸日上,以阿里巴巴、腾讯、京东、百度等为代表的金融科技企业取得了显赫成就,也受到了全球的瞩目。回顾我国金融科技自诞生以来大概经历四个发展阶段:即爆发式增长阶段、风险累积暴露阶段、全面整顿治理阶段以及高质量发展四个阶段。④

①爆发式增长阶段(2007—2017 年),2007 年 P2P 平台"拍拍贷"成立,之后P2P 平台如雨后春笋般成长起来,2013 年迎来了中国互联网元年,移动互联网普及、互联网理财兴起、民众对投资收益的迫切追求促使 P2P 平台行业开始了新一轮的爆发式增长。P2P 平台迅猛发展的同时,资产质量不能得以保证、法律规范和监管制度缺位等问题逐渐暴露。②风险累积暴露阶段(2017—2020年),大科技金融平台全面介入金融业务,逐步形成了金融控股平台的雏形。除了第三方支付业务以外,这些平台还涉足货币市场基金、资产证券化以及互联网保险等金融业务。③全面整顿治理阶段(2020—2021 年),2020 年中央经济工作会议提出要强化大型互联网平台的反垄断和防止资本无序扩张,维护公平竞争市场秩序。二是坚持所有金融活动必须依法依规纳入监管。④高质量发展阶段(2022 年至今),中央全面深化改革委员会第二十六次会议上审议通过了《强化大型支付平台企业监管促进支付和金融科技规范发展工作方案》,这意味着前期关于平台治理、数字经济发展的基础制度逐步建设起来。这一时期的标

---

① 互联网金融实验室:Global FinTech Funding Trends Report(《全球金融科技投融资趋势报告(2022 年度)》)http://fintechlab.pbcsf.tsinghua.edu.cn/info/1018/1498.htm/访问时间 2023-5-15.

② 《"十四五"数字经济发展规划》,中国政府网 https://www.gov.cn/访问时间 2023-5-15.

③ 杨有振,侯西鸿,等. 金融开放:创新与监管[M]. 北京:中国金融出版社,2002:162-164.

④ 胡滨,杨涛,程炼,等. 大型互联网平台的特征与监管[J]. 金融评论,2021,3:101-122.

志性事件包括国家发改委等九部门联合印发《关于推动平台经济规范健康发展的若干意见》以及中央深改委的会议等等,最新的事件是数字经济发展部级联席会议制度的建立,这表明对于数字经济,各个部门之间如何统筹协调已经进入了制度化的轨道。未来我国金融科技发展将继续深耕小微普惠金融服务,服务乡村振兴战略,发展普惠型财富管理市场以促进共同富裕,助力数字政府和数字社会建设,推动银行等金融机构的数字化转型和升级,坚定不移地推进金融科技的国际化和全球化。①

与此同时,在数字经济发展浪潮的大背景下,金融科技也迎来了新的机遇期。当前,在金融领域,投研决策、数据分析、智能交互、场景联通、风控全流程强化等业务方向已涌现出多个大模型。根据 2023 年上市银行半年报披露情况,零壹智库在《42 家上市银行"期中"答卷表现如何?》中对 42 家上市银行上半年营业收入、净利润、净息差、资产规模、拨备覆盖率、不良率、科技投入等指标进行分析,从科技投入方面来看,已有部分银行显示大模型探索战略。2023 年9 月 8 日,蚂蚁集团在上海外滩大会发布蚂蚁金融大模型时表示,未来将持续探索和精进大模型的五大能力方向:一是建设高质量数据标注团队,沉淀高质量数据体系。二是攻坚基础大模型算法,以及高效绿色工程能力,提升模型逻辑推理等能力。三是从通用语言大模型到通用多模态大模型,从一般通识走向全面专业。四是建设高效大模型评测标准和评测体系,加快大模型迭代速度。五是建设大模型安全能力,保障大模型健康可持续发展。可见,金融科技的发展仍有很大的潜力和空间,且更具有规模化和体系化特征,这对金融监管又提出了新的挑战。

表 5-1　上市银行 2023 H1 财报中关于大模型的表述②

序号	机构名称	大模型计划相关内容
1	工商银行	完成人工智能 AI 大模型能力建设应用规划,实现百亿级基础大模型在运营助手、金融市场投研助手等场景的应用。数字员工承担 22000 余个自然人的工作量,累计建设智能场景达 47 个,报告期内累计完成 1.3 亿笔人工智能业务处理

---

① 胡滨,杨涛,程炼,等. 大型互联网平台的特征与监管[J]. 金融评论,2021,3:101-122.
② 零壹智库:《42 家上市银行"期中"答卷表现如何?》,2023 年 9 月 9 日。https://baijiahao.baidu.com/s? id=17764937519321913814&wfr=spider&for=pc/访问时间 2023-10-15.

（续表）

序号	机构名称	大模型计划相关内容
2	交通银行	积极探索 AIGC 前沿技术,制定生成式人工智能建设规划,组建 GPT 大模型专项研究团队,为体系化、规模化应用奠定基础。围绕"将成本、控风险、优体验、增效益"目标,加大人工智能应用深度和广度,试点上线对公账户管理流程自动化场景、反洗钱可疑事件排序场景、零售客户兴趣偏好场景,压降人力投入,提升风险分析质效,赋能客户精细化经营
3	农业银行	建立了人工智能创新实验室,围绕知识检索、答案推荐等领域,研究大模型技术应用场景,在全语音门户引入客户标签,上线地域差异化语音提示等功能,增强智能机器人差异化服务能力
4	中国银行	通过揭榜挂帅、合作研究等方式,丰富大模型、元宇宙、量子计算等新技术储备
5	招商银行	提出在数字化基础建设方面,将加快新技术应用推广,提升 GPT 类自然语言处理大模型的建设能力
6	中信银行	智能对话有效解答率超过 95%,智能影像文字识别(OCR)重点赋能票据识别、流水审核、证件核验等业务场景,平均提效超 80%。与华为、雄安新区成立创新试验室,布局大模型等联创科课题
7	浙商银行	设立数字创新中心(AIGC Center),领先探索各项前沿技术与银行业务的深度融合,与头部科技公司基于通用大模型合作开发场景化的数字化应用技术
8	江苏银行	基于基础对话底座模型升级形成"智慧小苏 L3"模型,以"话务工单助理"身份融入人工电话客服领域,提高了客服的工单处理效率,实现了更高效、智能的客户服务体验
9	兴业银行	建设多个人工智能的基础能力平台,提供自然语言处理、智能语音等上百种人工智能开放能力;引入部署私有化商业大模型,上线大模型产品 Chat CIB

5.1.2　我国金融科技监管演进历程及阶段特征

当前我国金融科技蓬勃发展,在国际上已处于领先地位。然而,监管科技起步相对较晚,且尚未形成完整体系,但在当前的强监管趋势和技术更新的双向驱动下,监管科技整体发展迅速。我国央行《金融科技发展规划(2019—2021年)》指出金融科技成为推动金融转型升级的新引擎,是金融服务实体经济的新途径。央行在新的发展规划《金融科技发展规划(2022—2025年)》中提出以加快金融机构数字化转型、强化金融科技审慎监管为主线,将数字元素注入金融服务全流程,将数字思维贯穿业务运营全链条,推动我国金融科技从"立柱架梁"全面迈入"积厚成势"新阶段,力争到2025年实现整体水平与核心竞争力跨越式提升。目前不管是在监管层面对科技应用的探索,还是被监管机构在合规层面对科技应用的尝试,都积累了一定的实践经验,其发展主要分为起步期、探索期和推进期三个阶段。①

(1)金融科技监管起步阶段

尽管我国对监管科技的概念提出较晚,但是金融监管部门一直致力于探索新兴技术的应用以更好维护金融秩序,并且提高监管效能。早在2014年,原银监会推出了EAST检查分析系统,该系统将大数据理念应用于监管分析,共采集监管标准化数据54.62T,覆盖市场、机构、管理、会计、交易等信息。通过数据分析为防范各类风险提供了重要监管决策依据,EAST检查系统的应用体现了大数据在金融监管实践过程中拓宽监管视野和检查领域、提高检查精准度的作用,实现监管能力跃变式转型。2015年,北京市金融监管局启动"冒烟指数监测预警非法金融活动平台"用于打击非法集资专项整治行动,这款监管科技产品的应用为金融监管赋能,提升了行政部门在金融企业准入审核、重点领域监管、非法金融广告监管、经济犯罪案件研判等方面的工作效率。

在2017年,金融监管部门在制定金融领域发展顶层设计中首次提到"监管科技",之后在原银监会、原保监会和证监会等部门陆续发布的政策文件中出现的频次逐步提高。然而,这一阶段关于监管科技的讨论更多停留在政策倡导层面。2017年5月,我国央行金融科技委员会正式成立,这对进一步强化监管科技实践具有重大意义,金融科技委员会倡导利用新兴技术丰富金融监管手段,

---

① 毕马威:《科技向善　数实共创:监管科技白皮书》,https://kpmg.com/cn/zh/home.html/.访问时间2023-10-1.

提升跨行业、跨市场交叉性金融风险的甄别、防范和化解能力。在中国人民银行发布的《中国金融业信息技术"十三五"发展规划》中，也明确提出了"加强金融科技和监管科技研究和应用"。

（2）金融科技监管探索阶段

2018 年，我国金融监管科技开始了制度化和具体运用的尝试，步入了探索阶段。在中美贸易争端背景下，国际国内金融市场环境变得更加复杂，外部环境的不确定性与金融科技新的风险特征叠加在一起需要监管机构"以科技制科技"正面应对，这成为监管部门更加注重监管科技应用的驱动力。① 同时，监管部门也希望通过科技手段提高行政监管效率。以我国证券行业监管为例，2018 年 8 月，证监会印发了《中国证监会监管科技总体建设方案》，该方案描绘了证监会监管科技的设计蓝图，明确了监管科技运行管理"十二大机制"，这标志证监会监管科技建设工作从顶层设计阶段转向全面实施阶段。同年 9 月 27 日，证监会公布了《证券期货业数据分类分级指引》等 4 项金融行业标准。再如地方监管领域，深圳市在 2018 年 7 月发布了灵鲲金融安全大数据平台，为打赢防范化解金融风险攻坚战研发监管科技"新武器"。

（3）金融科技监管推进阶段

随着政策对金融行业监管科技应用的持续推进，监管科技在金融领域应用愈加深化。2019 年 9 月和 2022 年 1 月，央行分别出台《金融科技（FinTech）发展规划（2019—2021 年）》和《金融科技发展规划（2022—2025）》，从"加强监管科技应用"到"加快监管科技的全方位应用，强化数字化监管能力建设"，我国金融科技和监管科技正在稳步推进。总体来看，我国不断完善金融科技细分领域的相关政策，逐步建立监管机制。此外，我国的金融科技创新监管试点工作于 2019 年正式启动，致力于金融科技监管的专业性、统一性、穿透性和前瞻性的打造，中国版"监管沙盒"旨在创造出一个安全空间，自金融科技创新监管试点工作启动以来，先后确定了北京、上海、重庆、深圳、雄安新区、杭州、苏州、广州、成都等地作为试点城市，目前多个金融科技创新应用已经入盒并已经完成第一批项目测试。

5.1.3　我国金融科技监管制度回应与法律实践

近年来，在经济发展、金融深化、科技成熟等多元因素的催化作用下，中国

---

① 何海锋：《监管科技从"启蒙"到"探索"，监管科技在制度和实践中的进展》，2018 年 12 月 31 日。https://www.financialnews.com.cn/gc/ch/201901/t20190102_152204.html/访问时间 2022-5-15.

金融科技得到了快速发展,在移动支付、数字信贷、线上保险等主要业态居于全球领先地位,但部分业态异化、从业机构参差不齐、行业风险累积等问题仍有待解决。我国金融管理部门以促进金融科技规范健康永续发展、提升金融科技服务实体经济能力为主线,统筹推进风险专项整治与长效监管机制建设,目前已初步形成符合我国国情、与国际接轨、顺应数字化时代要求的金融科技监管体系。

(1)金融科技业务监管

2010 年 6 月,我国央行发布了《非金融机构支付服务管理办法》,我国开启了面向金融科技新业务的监管制度建设。2016 年 4 月,党中央、国务院部署开展全国互联网金融风险专项整治,对非银行支付、个体网络借贷、股权众筹、互联网保险、互联网资产管理、互联网金融广告等领域违法行为开展专项整治活动。经过长时间治理,互联网金融行业风险大幅下降,金融科技业务规则和监管机制处于不断完善阶段。[①] 此外,中国人民银行、中央网信办、工业和信息化部、工商总局、银监会、证监会、保监会七部委联合发布了《关于防范代币发行融资风险的公告》(2017 年 9 月 4 日),禁止代币融资交易平台从事法币交易与币币交易,其相关信息中介服务也予以叫停,加密货币交易平台在我国没有法律上的存在空间。

表 5-2　互联网金融风险专项整治的主要领域和行业现状[②]

主要整治领域	行业存在主要问题	行业现状
非银行支付	无证经营支付业务;与无证机构合作;挪用、占用备付金;通过客户备付金分散变相进行跨行清算	规范运行
个体网络借贷	违规经营;自融、变相提供担保归集资金;违规放贷等	退出转型
互联网保险	非法经营互联网保险;不规范经营;跨界交叉传递风险	规范运行
互联网资产管理	未取得相关业务资质从事金融业务,未严格执行投资者适当性标准,资金投向不明;各类地方交易所通过互联网开展业务,业务定位和发展模式逐渐"跑偏"	退出转型
虚拟货币与 ICO	虚拟货币炒作;以 ICO 名义从事融资活动未取得任何许可,涉嫌诈骗、非法证券、非法集资等行为	持续打击

① 肖翔. 金融科技监管:理论框架与政策实践[M]. 北京:中国金融出版社,2021:121.
② 肖翔. 金融科技监管:理论框架与政策实践[M]. 北京:中国金融出版社,2021:121.

（2）金融科技技术监管

面对人工智能、区块链、云计算、应用程序接口（API）等技术在金融领域日益广泛的应用及其带来的网络、技术等诸多风险，我国金融监管部门加快了技术监管的布局和基本监管规则体系的建设。2017 年 5 月，我国央行成立了金融科技委员会，设置机构的目的在于加强金融科技发展的战略规划和相关政策指引，健全金融科技监管基本规则和标准制定，深化金融科技创新活动的审慎监管，引导新技术在金融领域的规范使用。我国银保监会在其下设的创新业务监管部成立金融科技处，具体承担银行业和保险业金融科技等新业态监管策略研究工作，同时在统计信息与风险监测部承担银行业和保险业机构的信息科技风险监管工作。我国证券会专门成立了科技监管局，旨在负责组织实施证券期货行业科技监管规则和信息化建设标准，开展证券信息技术系统服务机构的备案管理工作。以上金融监管部门对金融科技监管的工具方法主要有：推动标准监测认证，针对人工智能、区块链等新技术应用发布相应金融科技标准，明确技术安全及其应用管理要求，并通过标准监测认证促进标准落地实施；明确标准符合性自律备案要求，指导行业协会开展金融 APP、金融云等领域的标准符合性自律备案；对外包和第三方服务监管，强化技术外包监管要求，开展证券信息技术系统服务机构的备案管理。

（3）金融科技竞争监管

在数字经济大背景下平台经济呈迅速成长，对大科技公司（BigTech）金融活动审慎监管、防止资本无序扩张、维护市场公平竞争一直是我国金融监管部门面对的重大课题，而我国对金融科技公司的金融活动竞争监管仍在不断探索过程中。2016 年互联网金融风险专项整治工作针对互联网金融领域的不正当竞争，对互联网金融从业金融机构为抢占市场份额向客户提供显示合理的高回报率以及变相补贴等不正当竞争行为予以严格规范。2021 年我国央行就《非银行支付机构条例》征求意见，强调了非银行支付机构公平竞争要求，明确了市场支配地位预警和认定规则，央行可以向国务院反垄断执法机构建议采取停止滥用市场支配地位行为、停止实施集中、按照支付业务类型拆分非银行支付机构等措施。同年，央行、银保监会、证监会等部门联合约谈部分从事金融业务的网络平台企业，针对当前网络平台企业从事金融业务中普遍存在的突出问题提出整改要求：（1）无牌或超出许可范围从业；（2）利用科技监管套利；（3）存在不公平竞争的市场行为;(4)侵害消费者合法权益;(5)公司治理机制不健全。其中,部分整改要求涉及竞争监管领域。例如,断开支付工具和其他金融产品的不正当连接、严控非银行支付账户向对公领域扩张,提高交易透明度,纠正不正当竞争行为;为打破信息垄断,严格通过持牌征信机构依法合规开展个人征信业务;落实投资入股银行保险机构"两参一控"要求;加强监督并规范与第三方机构的金融业务合作。①

5.2　我国金融科技发展中的主要法律问题

新兴科技为金融行业带来的变化是结构性的,既有正面影响也有负面影响。伴随着金融科技创新产生促进竞争、丰富产品多样性、提升金融服务质量的正面影响,也出现了一系列问题亟待解决,这对金融监管机构传统监管法律制度提出了诸多挑战。

5.2.1　创新发展与稳定的平衡:金融科技新型风险防范问题

在风险传染性、复杂性方面,跨区域、跨行业、跨市场的跨界金融服务日益增多,不同业务之间相互关联、相互渗透、相互影响,金融风险错综复杂,风险传染性更强,还需要进一步制定相关规则加以防范和甄别。如何确定风险来源、平衡金融科技创新与金融稳定的关系仍是需要持续探讨的问题。

总体来看,金融科技可能引发的系统性风险主要源于以下几个方面:一是平台企业本身已经成长为具有系统重要性的金融机构(如在第三方支付领域和联合贷款领域)。二是部分中小金融机构过度依赖平台企业的节点式技术服务,使得平台金融服务具有较强的风险扩散路径。三是金融科技公司本身严重依赖于数据和算法模型,当数据安全或算法出现问题时,也会引发系统性金融风险。在金融风险方面,金融产品的风险交叉性和业务关联性不断增强,金融风险难以识别和度量,有些风险看似很小但是衍生风险很大,金融风险隐蔽性加大,传统金融监管措施很难有效加以识别、预警、控制。另外,大科技金融平台与传统大型商业银行相比,同样也具有系统重要性,但其风险特征存在很大不同。大科技金融平台面对的主要是长尾客户,但客户数量巨大其业务规模有可能超过"二八定律"中重点大客户的业务规模,大科技金融平台在监管方面需

---

① 肖翔. 金融科技监管:理论框架与政策实践[M]. 北京:中国金融出版社,2021:145.

要关注的是"小而被忽视"和风险传染之间的复杂问题,因为同样有可能引发系统性影响。此外,地方金融机构在数字化转型推进过程中拥有自建的网络平台,这使地方金融机构脱离了物理管辖,更有机会在其资金运用、筹集等活动中进行规范操作。而传统金融监管对第三方平台、辖区外机构及平台业务等监管仍缺乏针对性、监管措施尚不充分、及时。[①] 与此同时,通过网络第三方平台进行资金筹集可能模糊存款和理财的属性,给金融消费者维权造成更大困难。总之,金融科技公司的客群规模和商业模式特征引发的新风险不容轻视,金融科技审慎监管仍任重道远。

5.2.2　数据安全与隐私的保护:金融数据要素应用规制问题

金融行业是数据密集型行业,金融数据作为生产要素的价值业日益凸显。在金融科技监管中数据治理是最为关键的问题之一,在金融市场实践中,金融机构及相关行业仍存在数据保护不周、数据质量不高、数据使用不当、数据流转不畅等问题。

(1)金融数据孤岛问题

在《关于印发银行业金融机构数据治理指引的通知》(银保监发〔2018〕22号)中,提出"数据治理是指银行业金融机构通过建立组织架构,明确董事会、监事会、高级管理层及内设部门等职责要求,制定和实施系统化的制度、流程和方法,确保数据统一管理、高效运行,并在经营管理中充分发挥价值的动态过程。"然而,国内除个别自有团队开发核心系统之外,更多的银行"数仓"建设并不完善,且普遍存在"数据孤岛"、业务数据相对分散的问题。根据中国信息通讯研究院研究显示,当前,数据、IT 和业务仍存在割裂,组织架构亟需变革调整。尽管越来越多的企业成立专门的数据管理团队,但是尚未明确数据管理里团队与IT 团队、业务团队的协作机制,导致数据管理与企业信息化建设和业务发展脱节,阻碍了数据管理成果在企业系统和业务场景的落地。[②] 在实际操作中,很多银行即使意识到有这样的问题,也迫于"机会成本"(资金投入、时间成本等)的压力,暂时无法在数据合规方面作出太多改善。当前,金融机构在企业污染排放、废气治理等绿色生产过程的数据资源采集、传输、存储、利用、开放等全流程数据化进程建设仍存在问题。部分金融机构尽管利用了区块链、人工智能等技

---

① 郑联盛. 基层金融体系治理难点及对策建议[J]. 人民论坛,2023,10:54-57.
② 中国信息通信研究院:《大数据白皮书(2022)》,http://www.caict.ac.cn/访问时间 2023-10-1.

术,重新对金融服务的流程和内容进行再设计,积累了一定客户行为数据和交易数据,但数据管理水平仍不足,存在数据孤岛化、分割化问题,数据安全性程度难以保障。

(2)金融数据质量问题

数据质量是根据业务数据的需要制定一系列规则,包括技术指标、业务指标以及相应的校验方法。数据质量风险是指由于数据质量未满足规定要求而对数据应用有效性产生负面影响,引致危害或损失发生的可能。基于数据质量的统计属性以及数据使用者的需求,欧洲统计局定义了数据质量的7个维度,分别是适用性(relevance,要求数据的表现形式与数值能够有效表示客观实体)、准确性(accuracy,表示数据客观事物的实际值之间的差异程度)、可获得性(accessibility,指用户在得到恰当的支持和协助下可以访问数据的便捷和易用程度)、清晰性(clarity,取决于统计元数据的质量,包括文件编制数据解释和质量限制等)、可比性(comparability,指数据在时间和空间上的可比程度)、一致性(coherence,指数据在不同时期、不同地区、不同搜集方法之间的数据含义和范围等方面的统一)、完整性(completeness,指数据所描述的内容相对于现实对象的完备程度)。①

全国金融标准化技术委员会证券分技术委员会发布的《证券期货业数据标准规划(2022—2025)》提出,建立具有基础性、通用性特征的数据标准仍面临着挑战,主要表现在以下几个方面:一是各机构数据治理程度参差不齐,给数据梳理工作带来挑战。以基金公司为例,目前部分产品的业务流程尚处于手工阶段,缺乏统一的数据规范;信息系统较为单一,数据孤岛情况严重,且重要信息系统存在接口不开放及版本不一、数据接口繁杂等情况,数据梳理较为困难。二是各类机构业务烦冗复杂,数据标准梳理面临多源数据整合的挑战。以证券公司为例,由于业务多样,对应业务系统数量较多,产生的数据量大,同时随着金融市场的创新不断,新业务不断涌现,业务复杂性不断增加,对多业务条线多数据源的整合都带来很大挑战。三是数据标准的应用推广具有较大难度。由于历史原因,各家机构均存在大量的遗留系统,数据标准的落地应用有可能造成改造、适配等风险。此外,数据标准的更新完善欠缺长远考虑。随着业务发展、技术更新和市场变化,如何做好数据标准后续的更新维护工作,并确保基础

---

① 巴曙松. 金融监管科技[M]. 北京:机械工业出版社,2022:239.

数据标准与各业务域数据标准的有效衔接成为需要关注的重要问题之一。①

在我国《银行业金融机构数据治理指引》中,监管部门对数据质量的要求是真实性、准确性、连续性、完整性和及时性。自 2020 年 4 月,监管部门组织开展了对 21 家全国性中资银行机构 EAST② 数据质量专项检查,并针对 EAST 等监管数据报送数据质量问题和各种漏报问题实施的处罚。根据官方网站显示,银保监会对政策性银行、国有大型银行、股份制银行等共 21 家银行机构依法作出行政处罚决定,处罚金额合计 8760 万元。③ 在数据质量违规问题背后,反映出数据治理不完善、机制不健全等根源性问题,企业责任机制和数据管理制度漏洞仍需完善。

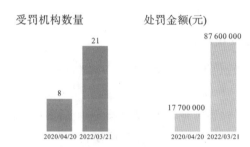

图 5-1　截至 2022 年 3 月银行业 EAST 处罚情况④

(3)金融数据安全问题

随着金融科技在金融行业的广泛应用,金融数据的覆盖范围、种类、数量都呈指数级增长,而且其中包含关系国家安全、公民财产安全等方面的敏感数据,因而金融数据也成为网络黑客重点攻击对象,导致金融数据泄露现象严重。近年来,各类金融机构数据泄露现象也层出不穷。2018 年 1 月,有 47 家金融机构受到行政处罚,罚款金额达 716 万元,既包括国有银行及全国股份制银行,又包括 21 家地方农商行和农信社、7 家村镇银行以及 2 家城商行,同时还包括 6 家保险公司、1 家资产管理公司和 1 家涉及金融服务的网络科技公司。⑤ 以我国

---

① 全国金融标准化技术委员会证券分技术委员会,《证券期货业金融科技标准规划(2022—2025)》。

② EAST 全称为 Examination and Analysis System Technology(检查分析系统),是中国银保监会开发的具有自主知识产权的监管分析工具应用平台。

③ 原中国银行保险监督管理委员会官网 http://www.cbirc.gov.cn/访问时间 2023-10-1.

④ 数据来源 http://idataserch.com/40b5/1033/访问时间 2023-10-1.

⑤ 资料来源于中国法院网 https://www.chinacourt.org/index.shtml/访问时间 2023-10-1.

原银保监会 2021 年 1 号行政处罚书(银保监罚决字〔2021〕1 号)为例,某银行因数据安全、网络安全等方面存在诸多问题而被罚款 420 万元。根据官方网站显示,其违法违规事实主要有:一是发生重要信息系统突发事件未报告。二是制卡数据违规明文留存。三是生产网络、分行无线互联网络保护不当。四是数据安全管理较粗放,存在数据泄露风险。五是网络信息系统存在较多漏洞。六是互联网门户网站泄漏敏感信息。① 2023 年 6 月,国家金融监督管理总局发布的行政处罚信息中,存在因"员工管理不到位、违规泄露有权部门查询信息"而危害金融数据安全的典型案例,依据《中华人民共和国银行业监督管理法》第四十六条第(五)项、第四十八条第(二)项,单位和员工受到了行政处罚。② 可见,数据安全监管问题在金融领域仍面临着较大的挑战。

(4)金融数据隐私保护问题

根据《中国监管科技发展报告(2021)》中调研发现,在用户信息使用方面,也存在严重的隐私保护问题。

一是在用户信息收集方面的不规范操作。在商业实践过程中,金融 APP 普遍存在过度、金融 App 普遍存在过度、重复收集个人信息的问题。在用户使用 App 提供的服务时,大多应用会要求用户在注册、登录环节授权通信录、地址、相册、麦克风等权限,部分应用会索取姓名、身份证号、生日、电话号码等个人隐私信息。App 在要求访问通讯录、地址、相册、麦克风等权限时,存在未明示个人信息收集的目的及使用范围现象。部分 App 在用户不同意授权便拒绝提供服务的情况下,也未明确不提供服务的原因。很多 App 权限设置没有"仅在使用期间允许"的选项。在商业利益驱使下,可能造成部分 App 过分追踪与收集用户的个人金融数据及设备数据的情况。通过在用户不知情的情况下获取用户搜索数据、消费数据、手机传感器数据或者监听到的说话内容进行分析,大量推送用户可能感兴趣的话题或商品,无节制侵占用户私密空间、私密信息、私密活动,引起消费者反感与不适。App 内嵌的第三方 SDK,也是个人隐私保护的风险点。SDK 采集数据的方式比 App 更加隐蔽与危险。有些公司开发免费且功能强大的 SDK 并发布到互联网上供开发者使用,开发者对 SDK 获取个人信息的情况可能一无所知,更从未告知用户。

---

① 资料来源于原中国银保监会官网 http://www.cbirc.gov.cn/访问时间 2023-10-1.

② 资料来源于国家金融监管管理总局官网《桂银保监罚决字〔2023〕19 号行政处罚书》,http://www.cbirc.gov.cn/访问时间 2023-10-1.

二是在用户信息使用方面的不规范操作。首先是实名验证,金融监管要求用户必须实名,支付监管还需要按照实名验证渠道数来确认支付账户等级。通常,金融科技公司采用的是购买外部验证源的方式进行验证,需要将实名信息加密送给验证源,验证源解密后完成验证。虽然合约会规定外部验证源不能保存个人隐私数据,但对于外部验证源是否违背协议保存了个人信息,金融科技公司缺少防控手段。根据相关法律规定,金融科技公司使用用户数据是需要用户授权同意的。中移动金融科技有限公司调研显示,金融科技公司用户协议中普遍存在利用全局用户标识进行关联公司联合授权现象,有的公司甚至直接采用一账通模式。基于全局用户标识进行用户信息使用范围授权,确实降低了用户使用门槛,提供了良好的用户体验,也为企业级数据中台及大数据的实现提供了应用基础。但是,这种用户授权方式存在捆绑销售嫌疑,也模糊了各关联公司作为独立法人的法律责任与业务边界。特别是在弱监管业务与强监管业务组合创新应用场景,弱监管业务个人隐私保护意识相对薄弱,系统安全性也没有强监管业务高,弱监管业务共享强监管业务的个人隐私数据,会增加个人隐私泄露的风险。

表 5-3　违反个人信息保护规定典型案例

时间	类型	案由
2018 年 4 月	个人信息收集	据杭银处罚字〔2018〕23 号中国人民银行杭州中心支行公示表,支付宝罚款 18 万元,违法行为包括三类——客户权益、产品宣传和个人信息保护。公告称,用户在安装使用支付宝的时候,有权知道软件会收集哪些个人信息,同时软件有义务以醒目的方式告知用户,而且应当赋予用户选择不使用、不同意的权利
2018 年 1 月	个人信息泄露	中国人民银行郑州中心支行向社会公布的行政处罚信息显示,自 2017 年 11 月 6 日至 12 月底不到两个月的时间内,因涉及瞒报虚报数据、过失泄露信息等违规行为,河南辖内 47 家金融机构受到行政处罚,罚款金额达 716 万元
2022 年 1 月	个人信息使用	据中国人民银行南宁中心支行行政处罚信息公示,中国农业银行崇左江州支行因需完成银行账户开户增量指标任务,在未得到学生和学校同意、无相关开户文件的情况下,违规为某学校学生开立Ⅱ、Ⅲ类账户(未激活账户),被罚 1142.5 万元

（续表）

时间	类型	案由
2022 年 3 月	个人信息查询	据中国人民银行江门市中心支行的行政处罚信息公示，广东华兴银行股份有限公司江门分行存在"未经同意查询个人信息"违法行为，被罚 3 万元
2022 年 5 月	个人信息存储和传输	据杭银处罚字〔2022〕21 号中国人民银行杭州中心支行对绍兴银行作出行政处罚，处以 550 万元罚款。其违法行为包括识别义务履行不到位、客户资料保存不合规、未履行报告交易义务等

（5）金融数据共享问题

一是数据共享的各方利益难以保障。当前，数据对于商业的巨大潜在价值正不断显现。然而，在数据价值提升的同时，数据共享的利益在混乱市场的环境下难以得到有效保障。二是数据共享整体风险高、难控制。数据具有可复用、可破坏、可转换、可衍生、可被挖掘的特性，因此，数据一旦脱离控制，其全责就很难被监管和规范，造成数据共享的安全问题很难被预知和控制，数据共享存在很高的安全危险。而近期陆续出台的数据安全法律法规对数据安全的要求越来越严苛，又增大了组织的合规风险。安全威胁加上合规风险，二者共同筑高了数据共享面临的障碍壁垒。三是数据共享依然面临数据安全与隐私挑战。四是数据共享在市场上存在劣币驱除良币的现象。数据的权责很难被监管和规范，造成数据共享的安全问题很难被预知和控制，形成市场上劣币驱逐良币的恶性循环。[①]

5.2.3　市场运行有序性的维持：金融市场主体公平竞争问题

公平竞争是市场经济运行的基本原则，也是全面扩大对外开放的基础条件。党的十九届五中全会把"公平竞争制度更加健全，更高水平开放型经济新体制基本形成"作为"十四五"时期经济社会发展的主要目标之一。然而，平台公司天然具备"赢者通吃"属性，这引发了更多形式的垄断市场和不正当竞争现象。

---

① 吴晓灵，等. 平台金融新时代［M］. 北京：中信出版社，2021：224.

(1)金融科技市场主体不正当竞争问题

在 2021 年和 2022 年,我国最高人民法院就数字经济领域商业道德的认定、流量劫持行为、互联网干扰行为、恶意不兼容行为以及数据权益保护等多个热点难点问题,发布了反垄断和反不正当竞争典型案例。其中,网络抢购服务是随着金融科技发展而形成的伴生品,以"陆金所金融服务平台"不正当竞争纠纷案为例,为抢购债权转让产品,西安陆智投软件科技有限公司(以下简称陆智投公司)提供"陆金所代购工具"软件,用户通过安装运行该软件,无需关注涉案平台发布的债权转让产品信息即可先于手动抢购的会员自动完成交易。上海市浦东新区人民法院认为,陆智投公司提供的抢购服务利用技术手段,为用户提供不正当的抢购优势,违反涉案平台既有的抢购规则并刻意绕过其监管措施,对涉案平台的用户黏性和营商环境造成严重破坏,应认定构成不正当竞争。[①] 此外,金融科技市场电子支付领域也成为反不正当竞争的常见领域。

(2)金融科技市场主体垄断问题

根据国家市场监督管理总局 2021、2022 连续两年发布的《中国反垄断执法年度报告》内容,包括金融行业在内的互联网平台仍然存在利用平台规则、数据、算法、技术实施垄断行为的风险。互联网平台掌握海量数据、先进算法和强大的算力,可以对平台用户的特点和行为进行精准的画像和分析预测,同时互联网平台为用户提供交易、活动场所,制定规则,维持秩序,扮演管理者的角色,相对于用户而言具有天然优势,尤其是在数据、算法、技术和平台规则方面的优势,为"算法共谋"或"大数据杀熟"提供了土壤。这不仅损害消费者利益,而且还扰乱了市场竞争秩序。如果利用平台收集或者交换价格、销量等敏感信息、利用技术手段进行意思联络、利用数据和算法实现协调一致行为等,可能构成垄断协议行为;平台掌握用户数据利用算法实行差异性交易价格等可能构成滥用市场支配地位行为。时下,大模型是科技公司的"必争之地",布局大模型将影响着金融科技公司在未来的技术竞争力,然而,训练大模型的门槛也非常高,这使中小机构与头部机构的数字化、智能化鸿沟有进一步扩大的可能,因而在大模型时代还需要关照中小金融机构"技术掉队"问题。

(3)消费者权益保护问题

消费者保护的重要地位来源于由经济学家 Michael Taylor 提出的"双峰"

---

① 资料来源于最高人民法院官方网站《反垄断和反不正当竞争典型案例(2021)》。

理论,该理论认为金融监管并存的两个目标:一是审慎监管目标。二是保护消费者权益的目标。[①] 在金融科技场景下,金融消费者的权益损害来源主要包括:一是个人信息过度采集与隐私泄露问题。个人信息保护不仅是数据治理的核心焦点,而且涉及消费者人身、财产权利等,还涉及社会伦理问题。在金融科技公司从事业务活动时,在信息收集、处理和使用各个环节中都可能涉及个人隐私,在商业实践中,很难排除数据处理者存在未经授权收集或过度收集个人信息以及侵犯个人隐私的倾向,如没有保障个人信息主体知情权和同意权,未明确告知信息主体信息采集的内容、用途、范围、期限,没有建立数据分级分类,敏感信息识别管理制度及未对敏感数据进行脱敏处理等。二是过度负债与过度消费问题。金融科技在普惠金融中发挥了重要作用,而普惠金融的题中之义是"授人以渔",但在实践中,金融科技公司的信贷业务很多情况是未对客户进行充分评估,面向低收入群体甚至是无收入群体房贷,典型案例为校园贷、现金贷,极容易导致过度负债、过度消费的问题甚者诱发共债风险,这明显违反了适度负债、合理消费的金融价值观。三是算法权力与算法歧视的问题。金融科技公司掌握着核心金融数据,并且包括用户的购物、出行等行为数据,这容易导致金融科技公司运用大数据算法引导甚至操纵用户的需求与决策的行为。[②]

表 5-4　金融科技消费者权益受侵害的典型案例[③]

时间	典型案例
2015 年	网贷平台芝麻金融受到攻击,8000 多名用户信息遭泄露
2015 年	"铜都贷"非法吸资,造成 1600 余名消费者近亿元经济损失
2016 年	e 租宝非法集资 500 多亿元,受害用户达到 90 余万人
2016 年	"易乾宁"非法集资参与人数近 7 万,涉案金额 185 亿余元
2017 年	"中晋系"利用庞氏骗局向 2.5 万名投资者非法集资 400 余亿元
2017 年	钱宝网以高息利诱消费者,"借新还旧"未兑付本金 300 余亿元
2018 年	交易量达 800 亿元的"唐小僧"爆雷,涉及 10 万余名消费者
2018 年	交易规模 390 余亿元的杭州"牛板金"爆雷,导致挤兑危机

①　巴曙松. 金融监管科技[M]. 北京:机械工业出版社,2022:139.
②　吴晓灵,等. 平台金融新时代[M]. 北京:中信出版社,2021:139.
③　卜亚,张倩. 金融科技创新监管机制构建研究[M]. 北京:经济科学出版社,2021:196.

（续表）

时间	典型案例
2019 年	千亿规模的 P2P 头部平台"团贷网"非法吸收公众存款
2019 年	培训机构推销培训贷，退了"网课"退不了"培训贷"
2020 年	大数据荐股"算计"消费者，大连华讯 27 亿元炒股骗局
2020 年	蛋壳公寓出现危机，租金贷模式长租公寓走到雷区
2021 年	阿里实施"二选一"行为，被市场监管总局罚款 182.28 亿元
2021 年	"学霸君"变"跑路君"，消费者 3000 元学费变 2 万多元分期贷
2022 年	东亚银行（中国）违反信用信息相关管理规定，被罚 1674 万元
2022 年	河南"村镇银行案"利用第三方平台以及资金掮客等吸收公众资金

5.3　我国金融科技监管中的制度困境及其归因探讨

5.3.1　传统监管体制欠缺协调性引致监管行为偏差

2023 年 3 月，为加强科学技术、金融监管、数据管理等重点领域的机构职责优化和调整，国务院公布了《国务院机构改革方案》、组建国家金融监督管理总局，更好地统筹负责金融消费者权益保护、加强风险管理和防范处置等工作。同时，明确建立以中央金融管理部门地方派出机构为主的地方金融监管体制，统筹优化中央金融管理部门地方派出机构设置和力量配备。而在机构改革之前，我国的金融监管体系分别由一行三会到一行两会、地方政府分别负责，这样的金融监管体制存在监管隔阂，在一定程度上对金融科技监管存在着阻滞影响。

（1）传统监管体制的整体协调性有待完善

金融科技创新的产品、服务和组织的"复合型"，在实践中必然涉及多个监管部门的协调和协作。而在 2023 年金融机构改革之前，金融监管格局经历了"一行三会"与"一行两会"的整合，面临金融科技混业经营的局面这势必导致不同部门之间法规适用不明的问题，也会造成责任机制的缺失。其原因是分业监管框架对金融科技监管方式造成了束缚。针对过往经验，如果采用简单机械的禁止性措施对大科技金融平台进行监管,很容易陷入"一管就死、一放就乱"的治乱循环,合理把握监管力度和厘定边界需要监管机构长期坚持不懈地进行调试。在金融监管走向多元治理的背景下,涉及金融监管部门和其他部门的协调问题,需要运用柔性监管方式设置柔性边界,致力于行政监管与机构自治的协同发展。

(2)传统监管体制导致监管一致性不足问题

在过去年间,由于全国各地、各级金融科技发展水平不同,无论是在监管权限和监管能力水平都存在着较大差异,这导致了监管效能的降低以及监管套利的风险加大。此外,传统监管的规则框架很难与创新活动的包容度相适配,这是容易造成监管困境的重要原因。另外,传统监管体制导致金融科技创新机制设置出现阻碍。科学有效的金融科技监管应当在守住安全底线的基础上包容合理创新,监管沙盒作为激励金融科技创新的重要工具,然而,当前中国各地所开展的"监管沙盒"试点工作,大部分的入盒测试产品是传统金融机构设计的金融产品,中小型金融科技初创企业也未得到真正的重视,而且少有大科技金融平台的创新产品。此外,由于金融业在风险性质与监管架构上与实体经济部门的巨大差异,如果不通过中央监管部门主导以及各监管部门的密切合作,很难实现"监管沙盒"制度中实质性的监管豁免与规则修订的核心功能。[①]

5.3.2　应用标准欠缺完备性仍未破解监管执行困局

如果规则没有细节,就会导致执行难的问题。在当前各类金融机构开展的业务中,金融科技应用标准主要来自数据标准和技术操作两个层面。在数据整合过程中,如果金融机构内部的数据量过于庞杂、数据整合方法和加工逻辑混乱,就会影所报送的监管数据质量,人为操作失误也会直接影响报送数据质量。在数据挖掘处理中,海量的原始数据普遍存在数据缺失、假数据、错误数据、数据不一致等问题,清洗整合不到位的原始数据将无法适应特定的挖掘技术和工具,进而影响后续数据分析的效率和结果的准确性。此外,在系统运行过程中,如果系统架构和数据处理流程不完善,不同类型和层级的机的系统兼容性不足,将导致信息无法全面、准确上报。在金融科技标准应用中,存在以下法律困境。

---

① 胡滨. 大科技金融平台:风险挑战与监管反思[J]. 金融评论,2021,3:101-122.

（1）技术标准执行不一，规则制定尚未成熟

目前，监管科技应用较为粗放混乱，监管机构和金融机构各自独立发展，相互之间缺少沟通联系，导致了风险数据标准不统一，不利于监管机构风险的预防和控制。当前监管科技缺乏统一的规则和标准，不同机构在数据收集、处理、分析和应用方面的标准不同。大量数据分散存储在不同的监管部门形成了新的数据垄断和数据孤岛，这种无序发展的状态不利于监管科技在防范系统性金融风险、构建金融新生态方面发挥作用，同时也掣肘着大数据在辅助决策、防范风险方面的作用。① 一方面，标准混乱使得监管机构的监管要求与金融机构的实际情况大相径庭。监管机构不了解真实的市场运作情况，制定的标准脱离实际，甚至存在与金融市场真实情况无法协调从而无法实现的情况。同时，金融机构按照自己理解的合规标准开展业务活动，实际上并未达到监管机构标准，需要再次调整业务，提高了金融机构的合规成本。另一方面，金融机构的风险数据失去可比性。保守的金融机构可能会为了规避风险主动放弃盈利、发展的机会；激进的金融机构会盲目乐观，未经仔细审查就开展不了解的业务，增加了经营风险。标准混乱将导致监管机构无法对金融机构实行有效监管，难以发挥监管科技的巨大潜力。当潜在的风险积累到一定程度爆发时，金融机构可能因此遭受巨大损失，甚至波及整个金融行业的安全稳定。

（2）标准规范碎片化，尚未形成完整体系

金融监管数据基本覆盖金融机构所有业务数据且多为明细数据，数据关联性复杂、数据颗粒度细、穿透性求高。如果数据标准及要求不明确将会导致报送数据质量参差不齐。然而，目前行业内数据质量标准体系尚不完善，对数据的采集、存储和加工环节乏统一的管控。在此情况下，被监管机构可能面临对数据描述及理解错误、数据属性特征不者等问题，导致监管机构收集上来的数据质量参差不齐，影响数据的整体质量。后续的数挖掘分析、出台的监管措施以及最终的监管效果也会因此大打折扣。以证券期货行业为例，行业金融科技标准体系尚未建立，行业金融科技标准化发展基础薄弱，行业金融科技标准协同研究机制尚需探索。金融科技在证券期货业的应用近几年蓬勃兴起，极大地推动了行业的数字化转型，但相关的标准化建设工作刚刚起步，缺少行业金融科技标准体系顶层设计，国际标准、国家标准存在空白，行业标准仅完成一项

---

① 巴曙松. 金融监管科技［M］. 北京：机械工业出版社，2022：280.

《证券期货业大数据平台性能测试指引》,无法满足行业金融科技快速高质高效的发展需求。行业内已发布的行业金融科技领域企业标准和团体标准存在一定的局限性,缺乏对全行业的指导意义。同时,在行业金融科技发展建设中,缺乏对创新成果的共享和推广机制,存在多方资源重复投入和技术壁垒问题。①

以数据孤岛现象为例,造成数据孤岛的制度成因主要有:首先,就组织机构内部的数据孤岛问题而言,大型金融机构或金融集团内部分支众多,其内部缺乏统一的数据字典和数据治理体系,内部各系统的设计标准、数据口径和业务含义不一致,数据采集、存储和加工环节缺乏统一的管控,因此数据完整性准确性和一致性等要求难以得到有效保证。其次,就监管机构间的数据孤岛问题而言,行业的缺乏支撑数据流通共享的技术标准。因针对特定业务的定义和通用数据结构的制度标准较少,导致各方数据在统计口径、数据颗粒度、业务内涵等方面存在较大差异,这在技术上限制了数据的有效互通。第三,大型机构往往存在跨区域经营的情况,信息技术限制和不同区域之间数据法规的差异可能阻碍机构内部的有效信息共享。例如,不同区域机构对数据管理和流通的规定不一,导致跨区域经营的数据难以有效融合共享。在金融机构内部数据信息难以有效整合的情况下,监管机构更难以对其整体风险进行有效评估和监控。第四,监管机构间缺乏标准化的数据共享机制。与监管科技相关的监管约束机制尚未明确,政策上缺乏公认的数据共享手段和数字化监管协议,导致不同机构间的数据流通共享环节受限。②

此外,金融数据跨境流动规则的技术标准缺失对监管造成了一定困境。例如,数据跨境安全义务评价标准缺失:对于拟通过数据出境安全评估路径传输数据出境的企业,需对自身及境外数据接收方的数据处理安全保障能力进行描述,但是对于应当采取何种类型的安全措施以及应当在数据跨境传输过程中部署哪些安全保障策略等问题,《数据出境安全评估办法》《数据出境安全评估申报指南(第一版)》等规范文件中均未明确。数据跨境安全义务评价标准的不可知,将使企业无法判定究竟应当从何种维度补充或加强自身在数据出境过程中的安全保障措施,也使监管部门在行政执法过程中缺乏裁量标准。

---

① 全国金融标准化技术委员会证券分技术委员会,《证券期货业金融科技标准规划(2022—2025)》。

② 巴曙松. 金融监管科技[M]. 北京:机械工业出版社,2022:244.

（3）标准的法律效力难以明确

2022 年 1 月，中国人民银行、市场监督管理总局、银保监会、证监会联合印发的《金融标准化"十四五"发展规划》中提出，标准在金融治理中的基础性制度地位基本确立，以标准化增强金融治理效能成为金融业重要共识和金融管理部门优先选项。标准介入法律方式的不同，影响着标准与立法目的的统一程度。《中国人民银行金融消费者权益保护实施办法》（中国人民银行令〔2020〕第 5 号发布）要求银行业金融机构、非银行支付机构披露金融产品或者服务所执行的标准，初步构建"政策＋标准"联动机制。然而，在法律规制语境下，金融科技标准的法律效力问题与基本适用规则需要进一步加以明确。例如，金融科技标准是否为金融法的法律渊源？金融科技标准的规制功能和援引机制如何确定？如何保证金融科技标准落地实施？不同标准在适用时发生冲突应当如何解决？不符合金融科技标准的法律责任认定等问题。此外，在实践中金融消费者运用标准维权意识较为欠缺。

5.3.3　监管依据欠缺专门性法律导致监管效率降损

根据系统论范式理论，金融科技监管制度是由金融监管和技术监管等法律制度组合而成，当前的法律制度供给仍未厘清系统的结构，尤其是缺乏针对金融科技监管的专门性法律予以统领。对于本质核心仍旧是金融的金融科技，《中国人民银行法》《银行业监督管理法》《商业银行法》《证券法》《保险法》《证券投资基金法》《消费者权益保护法》等金融监管法律仍然是其行业发展和交易规则的总括与基本参照。同样，对于重信息要素、受科技赋能的金融科技，《网络安全法》《数据安全法》《个人信息保护法》等法律及时为其划定运营、监管、使用等多方主体权责，负有监管责任的部门则在此职责范围内行使指导、监督等职能。由此可见，金融科技监管的法律依据是金融领域的基本法律法规与数字领域法律法规的共同叠加，但单纯的物理叠加法律法规，而没有专门性法律作为主导制度来统领金融科技的发展，可能会影响法律监管实施效果。

面对越来越复杂的金融科技参与主体，尽管在原来的金融监管法规中能找到相应的依据，但是如果没有专门的法律法规明确作出规定，便会使金融监管效率降损。以第三方科技公司为例，《关于加强第三方合作中网络和数据安全管理的通知》通报的数起案件暴露了第三方科技公司监管漏洞。例如，某软件开发公司负责程序投产包发布的员工，因私自使用国外邮件代理工具而被黑客盗取工作邮箱密码。当前,大科技公司在业务上日趋多元,混业经营态势更为明显,规制其市场行为的法律散落在多部法律法规中,因为没有明确规制金融科技市场主体的专门法律,使被监管者容易利用"混乱"寻求监管漏洞,在法律边界模糊的业务地带"徘徊"。以大科技平台公司为例,2020 年 11 月以来,金融管理部门督促指导蚂蚁集团、腾讯集团等大型平台企业,并对其在金融活动存在的违法违规问题全面进行整改。从处罚结果来看,蚂蚁集团及旗下机构过往年度在公司治理、金融消费者保护、参与银行保险机构业务活动、从事支付结算业务、履行反洗钱义务和开展基金销售业务等方面存在的违法违规行为牵涉了多部金融监督管理法规(如《中国人民银行法》《反洗钱法》《银行业监督管理法》《保险法》《证券投资基金法》《消费者权益保护法》)。如果出台金融科技的专门法律作为具体的监管依据,将会对金融科技市场主体的行为起到更有针对性的规制作用,更好发挥法律的指引作用和预测作用,同时也有利于金融科技监管常态化进而提升监管部门的执法效率。

第6章 我国金融科技监管法律制度的系统完善及推进建议

金融科技创新在中国的迅猛发展带来积极效应的同时,其潜在风险也日益凸显,完善金融科技创新监管、寻求金融科技创新健康发展是中国乃至全球面临的课题。当金融监管范式赖以形成与发展的金融生态、业务模式、产品结构乃至经营方式发生了变化,金融监管范式本身也应发生变化。[①] 我国金融科技以传统金融为基础,是传统金融行业的发展与延伸,它使金融领域不同业务不再泾渭分明,颠覆了传统金融的发展业态,这必将导致金融监管范式的转变,而这种转变并不是将原来的监管范式彻底摒弃,而是在原有基础上将其基础要素作出完善补充和动态调整,与金融科技创新发展水平相适配。

6.1 我国金融科技监管法律制度架构基础要素的完善

是否达到体系化是衡量一个法律部门成熟的重要标志。体系化建构不仅包括形式逻辑的一致性,同时也当然包括价值范畴的统一,换而言之,较为成熟的立法体系的在于法律渊源上不同效力位阶、属性功能的法律之间形式结构的合理衔接与价值层面的基本理念、法律行为及法律后果等相统一。[②] 法学被视为"开放"、"可变"的实践哲学,指向能够清晰表达秩序"内在理性"及其主导价值和原则的意义体系,而不是封闭的概念体系。[③]

6.1.1 我国金融科技监管法律制度构建之内在价值秩序选择:目标取向与原则厘定

(1)金融科技监管目标择取

国际清算银行(BIS)指出,金融科技并未改变金融监管的核心使命,也没有

---

① 周仲飞、李敬伟. 金融科技背景下金融监管范式的转变[J]. 法学研究,2018,5:3-19.
② 刘凯. 经济法体系化的系统论分析框架[J]. 政法论坛,2022,2:164-175.
③ 〔德〕卡尔·拉伦茨. 法学方法论[M]. 陈爱娥,译. 北京:商务印书馆,2003:50.

导致金融监管结构发生重大变化。① 金融稳定理事会（FSB）与国际清算银行（BIS）提出，金融机构应当关注金融稳定、消费者投资者保护、市场完整性和竞争性、普惠金融等目标，不同监管目标之间可能存在重叠或需要相互协调，甚至可能需要权衡取舍。② 欧洲银行监管局（EBA）提出，金融科技监管目的在于保护金融消费者、保证金融市场功能的完整性和有效性、避免监管套利、促进公平竞争等。③ 巴塞尔银行监管委员会（BCBS）建议，银行监管者重点考虑如何保障银行业安全稳健运行与尽可能避免抑制有益金融科技创新之间的平衡关系，维持该平衡有利于促进机构稳健运行、金融稳定、消费者保护以及反洗钱等合规要求，而不应单一阻碍创新，特别是那些旨在提高普惠性的金融创新。④

表 6-1   部分文献对金融科技监管目标的选择⑤

监管目标	金融稳定	市场诚信	公平竞争	创新促进	普惠金融	权益保护
FSB	☆	☆	☆	☆	☆	☆
BSI	☆	☆	☆	☆	☆	☆
EBA	☆	☆	☆	☆		☆
BCBS	☆			☆	☆	☆

在学界领域，Marlene Amstad 认为金融科技监管目标为：减少信息不对称以保护投资者和消费者、金融稳定、市场诚信。⑥ Douglas W. Arner 等指出，数字金融应寻求金融稳定、消费者或投资者保护和市场公平的目标，他认为数字金融监管的核心是金融稳定，金融稳定能够抵御金融危机的冲击并且支持经济更广泛的可持续发展；第二个目标是消费者保护，保障消费者不受金融机构的过度干扰，降低金融犯罪率并且提振市场信息；第三个目标是市场公平，倾向于

①   Johannes Ehventraud. Policy responses to fintech：a cross-country overview. FSI insight on policy implementation，2020，23：1-60.

②   FSI. Financial Stability Implications from FinTech 2017. https：//www.fsb.org/访问时间 2023-10-1.

③   EBA（European Banking Authority），Approach to Fintech 2018. https：//www.eba.europa.eu/访问时间 2022-10-1.

④   http：//www.bis.org/bcbs/访问时间 2023-10-1.

⑤   肖翔. 金融科技监管：理论框架与政策实践[M]. 北京：中国金融出版社，2021：43.

⑥   Marlene Amstad. Regulating Fintech：Objectives Principles，and Practices. Asian Development Bank，2019，10：10-16.

防止犯罪分子和恐怖分子利用金融体系、欺诈和市场操纵。[①] 综合以上的目标，本书认为金融科技的监管目标既应与传统金融监管总体保持一致，也应在其基础上根据自身特点而设定目标，故应当选择稳定性、创新性、公平性作为最主要的三个目标。

①稳定性目标。

稳定性目标旨在金融科技深度应用过程中维护金融系统整体安全稳定和金融机构经营合规稳健，避免金融科技风险急剧扩散和蔓延。[②] 金融稳定理事会（FSB）自对金融科技的系统性风险与全球监管问题开始正式讨论，便将金融稳定作为重要的考量因素，从金融稳定角度出发，协调一致，共同应对。关于金融稳定的内涵和标准也一直是值得探讨的焦点问题。欧洲央行和荷兰央行前任行长 Duisenberg 指出，当金融系统内部的各种要素，诸如金融市场、金融机构、金融工具等都能正常运转时，金融系统就是稳定的。[③] Foot 认为金融系统稳定具备四个特征：A. 金融系统内部的货币币值保持稳定。B. 国民经济中失业率总体应该处于自然失业率的水平。C. 市场参与者对于金融系统组成要素持乐观态度。D. 经济体中无论是货币币值还是就业水平都不会因为实物资产或金融资产的相对价格变化而发生偏离均衡水平。[④]

②创新性目标。

创新性目标就是在鼓励金融科技创新、维护金融科技行业良性竞争秩序的前提下，提升金融系统促进实体经济发展的能力和效率。创新是一个多层面的现象，很多学科都对其展开不同视角的研究，并逐步形成了多学科支撑的创新理论体系。[⑤] 从科技角度来看，金融创新是基于前沿信息技术开发出的新的金融业务流程、手段以及方法，开辟新的金融资源渠道、提供新的金融产品和服务、开拓新的金融市场的系统过程。在中观视角下，North 提出金融创新是制度创新的一种形式，金融创新本身就是与经济制度两者之间相互影响、互为因果

①　Douglas W Arner，Dirk A Zetzsche，Ross P. et，al. FinTech and RegTech：Enabling Innovation While Preserving Financial Stability[J]. Georgetown Journal of International Affairs，2017，3(18)：47-58.

②　肖翔. 金融科技监管：理论框架与政策实践[M]. 北京：中国金融出版社，2021：49.

③　DUISENBERG W. The Contribution of the Euro to Financial Stability. Globalization of Financial Markets and Financial Stability—Challenges for Europe，Baden-Baden：Nomos Verlagsgesellschaft，2001：37-51.

④　FOOT M. What is"Financial Stability"and How Do We Get It? The Roy Bridge Memorial Lecture，2003.

⑤　张治河，潘晶晶. 创新学理论体系研究新进展[J]. 工业技术经济，2014，2：150-162.

的制度性改革。① 我国著名经济学家厉以宁认为,金融创新是指各类金融工具的出现、金融实务的更新以及金融市场、金融法规与制度,甚至是金融观念上各种异于传统的改变。② 王仁祥则将金融创新视为一个系统,这个系统包括金融制度创新、金融市场创新和金融产品创新三个子系统。③ 综上,金融创新是将金融产品、技术、组织乃至制度等重要因子进行重组,旨在降低金融机构成本、提高金融机构绩效,改变风险等级等,这也对金融科技监管应兼具审慎、包容、区间、协调等特质提出了要求。④

③公平性目标。

公平性目标是指通过监管以保证公开公平竞争,创造一个平等竞争的市场环境,防止市场垄断、不正当竞争以及其他破坏市场秩序的行为,保护消费者和投资者合法权益。关于金融公平的概念,是指在金融活动中,各类主体不因自身经济实力、所有权性质、地域和行业等因素而受到差别对待,能够公平参与金融活动,机会均等的分享金融资源,形成合理有序的金融秩序,并通过金融市场实现社会整体利益的最大化。针对金融科技监管而言,公平竞争的基本价值在于:一是市场经济的内在要求。金融行业发展目标的实现有赖于监管部门对公平竞争原则的确立和落实,并且推动监管政策由选择性向功能性、普惠性转型。二是监管部门的行为准则。公平竞争原则能够为监管部门提供行业指引和优化路径,使其充分发挥公平竞争审查制度功能。三是适应高标准市场体系的必由路径。公平竞争不只是停留在理念和原则层面上,更应当是贯穿金融活动的具体规则。其内涵表现在三方面:一是各类市场主体公平参与金融活动;二是公平合理有序实现金融交易;三是公平享受金融福利。⑤ 同时,金融活动应超越经济利益的局限,强化金融科技的普惠金融导向,回归服务实体经济的金融本质,更多地关注社会整体利益,强化金融机构社会责任。总之,随着金融市场发展金融公平的内涵也更加丰富和全面,整合了金融消费者权益保护、金融活动社会责任、确保市场公平透明、有效性等方面内容。基于金融公平是金融体系

---

① North,Douglass C,"Institutional Change and Economic Growth",Journal of Economic History. 1971,31(1):118-125.

② 厉以宁. 谈金融创新[J]. 金融信息参考,1997,5.

③ 王仁祥. 金融创新机理研究[D]. 武汉:武汉理工大学博士学位论文,2001:36.

④ 蒋雨亭. 我国商业银行的金融创新、绩效增长与金融监管[D]. 大连:东北财经大学博士论文, 2017:73.

⑤ 冯果. 金融法的"三足定理"及中国金融法制的变革[J]. 法学,2011,9:93-101.

运行的基本要求和价值旨归,也是现代金融法制进化的核心目标与重要内容①,本书将金融公平作为金融科技监管的主要目标之一。

以上三个主要目标并不是彼此独立而是相互紧密联系的。稳定性目标是金融科技监管的首要目标,是实现创新性目标的基础条件,也是实现公平性目标的前提条件。金融体系的安全稳定能够为金融科技创新营造提供更加有序的市场环境和更为包容的监管环境;如果金融稳定难以保障,金融科技引发的金融风险不能有效防范和化解,最终的损失承担者是消费者和投资者;受到良好保护且成熟的金融消费者以及受到合理激励约束的金融机构是构成一个稳定安全运行的金融体系的基本要素。②

(2)我国金融科技监管理念选择

我国金融科技创新发展水平与日俱增,金融业务交叉嵌套使得金融监管面临的形势更为复杂,固有的传统监管模式在一定程度上"失灵"。金融监管部门在激励金融科技市场主体主动创新的同时,也必须及时排查风险隐患、规避创新导致的负面影响,这对金融科技监管理念提出了更高的要求。

①适应性监管理念。具体而言,适应性监管主要表现为金融科技的监管时间适应性、监管空间适应性和监管能度适应性。鉴于金融科技在经营活动和创新发展中的风险是动态变化的,因而应当健全事前、事中、事后全链条监管制度,坚持事前审慎把关、事中实时监控、事后综合评估的原则,实现全生命周期的持续监管。监管空间适应性主要针对金融科技以创新名义逃避监管或监管套利等违法违规行为作出更为严密的规制。此外,适应性监管能度应当注重金融科技创新与防范风险之间的平衡,既为金融科技创新创造适度的发展空间,又要守住金融风险可控的刚性底线。

②功能性监管理念。功能监管即根据金融科技活动性质来进行监管,对相同功能、相同法律关系的金融产品按照同类规则进行统一监管,而无关所处监管机构所在。功能性监管更加倾向于实现对金融创新产品的有效监管,能够尽可能避免对金融创新产品的不必要限制,为金融创新产品提供相对宽松的环境。金融科技监管应当注重功能监管与机构监管之间的协调,同时也应协调监管部门之间的合作。金融科技的功能监管范围涉及支付、证券、保险和信贷等

---

① 袁康. 金融公平的法律实现[D]. 武汉:武汉大学博士学位论文,2015.
② 肖翔. 金融科技监管:理论框架与政策实践[M]. 北京:中国金融出版社,2021:49.

多个金融监管部门,同时也需要信息技术管理、网络安全、市场监督等行政部门的密切支持,因此金融科技监管部门之间的协调与配合尤为重要。

③试验性监管理念。金融科技监管语境下,试验性监管旨在测试允许试验的金融创新业务是否符合监管目标,主要测试金融科技企业创新业务是否为"真创新"而确实为实体经济服务、各类金融风险的排查以及是否损害消费者权益等内容。关于试验性监管理念价值,于金融监管部门的立场是以开放包容的态度向业界和专业人员习得新知识和新技术的过程;于被测试的金融科技市场主体的立场是了解金融监管机构规制制定原旨、培育"规则所有者"意识的过程。[①] 监管沙盒是目前金融科技创新监管中相对成熟的方案,就我国沙盒应用试点监管实践来看,大部分入盒测试产品依旧为传统金融机构设计的金融产品,实际上少有针对金融科技公司的创新产品和服务,因此,在今后的监管机制设计中还应当进一步挖掘监管沙盒应用的潜力。[②]

④包容审慎监管理念。"包容审慎监管"作为一项重要的法律治理原则尚无具体定义和标准,其内涵建立在经济法的适度干预、行政法的比例原则以及合作治理原则等理论基础之上,同时也暗含了监管法治化和科学化的基本要求,在《中共中央关于制定国民经济和社会发展第十四个五年规划和二〇三五年远景目标的建议》和《"十三五"市场监管规划》中得以体现,因而被确立为新产业、新业态制定法律政策和实施市场监管的主要原则。[③]

⑤系统整合监管理念。系统整合监管理念集中体现了金融科技监管范式的系统观,涵盖了金融科技监管应具备的整体性、层次性、关联性以及动态性特征。金融科技监管的系统整合,从组织层面上来看应当既包括中央到地方监管部门的纵向协调,也包括各金融业务监管部门之间、监管部门与其他行政部门之间、监管部门与金融科技市场主体以及金融科技第三方之间等横向协调机制。从金融科技监管法律制度构建层面上系统整合监管理念主要表现为监管机构之间信息共享信息沟通机制,同时还要注重监管制度的分类整合。[④] 此外,依据系统整合理念还应当关照到金融科技监管的国际合作与交流,共同为全球金融科技监管贡献智慧方案以显示金融大国担当。

---

① 周仲飞,李敬伟. 金融科技背景下金融监管范式的转变[J]. 法学研究,2018,5:3-19.

② 胡滨. 大科技金融平台:风险挑战与监管反思[J]. 金融评论,2021,3:101-105.

③ 孙晋:《数字平台监管中的谦抑理念》,载 https://zhuanlan.zhihu.com/p/364218960 访问时间2023-10-1.

④ 张永亮. 金融科技监管法律制度构建研究[M]. 北京:法律出版社,2020:233.

(3)我国金融科技监管原则厘定

金融科技随着科技元素不断更新迭代,我国金融领域混业经营趋势明显,金融监管目标选择与达成路径受到诸多因素影响,监管内容处于不断完善、动态补充的状态,这需要有相对稳定的金融监管原则做好底层铺垫。法律原则是为法律规范提供某种基础性的、综合性的、指导性的价值准则的问句。法律原则不须先设定具体的事实状态也不直接包含具体的权利、义务和法律后果等内容。法律原则与法律规范的区别是法律规范要采取一定的结构形式具体规定人们的法律权利、法律义务以及相应的法律后果;而法律原则是在一定法律体系中作为法律规范的指导思想的、基本或本原的、综合的、稳定的原理和准则。法律原则和法律规则都可以作为法律条文出现。① 金融科技监管原则是实现金融科技监管目标应遵循的基本价值追求和最低行为准则,本书综合传统金融监管以及金融科技衍生的新问题将金融科技监管原则归纳以下方面。

①风险为本原则。防范化解金融风险是金融监管领域永恒的话题。金融科技监管部门应以防控金融科技风险外溢为导向,除了深入研究并分类应对金融科技给信用风险、流动性风险、市场风险、操作风险等传统风险,也要警惕金融科技各种交叉性风险和技术安全、长尾客群、应用伦理等方面的特殊风险,实现风险类别和风险环节监管全覆盖。②技术中立原则。对于金融科技市场主题使用何种技术类型,金融科技监管部门应当保持中立态度,不预设技术应用路线而应当交由市场发挥作用,在保障技术本身符合金融领域有关安全标准的前提下,更加关注技术应用所实现的金融业务流程与功能以及由此带来的风险变化,不因创新技术不同而对同类金融产品、服务和行为采取差异化的监管对待。③竞争中性原则。公平是法治的根本要义,也是我国社会主义核心价值观的重要内容。在市场经济体制下,公平竞争的两个维度分别是市场端和政府端,市场端要求各类市场主体之间展开公平竞争,政府端则遵循公平竞争原则以及维护公平竞争秩序。② 在立法方面,应避免打破市场平衡;在执法和司法方面应避免选择性裁量和歧视性对待。金融科技监管部门对金融科技市场主体实施公平准入和平等规制,关注金融科技领域垄断和不正当竞争等扰乱市场秩序等行为,促进金融数据、技术、资本和人才等各类要素资源依法合规流通,为不同类型的金融科技市场主体营造规范统一、公开透明的市场竞争环境。④适

---

① 黄茂荣. 法学方法与现代民法[M]. 北京:中国政法大学出版社,2001:377-380.
② 孙晋. 公平竞争原则与政府规制变革[J]. 中国法学,2021,3:186-207.

当比例原则。金融科技监管范围、方式和强度应当根据金融科技发展动态、影响程度和风险水平来确立,并且实行分级分类管理。对于规模小、影响范围窄、风险外溢性小的业务,出于合规成本的考虑,可简化监管程序流程。对于规模大、涉众性强、风险外溢性较大的金融科技业务,应当实施与其影响程度和风险水平相适应的监管。⑤穿透一致原则。金融科技监管应坚持金融实质大于形式,基于交易全链条信息判断有关业务属性和法律关系,从而确定相应的监管规则。无论是金融机构还是科技公司只要从事同类金融服务,都应在现行法律制度框架下,接受相应一致的市场准入政策和监管要求。① 2022 年 6 月,中央全面深化改革委员会第二十六次会议会议强调,要依法依规将平台企业支付和其他金融活动全部纳入监管,强化事前事中事后全链条全领域监管。②

此外,出于全球范围内金融科技战略规划和金融科技发展步速的考量,还应当确立前瞻性原则。前瞻性原则,即借鉴相关国际标准、国家标准、行业标准和规范,并充分参考同业的先进实践经验,使数据标准能够充分体现业务的发展方向,满足一定的前瞻性,也可基于各类创新业务以及监管的差异性进行相应的扩展。例如,数据标准的更新完善机制需要长远考虑。随着业务发展、技术更新和市场变化,如何做好数据标准后续的更新维护工作,并确保基础数据标准与各业务域数据标准的有效衔接成为需要关注的重要问题之一。因此要结合实际应用情况,逐步建立有效的标准维护长效机制,对数据标准的各属性定义持续修订完善,不断回溯补充、更新验证,从而确保数据标准内容完整性和准确性。金融机构业务在持续发生更新或调整,承载业务的数据伴随业务变化也在动态地发生着改变。同时,外部的数据安全监管合规要求也在不断完善、调整,单纯依靠管理和技术构建相对静态的防护体系,无法及时跟进业务和合规的变化,存在安全策略设置滞后风险,导致出现数据资产新增或调整识别不及时、安全风险监测不准确、安全防护不到位的防护难题。

6.1.2 我国金融科技监管法律制度构建之外部机制设计呈现:功能预设与实施进路

金融科技的本质是金融,类推金融监管必要性研究,金融科技监管必要性

---

① 肖翔. 金融科技监管:理论框架与政策实践[M]. 北京:中国金融出版社,2021:50.

② 中央深改委:要依法依规将平台企业支付和其他金融活动全部纳入监管,https://baijiahao.baidu.com/s? id=1736333479528303917&wfr=spider&for=pc/访问时间 2023-10-1.

的逻辑起点是：金融科技存在明显的"双刃剑"效应，即在创新金融服务的同时也给金融市场带来了新型风险，金融科技监管的介入应最大限度提高金融科技带来的收益，同时也最大限度降低金融科技带来的风险。[①] 通过对金融科技监管目标的具体阐述与选择，我国金融科技监管总体目标为防范与化解金融风险、维护市场公平竞争秩序、鼓励金融科技市场主体创新以及保护消费者合法权益。我国金融科技创新不断催生新的商业模式、应用场景、业务流程以及金融产品，其细分领域使平台之间、平台与传统金融机构之间、金融科技公司与实体经济之间的联系更为密切，各种类型风险极容易通过平台或其他市场参与者之间复杂的联系而迅速传导，这显著提升了系统性风险发生的可能，因而，基于金融稳定性的考量，仍然将防范化解金融风险作为首要目标。金融科技企业的先发优势以及其明显的规模效应，极容易形成自然垄断，这亟须监管当局通过鼓励公平竞争等多种措施来打破垄断行为，以维护公平竞争市场秩序，保障企业自由平等参与市场竞争，以真正提高金融科技带来的经济效益和消费者社会福利。促进创新作为金融科技监管的重要目标之一，有利于提升整个金融系统促进实体经济发展的能力和效率，如何实现促进金融科技创新与防范金融风险之间的平衡，仍是我国金融监管部门乃至全球面临的共性难题。金融消费者是金融科技业务最终的服务对象，合理有效的权益保护机制有助于增强金融消费者对金融市场的信心，因此，保护金融保护消费者合法权益亦是金融科技监管的重要目标。

　　如何平衡以上金融科技多元监管目标是金融监管部门当下面临的难题之一。在监管目标排序上，金融科技监管目标应当与传统金融监管目标保持一致，筑牢风险防范底线，将稳定性目标作为金融科技监管的首要目标。同时，将金融科技各类业务模式和行为活动纳入现有宏观审慎监管（旨在防范系统性风险）、微观审慎监管（旨在防范单个机构风险）、行为监管（旨在保护金融消费者）等构成的金融监管框架，由同一监管机构的不同职能部门或者不同监管机构承担相应监管职责，避免监管机构的角色冲突。此外，金融监管部门应当注重丰富金融科技监管统筹协调层级，尽可能促进金融科技监管沟通合作与信息共享。[②] 金融科技监管制度路径在于依据监管部门对金融科技市场主体提出的特定目标付诸何种具体法律实践，如何更好地发挥法律制度对社会的作用。[③]

---

① 肖翔. 金融科技监管：理论框架与政策实践［M］. 北京：中国金融出版社，2021：45.
② 肖翔. 金融科技监管：理论框架与政策实践［M］. 北京：中国金融出版社，2021：50.
③ 郭剑平. 论法律功能的概念与类型［J］. 韶关学院学报，2008，8：24-27.

(1)安全为本:全面防范金融科技风险

新一轮的科技变革使全球金融交易的集中性、复杂性和关联性特征日益明显,金融领域细分行业(银行、证券、保险等)业务模式也随之调整变化。金融科技带来了大幅度的效率提升,面对国际金融监管呈现越来越复杂的趋势,以及诸多不确定因素,监管者应进一步思考自身定位与职责。全球金融危机后,国际组织和各国越来越重视对早期系统性风险的测定和识别,将防范系统性风险作为首要监管目标。系统性风险最主要的表征是金融体系外部性、信息不对称性以及强大的反馈和放大机制,基于维护金融体系整体稳定的目标,监管者应更加重视系统性风险防控,帮助金融机构建立良好的治理结构和体系,使金融机构更好地测定、处置化解风险。在《巴塞尔协议Ⅲ》在政策工具上对系统重要性金融机构要加强监管,同时在时间维度上对系统性风险顺应周期效应进行防范。[①]

(2)比例平衡:维护金融科技稳定与创新

积极的冒险精神是一个充满活力、充满创新的经济中最积极的因素,金融科技创新正是体现了这种"冒险精神"。金融创新是金融体系的基石,是有效率且反应迅敏的资本市场的生命线。[②] 在我国金融科技高质量发展新阶段,既能激发金融科技创新的活力,又能合理控制金融科技风险敞口,从而找到金融科技创新与监管之间的平衡点,实现"创新激励"和"风险缓释"的协同共进,仍是一项艰巨系统的任务。金融创新与金融监管相互作用关系自 20 世纪 70 年代就已经成为全球关注的热点话题。

金融创新加大了金融风险的传导和扩散效应,同时其冲击效应也使金融机构自身脆弱性增加。因而,灵活性和适应性成为改善监管的必要,富有弹性的监管是达成金融创新和金融稳定平衡的现实工具。"弹性"包含灵活性和主动性的意蕴,同时还有对"试验"方法的运用,"试验"方法是对先行制度和行为的一种边际修正,基于其使用范围的有限性,能够将错误成本缩小至一定范围内,可以加快政策和法律的立、改、废周期,是节约成本的重要路径,具有极高的效率价值。[③] 金融科技监管在应对各类风险时应当注意明确自身能力边界,考虑可能产生的各类后果而进行决策(在正交易前提下)。如果监管者没有充分把

---

①　高鸿业. 巴塞尔协议Ⅲ对我国商业银行影响及应对措施[J]. 北方经贸,2017,11:102-104.

②　James C. Van Horne,Of Financial Innovations and Excesses[J]. The Journal of Finance,1985,7:620-631.

③　靳文辉. 弹性政府:风险社会治理中的政府模式[J]. 中国行政管理,2014,5:24.

握防控风险,"试验性"做法因其试用范围小且成本低的特点,在风险防范中能够显现效率价值。弹性监管的功能优势在于组织设置上更具灵活性,在行动中更侧重自主性和效率提升,在平衡关系管理方面能够处理好金融稳定与金融科技创新二者之间的关系,因而由理由使其成为金融科技监管制度的一部分。

(3)标准引领:统一金融科技标准规范

狭义的标准作为规制标准中的重要子集,通常是指标准化技术机构制定的技术标准;而广义的标准更近乎规则,通过标准来设定规制体系的整体目标,设定该体系参与者应遵守的某些行为要素。2008 年全球金融危机以来,国际金融标准的制定和推出使传统的国际金融"软法"呈现一定程度"硬化",推出广泛接受的金融科技监管标准,既是各国进行金融科技协调的前提,同时易于达成合作的共识,标准体系构建成为金融监管的重要技术基础。基于我国金融科技发展的乱象,亟须监管部门继续完善顶层设计,统一监管标准、规制和金融机构业务口径、数据共享、技术实现方式等,遵循监管一致性原则,构建全方位、多层次的金融科技标准体系。这需要从多个方面进行构建和完善,包括建立完善的标准制定机制、加强与国际标准的对接、建立多层次的标准体系、加强标准实施的监督和管理以及加强人才培养和队伍建设等。

(4)信息协同:促进金融数据共享与交流

良好的信息共享交流机制是解决信息不对称问题的基本途径,也是实现有效监管的重要前提。在宏观层面上,金融监管需要宏观序参量经济数据以及金融领域细分行业相关数据进行分析共享,这需要建立一个统一口径的数据库;在中观层面上,预警事件需要实时收集信息并且及时处置以实现防控、化解风险的监管功能;在微观层面上,需要建立透明的信息交流制度和有效的激励机制。金融科技的发展使得金融风险跨行业间传导变得愈加隐蔽,加之金融数据动态化趋势愈加明显,监管难度也随之加重。在实践中,金融数据的共享和使用过程中容易出现"数据孤岛"、不正当竞争行为,尤其是大型科技公司进入金融领域因数据共享机制缺乏,滥用数据支配地位进行数据垄断,限制数据对外共享使用等而形成"数据孤岛",增加了监管的复杂性和潜在的风险。与此同时,金融全球化使各国金融监管行为关联度逐渐增大,某一国家的金融监管行为会牵动其他国家并形成影响,这要求各国监管者之间建立良好的信任与合作,就动态信息及时进行传递与共享。

6.2　我国金融科技法律监管向度及其制度整合

法律体系化的意义在于通过对法律形式统一性和价值融贯性的追求与维护,为法律规则间的协调一致提供基础,为法律具备统一的价值引领提供保障。[①] 当前,金融监管更加注重"形式大于实质",依法将各类金融活动全部纳入监管,金融科技的创新性和技术性引起了诸多监管漏洞,因而需要法律将其规范进行分类整合,进而增加监管的周延性和融贯性。基于以上对我国金融科技监管的基本考量与目标设

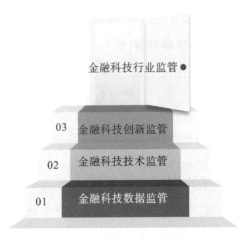

图6-1　金融科技监管制度整合框架图

定,本书将从金融科技数据监管、技术监管、创新监管、行业监管方面的具体制度来对金融科技监管的整体法律框架进行分析。

6.2.1　数字性向度:金融科技数据监管制度整合

金融数据监管制度是事关全局性的,贯穿于金融监督管理活动的全流程。以银行业监管为例,2022年11月11日,中国银保监会发布了《中华人民共和国银行业监督管理法(修订草案征求意见稿)》,《征求意见稿》第二十八条在审慎监管和行为监管规则下明确提出了"数据治理",即"银行业金融机构应当严格遵守审慎监管规则和行为监管规则,包括公司治理、风险管理、内部控制、资本管理、关联交易、业务营销、消费者权益保护、数据治理、竞争行为等内容。"与此同时,《征求意见稿》新增了信息科技服务规则,第五十一条规定:"银行业第三方机构为银行业金融机构提供信息科技服务的,应当符合国家及国务院银行业监督管理机构关于银行业金融机构信息科技业务的有关规定。银行业监督管理机构有权采取本法第五十三条规定的措施,对提供信息科技服务的机构进行现场检查。"2023年7月,中国人民银行发布了《中国人民银行业务领域数据安

---

①　靳文辉. 论金融监管法的体系化建构[J]. 法学,2023,4:133-146.

全管理办法(征求意见稿)》,该《办法》涵盖了总则、数据分类分级、数据安全保护总体要求、数据安全保护管理措施、数据安全保护技术措施、风险监测评估审计与事件处置措施、法律责任、附则等八章内容。这些内容与《中华人民共和国数据安全法》等制度有效衔接,构成了一个完整的数据安全管理体系。本书将金融数据的实际用途出发,将金融数据监管制度具体拆分为金融数据安全制度、金融数据隐私制度、金融数据跨境流动制度和金融数据管理制度。

(1)金融数据安全制度

数据安全的法律治理离不开对数据活动的监管与对数据安全法律规范的落实。从金融与科技的维度上,应当全面完善金融数据安全体系,建立由信息系统的组件、环境和人(用户和管理者)的物理安全、运行安全、数据安全、内容安全、应用安全、管理安全与信息资产安全等多维度、多元素、多层次的金融数据安全管理系统,最终达到控制金融数据的总风险趋于稳定的安全目标,并使其最小化。[①] 法律实践中,对数据安全的监管要涉及风险评估、执法监督、安全责任等具体层面,从安全风险预防到安全问题追责,全方位构建起权威的数据安全监管制度。2021 年 9 月 1 日起实施的《中华人民共和国数据安全法》(以下简称数据安全法)以总体国家安全观为基本遵循,对国家利益、公共利益和个人、组织合法权益给予全面保护,既填补了我国数据安全立法的空白,也为建立健全金融数据安全治理提供了指引。此外,《网络安全等级保护条例(征求意见稿)》明确了监管部门在网络安全监督管理中的职责和监管要求,具体设计了安全检查及处置、重大隐患处置、网络安全约谈等制度。探索建立实施数据安全管理认证制度,引导企业通过认证提升数据安全管理水平。此外,随着数据竞争的日益激烈,各国都在试图扩大数据方面的管辖权。比如,美国的《澄清域外合法使用数据法》(CLOUD Act),就允许执法部门可依据搜查令直接调取境外数据。此外,我国《数据安全法》明确了域外管辖效力,我国赋予《数据安全法》域外效力,实际也是因应全球数据竞争的现实。

此外,2021 年中国银保监会发布《中国银保监会监管数据安全管理办法(试行)》(以下简称办法)。《办法》包括总则、工作职责、监管数据采集存储和加工处理、监管数据使用、监管数据委托委派管理、监督管理和附则等。《办法》明确监管数据安全管理实行归口管理,并建立统筹协调、分工负责的管理机制。同

---

① 清华五道口金融安全研究中心. 关于当前金融安全形势的认识与思考[J]. 清华五道口金融科技研究报告,2021:25.

时,《办法》对归口管理部门和业务部门监管数据安全管理工作职责作出明确规定,一是明确管理机制和工作职责;二是突出数据安全全生命周期管理;三是加强监管数据委托委派管理;四是强化监管数据安全管理监督检查。《办法》规定各业务部门及受托机构应按照监管数据安全工作规则定期开展自查,并列明监管数据重大安全风险事项及其应急处置要求。此外,如何评价数据安全治理效果,并实现数据监管体系优化改进也是监管机构面临的重要问题,可以通过被监管机构内部自评估和内部审计、外部第三方评估等方式开展。

(2)金融数据隐私制度

金融科技背景下的数据隐私保护,主要是指个人金融信息的隐私保护。目前,我国隐私保护法律体系趋于完善,《中华人民共和国数据安全法》《中华人民共和国个人信息保护法》已于 2021 年相继实施。依据《个人金融信息保护技术规范》,个人金融信息是指金融业机构通过提供金融产品和服务的过程中积累的重要基础数据,也是个人隐私的重要组成部分。规范中,将个人金融信息按敏感程度分为三个类别,根据敏感程度类别对个人隐私保护提出了针对性的措施。个人隐私保护的数据范围广,涵盖的业务场景多,很难使用单一系统层面进行隐私保护。根据个人隐私保护统一的技术规范,可以建立对个人信息全生命周期保护机制进而完善金融数据隐私监管。个人信息全生命周期包括数据采集、数据传输、数据存储、数据使用、数据删除及销毁。在个人信息全生命周期隐私保护应用领域,更多的是各被监管机构对合规科技的运用。

一是在数据采集隐私保护方面,个人隐私数据采集需要落实《中华人民共和国网络安全法》第四十一条提出的"合法、正当、必要的原则,公开收集、使用规则、明示收集、使用信息的目的、方式和范围,并经被收集者同意"要求。各类 App 及前端页面在采集个人信息时,会以弹窗或协议形式明示个人信息收集内容、使用目的和场景,在用户点击同意的情况下,通过后台采集或者用户主动输入的方式进行个人信息采集。一般会通过《用户隐私权协议》,明确告知用户数据采集内容及使用范围,以及公司对用户隐私保护应尽的责任与应履行的义务。用户在输入个人信息的过程中会注意隐私保护,采取安全键盘、防录屏、截屏等手段保证数据不被非法截获,严控个人信息明文落地,利用符合标准的安全控件确保数据一经输入便被加密处理。

二是在数据传输隐私保护方面,数据传输过程中的隐私保护具体的三个面向分别为:①签名验签。即验证发送者身份,防止中间人攻击、CSFR(伪造跨域请求，Cross-Site Request Forgery）跨域伪造身份攻击等。②加密传输。HTTPS 协议是互联网安全和隐私保护的基石，利用 SSL/TLS 协议构建的可进行加密传输、身份认证的网络通道，防止中间人攻击，保证客户端到服务端的数据隐私和完整性，同时，还会引入 CA 证书进行数字签名，帮助服务端准确识别客户端身份。③传输通道。为了保证传输通道安全，针对交易量大且数据安全性高的业务接入方会采用物理隔离方式进行传输，比如网联、银联专线，中国移动集团的网状网等。此外，基于国家信息安全的立场考量，数据传输的加密算法必须优先采用国密算法。

三是在数据存储隐私保护方面，不同前端传输到服务端的用户数据，使用的验签密钥与数据加密密钥一般是不同的，不光是基于对服务端身份鉴权的考虑，也是为了进一步提高安全性，防止因为一个渠道被攻破而门户大开。显然，也不能为每个渠道单独加密存储一套个人信息，所以，通常会涉及对前端传输的数据进行解密再重新加密、再保存的操作，以去除渠道密钥差异。为了解决"解密——再加密"过程中的明文落地问题，应引入金融加密机或使用转加密算法，将前端传输的密文数据进行重新加密以后进行保存，实现数据采集、传输到存储全密文流转。密钥信息与密文信息分开存储，并针对密文、密钥数据的访问制定审核机制。

四是数据使用隐私保护方面，数据使用按照场景划分为信息展示、共享与转让、公开披露、委托处理、加工处理等。①数据安全管理与审批。后台管理系统及业务支撑系统不宜对用户敏感数据进行明文展示，原则上不提供批量查询功能，如果必须展示或批量查询，则需要做好信息安全管理及授权审批，杜绝敏感数据被非法转移。②数据确权与安全评估。金融个人信息共享与转让时前，敏感信息应当进行数据确权与安全评估。如果超过用户授权范围，应当需要新进行用户授权再通过加密传输方式进行共享与转让，同时需要对数据调用方的流量进行监控，确保流量与真实交易量匹配。③信息公开披露规定。通常情况下，基于消费者隐私的考虑，个人信息是不被对外公开的，但在特定法律授权下如果需要对个人信息进行公开披露，仍要注意对消费者的告知、征求意见的义务。④第三方机构管理。部分金融机构在开展金融合作时，针对非金融性质第三方机构的委托关系，应当对个人信息作特殊处理，以确保消费者个人信息因素数据不被第三方机构接触。此外，在特定业务场景下，还会涉及委托第三方机构收集或将数据委托给第三方机构处理的情况。在此情况下，必须选择具备金融资质的第三方机构，应当签署三方协议以明确各方职责，并在用户知情且授权的情况下进行。

表 6-2　个人信息保护法律规范体系

法律规范依据	分级定义	数据子类（信息内容）
《中华人民共和国个人信息保护法》	S5（极敏感）	私密信息、涉事涉法、资金梳理、生理状态、实物资产等
《中华人民共和国个人信息保护法》	S4（敏感）	姓名、地址、身份证号、网络身份表示、电话号、银行卡号、车票等
《中华人民共和国个人信息保护法》	S3（较敏感）	特殊职位、地点、知识产权、医疗卫生、普遍证件号等
《中华人民共和国个人信息保护法》	S2（低敏感）	出生日期、地区、特殊身份等
《中华人民共和国个人信息保护法》	S1（非敏感）	通用信息等
《个人金融信息保护技术规范》	C3	银行卡磁道、银行卡密码、网络支付密码；账户登录密码、交易密码、生物识别信息
《个人金融信息保护技术规范》	C2	支付账号、证件信息、手机号码、账户登录名、用户鉴别信息、个人财务、信贷信息、交易信息、主体照片
《个人金融信息保护技术规范》	C1	账户开立时间、开户机构、支付标记信息
《金融数据安全分级指南》	4	个人健康的信息、传统鉴别信息、生物特征、交易信息、风险标的信息等
《金融数据安全分级指南》	3	基本概括信息、财产信息、联系信息、鉴别辅助信息关系信息、信贷信息、账户金融等
《金融数据安全分级指南》	2	个人党政信息、资质证书、就学信息、司法信息、行为信息、客户标签、授信信息、担保信息等
《金融数据安全分级指南》	1	基本信息、企业工商信息、公告信息、渠道信息等

基于金融数据隐私问题,应当构建更为完善的数据隐私政策和监管框架,可在借鉴国际经验在以下方面作出更为详尽的规制:一是数据控制方与处理方的义务。二是数据主体的监管权限。三是内外部投诉和争议解决机制。四是监管部门的有效监管与执行。五是全球和国家紧急情况下的监管措施。

(3)金融数据跨境流动监管制度

我国数据跨境流动治理体系已初步形成,《网络安全法》《数据安全法》《个人信息保护法》从法律层面对数据跨境流动作出顶层设计,提出个人信息和重要数据"境内储存、出境评估"制度。此外,国家在政策、部门规章、规范性文件以及标准层面也密集出台了相关文件,压实主体责任,完善数据安全规范体系。2022 年 7 月,国家网信办公布《数据出境安全评估办法》,进一步明确了重点数据的定义、数据出境安全评估的流程、重点评估事项等内容,为数据跨境流动提供了规则指引。2022 年 12 月,《中共中央　国务院关于构建数据基础制度更好发挥数据要素作用的意见》(数据"二十条")提出构建数据安全合规有序跨境流通机制,具体金融监管部门可根据金融数据的特点进一步制定更为有针对性的数据跨境流动监管方案。2023 年 7 月,中国人民银行发布的《中国人民银行业务领域数据安全管理办法(征求意见稿)》,数据处理者因自身需要向境外提供数据时,如果存在国家网信部门规定情形,应当严格遵守其有关规定,事前开展数据出境风险自评估并申报数据出境安全评估。同时,该管理规定明确了数据处理者不得有意拆分、缩减出境数据规模以规避申报数据出境安全评估的规定,加强了对跨境数据管理的监管力度,并填补了相关漏洞。此外,《个人信息出境标准合同办法》《个人信息保护认证实施规则》也是数据出境的重要法律依据。为了进一步细化数据跨境流动规则,国家网信办起草了《规范和促进数据跨境流动规定(征求意见稿)》,对有无必要申报数据出境安全评估的情形作出了具体规定,尤其是对自由贸易试验区施行负面清单制度。

(4)金融数据管理制度

在金融数据全流程管理上,应当强化市场主体数据全流程合规治理,结合数据流通范围、影响程度、潜在风险,区分使用场景和用途用量,建立数据分类分级授权使用规范,开展数据质量标准化制度,加快推进数据采集和接口标准化,促进数据整合互通和互操作。① 完整的数据管理制度应当综合应用现状厘定数据管理范围、明确数据主责部门、制定流程规范数据管理,并且按照标准制定规范和流程对数据标准进行制定,建设数据管理平台承接数据管理落地。金融机构数据安全体系搭建过程中,通常按照总分的结构搭建制度体系框架,依据管理的颗粒度划分为总纲、管理办法、细则及表单四个层次,因而应当从总体规划、具体管理办法、实施细则与操作规范去构建数据管理制度,在数据管理目标、责任、管理流程、监督评估以及操作规程等方面具体细化。《数据治理行业实践白皮书(2023)》中提供了较为完善的数据管理制度体系作为金融级数据管理的制度参考。

表 6-3　数据管理制度体系②

数据分类	管理办法	实施细则	操作规范
数据资源化	数据模型管理办法	数据架构、分布、模型实施细则	组织级数据模型;数据架构、分布、模型设计与开发标准
数据资源化	数据标准管理办法	数据标准实施细则	数据标准需求表、数据元目录与开发模板
数据资源化	数据质量管理办法	数据质量实施细则	数据质量规则需求表、过程管理、质量分析模板、专项提升方案
数据资源化	主数据管理办法	主数据实施细则	主数据分布表、开发标准
数据资源化	数据安全与隐私管理办法	数据安全与隐私实施细则	数据安全需求表、分级分类清单
数据资源化	元数据管理办法	元数据实施细则	数据资产管理平台用户手册
数据资源化	数据开发管理办法	数据开发、数据仓库实施细则	数据开发操作规范、数据仓库运维检查单
数据资源化	数据生命周期管理办法	数据生命周期管理细则	数据资产开发操作规范、数据仓库运维检查单

① 中共中央　国务院:《关于构建数据基础制度更好发挥数据要素作用的意见》,2022 年 12 月 2 日。http://www.gov.cn/访问时间 2023-10-1
② 未来数商联盟,浙江省数字经济学会等:《数字治理行业实践白皮书(2023)》。

（续表）

数据分类	管理办法	实施细则	操作规范
数据资产化	数据需求管理办法	数据服务、应用、产品实施细则	数据服务、应用、产品申请表、开发规范
数据资产化	数据服务、应用、产品管理办法	数据共享、开放实施细则	外部数据需求申请表
数据资产化	数据共享、开放管理办法	数据交易和外部数据实施细则	数据交易供应商与过程管理标准
数据资产化	数据交易和外部数据管理办法	数据资产价值评估实施细则	数据资产价值评估表
数据资产化	数据资产价值管理办法	数据资产运用实施细则	数据资产运营实施细则
数据资产化	数据资产运营管理办法	——	——
数据资产化	数据资产价值管理办法	——	——
数据资产化	数据资产运营管理办法	——	——
考核评估	数据需求管理考核与问责管理办法	数据资产管理考核与问责实施细则	数据资产管理责任清单、考核计分表
考核评估	数据资产管理自评估管理办法	数据资产管理自评估实施细则	数据资产管理自评估模板、数据治理自评估工程流程
考核评估	数据资产管理审计管理办法	数据资产管理审计实施细则	数据治理审计模板
考核评估	数据素养与数字技能管理办法	数据素养与数字技能提升实施细则	数据素养与数字技能提升对比分析表

　　此外，数据权利属性作为金融科技治理的逻辑起点，既关系金融消费者的个人隐私保护法律问题，又与数据的收集、分析、运作主体行为的界定与划分密切相关，研究其属性能为金融数据保护提供立法基准。2020 年 4 月，中共中央、国务院《关于构建更加完善的要素市场化配置体制机制的意见》提出加快培育

数据要素市场。2022年12月,中共中央、国务院印发《关于构建数据基础制度更好发挥数据要素作用的意见》("数据二十条"),重点确立了数据产权制度(数据资源持有权、数据加工使用权、数据产品经营权三权分置),流通交易制度(重点培育数据商和第三方服务机构两类主体),收益分配制度(初次分配按"谁投入、谁贡献、谁受益"原则)以及安全治理制度。鉴于数据价值链具有相当的复杂性,本书尚不针对数据基础制度展开探讨。

6.2.2　技术性向度:金融科技技术监管制度整合

(1)算法管理规则制度

当前,金融行业数据丰富且数据质量高,具备大模型训练的良好基础。同时,金融行业细分领域众多,且大量产品最终服务于C端用户,大模型应用场景丰富。随着大模型与金融业务的融合,创新应用将层出不穷,随着生成式人工智能技术的不断迭代升级,使传播虚假信息、侵害个人信息权益、数据安全和偏见歧视等风险形式变得更为复杂,这使金融行业算法管理规则制度得到更高的重视。中国人民银行《金融科技发展规划(2022—2025年)》在"加强金融科技审慎监管"重点任务中明确提出"健全智能算法管理规则制度,建立模型安全评估与合规审计体系。"2023年5月,国务院办公厅发布了《国务院2023年度立法工作计划》,计划中明确预备提请全国人大常委会审议人工智能法草案,这也将使算法技术规制具有更高的层级和更广的适用范围。

当前,我国《互联网信息服务算法推荐管理规定》《互联网信息服务深度合成管理规定》《生成式人工智能服务管理暂行办法》是算法规制方面主要的法律规范依据(表6-3)。三部规章在适用范围的定义上均采取了"技术+提供服务"的定义模式,规制的对象分别为"算法推荐技术""深度合成技术"与"生成式人工智能",这三者从技术角度解释和法律文义解释角度来看,存在包含关系,[①]其中《生成式人工智能服务管理暂行办法》自2023年8月15日起施行,该《办法》及时回应了防范生成式人工智能服务风险的现实需要,对规范生成式人工智能健康发展和规范应用起到了积极作用。此外,安全评估制度、算法备案制度以及投诉举报等制度,更加明确了相应的法律责任。由于生成式人工智能的安全评估与普通的算法推荐和深度合成评估不同,其技术评估颗粒度更细,因而应

---

① 张凌寒.深度合成治理的逻辑更新与体系迭代——ChatGPT等生成型人工智能治理的中国路径[J].法律科学,2023,3:38-51.

当满足三部规章的要求,即按照国家有关规定开展安全评估;按照《互联网信息服务算法推荐管理规定》履行算法备案和变更、注销备案手续;按照《互联网信息服务深度合成管理规定》对图片、视频等生成内容进行标识,发现违法内容应当及时采取处置措施等。

表 6-4　三部规章合规义务概览

技术名称	算法推荐技术	深度合成技术	生成式人工智能技术
训练阶段	1. 建立识别违法和不良信息的特征库。2. 不良信息不能作为标签。3. 鼓励优化算法的透明度和可解释性	1. 加强训练数据管理。2. 记录并留存识别违法和不良信息的特征库的网络日志	1. 增强训练数据的真实性、准确性、客观性、多样性。2. 制定标准规则、开展数据标注质量评估,对标注人员进行必要培训
产品发布	1. 完成算法备案,并公示信息链接。2. 具有舆论属性或者社会动员能力的,需完成安全评估	1. 特殊场景应当开展安全评估。2. 具有舆论属性或者社会动员能力的新产品、新应用、新功能的需开展安全评估	更为详细的人工智能安全评估(双新评估)
产品运营	1. 定期审核、品回顾、验证算法机制机理、模型、数据和应用结果。2. 公示算法推荐服务的基本原理、目的和主要运行机制等。3. 显著标识算法生成合成信息。4. 向用户提供不针对其个人特征的选项或者便捷的关闭服务的选项。5. 特殊人群保障义务(老年人、劳动者、消费者、未成年人保护)。6. 建立健全投诉、举报机制。7. 发现违法内容后,及时采取措施,保存记录,向有关主管部门报告	1. 制定和公开管理规则,平台公约,完善服务协议。2. 对使用者进行真实身份信息认证。3.(显性披露+隐性披露)显著标识深度合成情况,并提供使用者可以进行显著标识的功能。4. 建立辟谣机制,保存有关记录,并向有关部门及时报告。5. 审核服务使用者的输入数据和合成结果	1. 明确并公开其服务的适用人群、场合、用途。2. 发现违法内容后,还需采取模型优化训练等措施进行整改。3. 确保内容符合社会主义核心价值观及法律法规。4. 避免产生歧视性内容

另外,在算法披露规则方面也应注重披露内容的全面性和明确性,确有达到可解释性和透明度的要求。金融科技主体应当对金融产品和服务所集成的全部人工智能模型算法组合使用情况的整体说明,在算法逻辑方面,应当对组合中的每个算法对象逐一说明算法机理;在算法数据方面对算法使用的数据来源、数据采集、数据质量控制以及数据与金融应用场景的关联性进行充分说明,避免因对算法应用的错误理解而误导客户。金融机构在依法合规、保障安全的前提下,根据披露信息的上下文、应用场景的敏感性以及内部管理需求,注重平衡信息披露与隐私保护的关系以保障用户个人信息和数据安全。

(2)金融基础设施监管制度

世界银行经济学家 Bossone 指出,金融体制是金融制度、金融工具以及金融基础设施的结合,一个经济体的经济社会发达程度、科技创新水平以及技术应用深度等在很大意义上决定了其金融基础设施的完备性,同时一个经济体的金融制度、体制、监管和开放性也深刻影响着金融基础设施的发展。从国际经验来看,一个经济体的金融基础设施越发达,那么它承受外部冲击的能力越强,[①]保障金融体系稳定以及缓释外部威胁的水平就越高,金融安全保障程度就越高。尤其是在金融动荡、金融危机与金融安全威胁爆发时,金融基础设施的平稳运行会给市场极大的信息,金融基础设施是金融发展、金融稳定和金融安全的根基。[②] 不同国家会根据其国家发展的实际状况对金融基础设施作出具体而有差异的定义,因而金融基础设施制度仍是一个具有开放性的概念,但总体可归纳为以下内容:基本的支付与清算系统、为规范市场运行和打击违法违规行为而颁布的金融法律法规以及监管规则、为保证财务信息准确全面、及时可靠而制定的会计准则,以及社会的征信体系建设和信用环境的营造等方面。所有为金融活动提供公共服务并保证金融市场稳健、持续、安全运行的硬件设施以及相应的制度安排均可纳入金融基础设施范畴。[③]

近年来,金融科技与金融基础设施发展呈现出加速融合的趋势。一方面,传统的金融基础设施积极拥抱新兴信息技术。另一方面,随着数字技术的突破,一些创新型的金融基础设施服务也不断涌现,例如基于分布式记账技术的

① Bossone Biagio: Financial Development and Industrial Capital Accumulation. World bank Working Paper,2000.

② 郑联盛,等. 金融安全学[M]. 北京:中国金融出版社,2023:9.

③ 郑联盛,等. 金融安全学[M]. 北京:中国金融出版社,2023:9.

服务与产品，已经在全球范围内得到测试与应用。但新技术在给金融基础设施带来机遇的同时，也存在着一定风险。2022 年 5 月，证券行业交易软件宕机事件暴露出一些问题：一是个别公司合规内控管理不到位，在系统升级改造过程中存在薄弱环节。二是主体责任意识不强，未能准确掌握外部供应商提供软件的系统架构。三是运维人员操作规范性不足。四是移动 App 开发管理短板，成为信息系统安全事件易发领域。五是安全管理存在漏洞。证券公司信息系统建设的统筹规划、系统架构及内部运行机制都需要进一步强化，同时，也应当注意厘清系统上线和升级阶段的测试工作关键点，完善网络安全事件应急机制。

金融基础设施是金融市场稳健高效运行的基础，也是实施宏观审慎管理和强化金融风险防控的基本保障。《金融基础设施监督管理办法（征求意见稿）》要求金融基础设施强化运营要求及风险管理，建议相关主体：①设立风险管理委员会，建立健全稳健的风险管理框架，确保能够识别、度量、监测和管理相关风险；②建立完善的内控制度，重点防范自身与金融基础设施的参与者之间，以及金融基础设施的不同参与者之间的利益冲突；③加强信息安全管理，承担信息安全管理主体责任，建立和完善有效的内部数据安全管理制度和问责办法，对金融基础设施参与者的业务数据信息、相关资料，以及提供服务过程中产生的其他数据信息进行保密，确保数据信息不被非法窃取及非法使用；④建立完善的技术系统及管理机制，完善数据安全保护和数据备份措施，设立系统故障应急处理机制和灾难备份机制；⑤做好文档与数据保存工作，妥善保存金融基础设施服务的相关记录、原始凭证和数据信息，以及与内部管理、业务经营有关的各项信息。

6.2.3　未来性向度：金融科技创新监管制度整合

中国人民银行于 2020 年 10 月发布《中国金融科技创新监管工具》白皮书，制定了《金融科技创新应用测试规范》《金融科技创新安全通用规范》《金融科技创新风险监控规范》等一系列 30 多项监管规则，要是通过对照创新安全通用规范、个人金融信息保护规范等金融行业标准进行评估，严防存在技术漏洞和风险隐患的应用参与测试。这可以提高金融科技创新的标准符合性与安全性，确保信息技术安全、合理、规范地应用于金融领域。其设计思路表现在：一是划定刚性底线，即要严格遵守现行法律法规、部门规章、基础规范性文件等，明确守正创新的红线；二是设置柔性边界，通过信息披露、公众监管等柔性的监管方式，为金融科技创新营造适度宽松的发展环境；三是在守住安全底线基础上，为真正有价值的金融科技创新预留足够的发展空间。

我国"监管沙盒"的运行机制大体为安全管理机制、创新服务机制、信息披露机制权益保护机制（图6-2）。为更好防控创新风险、实现精准监管，建立健全涵盖创新应用事前、事中、事后全生命周期安全机制。在创新服务机制中，开展金融科技创新辅导，构建创新试错容错空间，搭建政产用对接平台，完善创新成果转化机制。此外，借鉴告知承诺制等新举措，综合运用声明公示、管理登记、用户明示等创新声明方式，建立覆盖创新应用全生命周期的信息主动披露、全程公开和主动承诺机制，简化测试申请流程、释放市场主体创新活力，提升信息披露时效性、透明度与可信度。最后，在消费者权益保护方面，聚焦知情与自主权、信息安全权、财产安全和依法求偿权、监督建议权等，完善综合性风险处置与补偿机制等。金融科技创新管理的基本规则主要设定在《金融科技创新应用测试规范》（JR/T0198—2020）中，其在金融科创活动实施层面对创新测试全生命周期进行规范，具体流程分为测试声明——测试运行——测试结束三个阶段：一是在测试声明阶段，明确声明要求、方式、声明要素，主要内容包含申请机构明确创新应用类型、机构信息（统一社会信用代码、全球法人识别编码LEI、金融牌照信息等），拟正式运营时间、功能服务、创新性说明、合法合规性评估、风险防控措施等。二是测试运行阶段（风险内控、风险监测、风险处置、投诉机制），其风险监测主要依据《金融科技创新风险监控规范》（JR/T0200—2020）要求，要求申请机构建立健全风险内控制度，落实风险管理主体责任，定期开展创新应用安全审计与评估，完善风险事件应急处置与责任追究机制。而特别是对第三方机构参与创新应用设计开发、安全评估等环节的，应当严格遵照国家和金融行业相关管理要求，确保不让渡风险管理责任。自律组织利用金融科技创新管理服务平台持续动态监测创新应用运行状况。最后在测试结束阶段，《金融科技创新应用测试规范》明确了测试评价内容、评估方式、测试退出流程等。在评估内容方面，监管机构主要从创新价值、服务质量、用户满意度、业务连续性保障、合法合规、交易安全、数据安全、风险防控等方面评估创新应用是否严格履行声明书相关承诺、是否惠民利企、是否满足监管要求、是否商业可持续等。在评估方式方面，包括自测自评、外部安全评估、第三方审计、专家论证等。测试成功的创新应用金融服务由出台管理细则的金融管理部门负责日常管理，监管部门根据创新应用涉及的科技产品是否通过外部评估情况，将科技产品作两种处理:即在金融领域推广应用或仅供联合申报测试的金融机构使用。

受制于监管沙盒的测试规模,如果没有适配的监管制度和技术支持,沙盒测试结果也可能会出现偏差。在监管沙盒的完善方面,可从监管沙盒的豁免机制、监管沙盒的主题细化与分类、与国际监管沙盒的衔接方面再做进一步考虑。具体而言,需要实现沙盒资格和测试标准的整体统一,实现与其他创新机制的配合。金融科技法律法规与标准紧密联系,监管沙盒是对现阶段金融科技标准与法规的适配度测试,应当紧密追踪以实现有效测试。在设置相关的主题监管沙盒时,应在考量不同主题中消费者权益、创新程度以及竞争等影响并及时进行评估。在国际合作层面上继续探索试验框架的互操作性,以实现创新监管的统一。

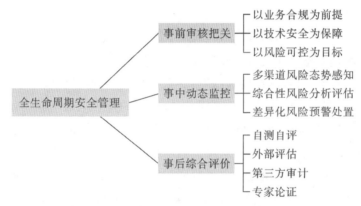

图 6-2　全生命周期安全管理①

6.2.4　传承性向度:金融科技行业监管制度整合

(1)行业准入:分级牌照制度

在金融行业监管中,主要是完善分级牌照制度,实施差异化监管方式。从国际经验来看,鉴于大型金融科技公司具有明显的规模经济,在公平竞争、数据隐私、网络安全以及系统性风险等方面都会给金融监管带来更大的挑战。国际上的通行做法是将持牌经营要求主要聚焦于规模较大的金融科技企业,大型金融科技公司需要直接接受牌照式监管;针对资产规模较小的初创型金融科技企

---

①　中国人民银行金融科技委员会. 中国金融科技创新监管工具白皮书[M]. 北京:中国金融出版社,2020:15.

业,则是通过持牌金融机构对向其提供外包服务的初创企业进行穿透监管,从而降低监管成本,提供监管的规模经济。① 从我国金融科技实践来看,鉴于金融科技公司在金融领域业务的"节点式"介入,需要拆解、细化现有的全牌照而构建分级牌照制度。牌照具体分为全牌照和有限牌照,根据金融科技市场主体实际从事的具体业务类型,发放相应的业务准入牌照。此外,监管部门要充分吸取从互联网网贷机构发展之初到爆发风险的经验教训,金融科技机构的准入名称等显性特征应在登记注册时就加以明确,金融科技的本质是金融,因此金融科技公司的名称使用、机构的分类标准等应通过设立规则进行明确,避免过度使用"金融科技"一词造成行业发展的怪圈和风险累积。具体而言,监管部门应当明确所有涉及金融业务的科技类项目和产品,通过事先履行报批或报备手续取得准入资格。

(2)全链条监管:构建统一风险监测平台

我国数据安全法律政策已经逐步完善,监管红线业逐渐明晰。然而,由于数据本身具备流动性、泛在性等特点,导致数据在不同网络区域、业务场景、应用系统中流转时,有可能被具有不同角色、权限的用户采取不同的处理方式访问使用,过多的数据处理活动,导致数据安全风险显著增加。② 因此,数据安全风险仍是需要持续完善的监管重点。当前存在的法律问题主要是系统的数据安全责任制度尚未完全建立。由于数据在实时产生和流动过程中涉及的主体过多,导致数据安全的主体责任边界模糊,难以精准划分,导致数据安全监管难度增大,这使用数据安全风险常态化监测成为必要,同时,一个跨主体、跨领域的联合监管体系亟待建立。

2023 年 3 月,中共中央、国务院《党和国家机构改革方案》组建国家金融监督管理总局,统合监管的模式更加有利于维护金融科技市场秩序和消费者权益保护。鉴于金融科技风险波及范围广的特性,监管部门应从宏观、中观、微观层面考量监管措施,全面运用监管科技来我提升金融监管专业性、时效性、强化风险态势感知和处理能力,制定差异化的金融监管措施,提升监管精细度和匹配度,坚决守住不发生系统性风险和区域性风险的底线。金融科技创新应用在信息保护、交易安全、业务连续性等方面具有共性风险,监管部门应从敏感信息全生命周期管理、安全可控身份认证、金融交易智能风控等通用安全要求入手,明

---

① 吴晓灵,等. 平台金融新时代[M]. 北京:中信出版社,2021:29.
② 中国信息通信研究院:《大数据白皮书(2022)》,2022 年,第 21 页。

确不可逾越的安全红线,针对金融科技机构设立明确、可量化的预警指标体系,逐步打通跨区域、跨部门、跨行业的数据壁垒,在顶层设计上统筹"一个平台、一套系统、一套预警指标体系",逐步完善金融科技监管体系框架。

以"冒烟指数"为核心技术的大数据监测预警系统为例,该风险预警管理论体系以"正态规律、稳态特征、异态行为"为突破口,构建"规则＋模型＋算法"的风险预警工具,其基本技术逻辑是导入大量相关数据,通过机器学习进行建模,根据不同算法和神经网络应用去预测金融科技风险,以实现风险识别、风险量化和风险把控的目标。具体来说,利用大数据挖掘技术对平台金融企业的运营风险、非法特征、舆情负面性、利诱性等进行提炼,通过综合计算出监测对象的风险相关度,并经过加权平均等更为精确的计算得出"冒烟指数"。根据监测对象风险大小不同,"冒烟指数"分为取缔类、重点关注类、重点检测类、可疑类、正常类五个等级,为监管机构清晰划定了非法集资的界限,并提供辅助决策和差异化处置策略。在地方金融监管方面,基于统一的云基础设施和大数据管理平台,构建应用子系统以建立地方金融动态信息数据库,通过数据采集与交换系统动态收集各监管部门、新兴金融科技机构、投资者等数据信息,掌握地方金融业态风险情况。①

此外,地方金融科技监管也有值得借鉴的经典案例。温州市作为国内首个金融改革试验区,针对金融风险主体底数不清、违法手段复杂隐蔽、监管措施相对不足等问题,启动了"追风捕影"涉稳金融风险防范与处置应用。此应用综合"冒烟指数""海豚指数""悟空指数"的成熟经验,围绕合法合规、收益承诺、投诉举报、风险扩散、资金异动五个维度,原创金融风险企业法人"追风指数";围绕涉诉举报、债务纠纷、信用评估、账户异动、从业背景五个维度,构建金融领域自然人"捕影指数"。此应用横跨金融、公安等多部门单位,汇聚信用、社保、法院裁判文书等 48 类业务数据,构建监测预警、核查化解、司法打击、资产处置、维稳综合 5 个"链式"核心功能模块,打通行刑衔接和追赃挽损等赌点,构建高效联动平安与法治全周期处置闭环。②

(3)反垄断治理:市场公平竞争机制

2021 年 2 月,国务院反垄断委员会制定发布《国务院反垄断委员会关于平台经济领域的反垄断指南》(以下简称《指南》),强调《反垄断法》及配套法规规

---

①　李崇纲,许会泉. 冒烟指数:大数据监测互联网金融风险[J]. 大数据,2018,1:76-84.
②　蓝莹. 温州:奋力打造数字化改革先行市[N]. 浙江法制报,2022-5-30(9).

章适用于所有行业,对各类市场主体一视同仁、公平公正对待,旨在预防和制止平台经济领域垄断行为,促进平台经济规范有序创新健康发展。2022 年 6 月,第十三届全国人民代表大会常务委员会第三十五次会议决定对《中华人民共和国反垄断法》作出了修改,其中新增了一条作为第九条:"经营者不得利用数据和算法、技术、资本优势以及平台规则等从事本法禁止的垄断行为";将第十七条改为第二十二条,增加一款,作为第二款:"具有市场支配地位的经营者不得利用数据和算法、技术以及平台规则等从事前款规定的滥用市场支配地位的行为"。

另外针对大科技平台的治理可借鉴国际上的经验再原来制度基础上进行完善。如今,大型科技公司在金融业及其价值链的诸多部分获取了很大一部分市场,特别是在数字支付服务方面取得了相应的市场配额,逐渐在金融业占据重要市场地位。众所周知,客户数据对金融服务行业具有重要的参考价值,因其能够定制出更为精准的金融产品服务,并且便于评估客户获得信贷和保险产品的资质。大型科技公司正在利用其数据优势(包括与电子商务、社交媒体以及支付情况等),形成"数据—网络—活动循环"(DNA)拓展产品和服务的供应范围,不断扩充其业务版图。大科技商业模式使商业活动与金融活动相互依存关系变得更为紧密,这极有可能使其向公众提供金融服务与向金融机构提供技术服务形成过度集中化的局面,从而在市场竞争(垄断和滥用市场支配地位)、商业行为以及个人信息保护方面带来新的风险,甚至会对整体金融稳定造成威胁。此外,大型科技公司通常包含许多子公司,因其复杂的组织结构和商业活动跨地域范围较广,在监管规则制定方面需要更多方面的考虑,使其监管政策与各个国家或地区的管辖责任尽量达到一致。国际清算银行(BIS)发布的报告中[①],针对处理大型科技公司带来的风险提供了两种监管思路。一是隔离——设立一个特定的集团结构,以便将金融服务与非金融活动分开,同时制定与非金融活动有关的相互依存关系(比如,数据共享、共同技术基础设施等)的相关要求。二是纳入——为活跃在金融领域的大型科技公司建立一个新的监管类别、提出相关新的要求,且新的监管实施范围将针对整个集团(包括大型科技集团的母公司)。这些针对整个集团范围内的要求通常不具备关键的审慎性(即最低资本和流动性的要求),但会引入对金融和非金融子公司之间的集团内部依赖关系进行控制,这可以通过制定一系列规则来实现,这些规则主要涉及治

---

① BIS Big Tech: In search of a new framework 2022,10. www.bis.org/访问时间 2023-10-1.

理、业务行为、运营复原力,并在适当的时候涉及整个集团的财务健全性。虽然隔离方法更简单、更大胆,但纳入方法提供了用于解决与大型科技公司业务模式相关的具体风险一个更具备针对性的选择。

此外,在数字经济立法方面,欧盟对大型跨国科技巨头一直保有较高的关注度,其在数字经济反垄断方面的立法非常有借鉴意义。2022 年 11 月 16 日,欧盟《数字服务法》(Digital Services Act,DSA)正式生效,欧盟分别从《数字服务法》的基本情况,对用户、企业和成员国的影响,欧洲算法透明度中心等方面对《数字服务法》进行说明,具体内容不仅包括数据合规、个人信息保护、算法透明和广告传播等内容,并且明确指向对大型科技平台企业对其规定了附加义务,即根据大科技企业规模、影响和风险设定与之匹配的义务。[1]与欧盟《数字服务法》共同对平台企业进行规制的法案还有《数字市场法》(Digital Markets Act,DMA),其针对大型科技公司升级了欧盟数字服务管理规则,补充了欧盟和国家层面反垄断法的相关执行,规范平台企业竞争,确立了新的守门人(Gatekeepers)标准,将在事前降低预计危害,并补强事后干预能力。[2]在法律责任方面,《数字服务法》将委托欧盟委员会对大型平台企业处以全球营业额6%的罚款,如屡次严重违规,可禁止大型平台企业在欧盟单一市场内运营;而在《数字市场法》之下,屡次违规可被处以全球总营业额 20%的罚款。两部法案的罚款比例在全球范围内都处于较高,并且在改善欧洲数字市场监管碎片化方面起到了积极的作用。这为我国金融科技市场监管处罚方案提供了可行性思路。

(4)第三方风险管理

随着金融业转型发展步伐加快,银行保险机构对信息技术、数字技术依赖程度越来越高。在金融机构数字化转型关键期,银行保险机构不断加大对金融科技领域的投入和布局,科技外包也成为一种常态,特别是中小金融机构与第三方技术公司的合作逐渐增多。针对外包服务商造成的金融、技术等风险,应当更加注重统筹管理,加强对外包合作的网络、数据安全管理以及风险评估和事件处理。《银行保险机构信息科技外包风险监管办法》(银保监办发〔2021〕

---

[1]　详见欧盟官网:https://www.consilium.europa.eu/en/press/press-releases/2022/10/04/dsa-council-gives-final-approval-to-the-protection-of-users-rights-online/访问时间 2023-10-1.

[2]　详见欧盟官网:https://www.consilium.europa.eu/en/press/press-releases/2022/07/18/dma-council-gives-final-approval-to-new-rules-for-fair-competition-online/访问时间 2023-10-1.

141 号)将信息科技外包纳入对银行保险机构的日常风险监测和现场检查,推动银行保险机构建立有效的信息科技外包风险管理体系。该《办法》将信息科技外包风险纳入全面风险管理体系,有效控制由于外包而引发的风险,在实施原则中明确不得将信息科技管理责任、网络安全主体责任外包,对信息科技外包准入提出的监管要求包括准入前评估、尽职调查、合同等规定,并对非驻场集中式外包、跨境外包、同业和关联外包提出附加要求。同时,针对可能给业务连续性管理造成重大影响的重要外包服务,银行保险机构应当事先建立风险控制、缓释或转移措施;要求银行保险机构应承担内部审计职能和责任,定期开展信息科技外包及其风险管理的审计工作,内部审计项目可委托母公司或同一集团下属子公司实施,或聘请独立第三方实施。

6.3   我国金融科技监管法律制度系统优化的推进建议

6.3.1   统合监管背景下的制度因应:出台专门金融科技法的立法构想

针对当前金融行业多法并轨,且监管格局及监管要求仍在不断更新的背景下,金融科技领域监管法律规范相关条款分散,规定过于原则,一些重要问题还缺乏制度规范,总体来说仍缺乏确定性法律依据。[①] 本书试图从构建金融科技法的路径来引导金融科技行业健康、长足发展,并且提升金融监管部门的监管效率,最终促进全国统一金融科技市场的发展。

(1)金融科技专门立法的必要性探讨

在《中华人民共和国金融稳定法(草案征求意见稿)》(以下简称"金融稳定法草案")发布之前,我国已有《中国人民银行法》《商业银行法》《证券法》《保险法》等基础法律作为金融体系的法治保障。2022 年 4 月,中国人民银行发布了《中华人民共和国金融稳定法(草案征求意见稿)》,制定了金融安全监管框架,防范化解金融风险,成为金融法治体系的顶层设计的重要部分。金融稳定法(草案)加强对金融机构的资本充足率、风险管理、内部控制等方面的监管,解决了防范和化解金融风险、维护金融市场的稳定和健康发展的法律制度需求。然而,在数字经济背景下,金融科技应用走向常态化,在关注其安全发展的同时也

---

① 程雪军,尹振涛. 全国统一大市场下的金融科技创新与监管体系重构[J]. 经济问题,2023,9:1-10.

应当关注其创新发展,尤其是随着金融科技市场的高速发展性和跨部门跨领域性,致使当前现行金融监管法律规范仍存在供给不足的局面。2023 年 5 月,国家金融监督管理总局正式挂牌成立,这标志着中国的金融监管体系正式迈入"一行一总局一会"新格局,统合监管的趋势更为明确,更为有效地避免因为监管交叉、监管套利等降低监管效率和滋生金融系统腐败行为,这不仅有利于努力消除监管空白和盲区,而且能够更好地推进监管机构加强监管协调、履行监管职责、减少理解偏差和执行偏差,整合和优化监管资源以提升监管效能。高度整合的监管机构是实现统筹的金融监管体系的核心枢纽,国家已经组建的金融监督管理局对金融科技监管系统结构优化具有重大意义。

2022 年 3 月,《中共中央　国务院关于加快建设全国统一大市场的意见》中提出健全统一市场监管规则,"加快发展统一的资本市场"部分中明确"强化重要金融基础设施建设与统筹监管,统一监管标准,健全准入管理。"统一大市场是指在全国范围内,建设一个市场的基础制度规则统一,新一代金融科技的崛起,既促进了金融行业的创新发展,又衍生了众多的金融风险与不稳定性,因此有必要构建金融科技市场稳定的长效机制。金融科技同样具有风险性,通过"混业性"与"去中心化"特征,严重制约了全国统一金融科技大市场的发展。①未来的国家战略目标方向正逐渐明晰,即把握新一轮科技革命和产业变革新机遇,推进科技自立自强、数字经济与实体经济深度融合,以此推动高质量发展。综合以上背景,国家政策上仍会支持金融科技持续、长足的发展,并且从我国金融科技发展态势来看,仅仅依靠部门规章、规范性文件还是难以承担促进金融科技发展的重大使命。当前支持金融科技创新的《中国金融科技创新监管工具白皮书》法律效力层级过低,而由全国人大及其常委会制定的法律具有更高位阶和适用权威,从国家的战略目标和金融科技行业使命来看,可考虑构建金融科技专门的立法。此外,出台专门的金融科技法更加有利于和国际上金融科技监管规则的衔接,从而进一步提升我国的金融科技国际竞争力与国际合作能力。

(2)域外金融科技立法的比较考察

近年来,韩国政府在金融科技发展治理方面的做法是典型的"立法先行"的法律治理模式,因而韩国的金融科技创新立法值得格外关注。2018 年 10 月,韩国国会通过《互联网专业银行设立及运营特例法》(该法于 2019 年 1 月 17 日起

---

① 程雪军,尹振涛. 全国统一大市场下的金融科技创新与监管体系重构[J]. 经济问题,2023,9:1-10.

正式实施);2018 年 12 月,通过世界上首部以金融创新命名的法律《金融创新支援特别法》(该法于 2019 年 4 月 1 日起正式实施);2019 年 11 月发布在线网络借贷法案《线上投资联动金融业及使用者保护法》,使长期以来"无法可依"的在线网络借贷行业正式进入法治时代。2020 年以来,韩国国会修改、整合了"数据三法"(《个人信息保护法》《关于信息通信利用促进及信息保护的法律》《关于信用信息的利用及保护的法律》),这些法的制定与修改为金融科技企业自由开展与数据相关的创新性业务提供了制度保障,成为第四次工业革命的"催化剂"。此外,在金融消费者权益保护方面,2020 年 3 月韩国国会通过了《金融消费者保护法》。

在立法模式方面,韩国主要采取了在既有法律中纳入金融科技相关规定、另行制定特别法、修订与金融科技发展相关法律这三种模式。一是在既有法律中新增金融科技相关法律制度。该模式主要在《资本市场法》之下新增金融科技法律规范,在既有法律中将金融科技制度吸收(例如智能投顾法律制度),这种模式在形式上是将传统金融业务或资本市场业务进行延伸与拓展。二是特别法模式:特别法模式是指在既有金融法律之外再另行制定特别法。金融科技可视为对传统金融业务的"颠覆式创新",对传统金融监管法制冲击较大。无论是在监管对象还是立法理念与规则确立方面都发生了很多变动,这与传统金融法律的差异较大。由上文论述可知传统金融法律在监管理念、监管能力和监管制度诸多方面都落后于当前的金融科技发展,因而脱离传统金融监管立法而另行制定专门的金融科技法是改善金融科技监管水平的一条必要出路,韩国针对金融科技专门制定的法律规范有《互联网银行法》《金融创新法》以及《在线金融业法》。三是修法模式:完善与金融科技产业发展相关的其他法律规定。具体金融科技发展的修法实践主要有修改了《个人信息保护法》《关于信息通信利用促进及信息保护的法律》与《关于信用信息的利用及保护的法律》,这"数据三法"进一步维护了数据处理和个人信息保护之间的平衡,也为金融科技的发展提供了更加翔实的法律依据。

(3)我国金融科技专门立法的设计构想

在立法模式上,上述韩国的立法模式单独借鉴都存在片面性,只有将另行制定专门立法、修订原有金融法律规定等模式结合起来才能形成全面的金融科技法律制度体系。国外立法各有倚重,无论是起步早、规则严格或是偏重创新,其法律内容都是根据当地金融科技发展实际情况制定的,而我国金融科技专门立法应当深度结合国内金融科技战略发展目标、金融科技新业态新模式变化、金融科技的时空差异综合来拟定法律规范。

在立法理念上,创新与安全发展并重的立法逻辑主线。坚持总体国家安全观是新时代国家安全工作的重要内容,"统筹发展和安全"在金融科技上直接体现为平衡好业务的"创新和风险",数据的"流通与安全",即在鼓励创新发展的同时防止产生重大的金融风险和社会风险,也有合理规划、避免"野蛮生长、大乱大治"的深刻含义。总体而言,遵循"守正创新、安全可控、普惠民生、开放共赢"的理念,对金融科技关键概念与内容作出更为明晰的界定,明确金融科技各类参与主体和内容,综合金融科技机构、业务、数据、技术、用户等多个维度为金融科技划定安全界限,对系统性风险、安全研发等重点事项划定安全红线,并且为金融科创企业提供充分的创新空间,从而为金融科技创新活动和行政监管提供基础制度支撑。

在立法内容上,重点完善以"监管沙盒"为主导机制的金融科技监管制度。在金融科技创新实体规则中,完善申请阶段、评估阶段、测试运行阶段、退出阶段各个环节的规定,明确相应的市场准入与退出规则,以金融科技创新、消费者权益保护、维护金融安全与稳定等方面作为金融科技市场主体进出的基本考量。我国的金融科技创新监管工具为了适应本土化需求,在设计目标、参与者和监管模式方面仍有升级完善的空间。在做好金融风险防控和金融消费者保护的前提下,进一步拓展金融科技创新监管工具、资本市场金融科技创新试点等监管沙盒机制覆盖的机构、业务和技术范围,有序推动监管沙盒机制跨部门、跨业态、跨区域、跨境的信息交流和互认互通。同时,可借鉴国际经验探索快速沙盒(面向特定条件)、主题沙盒(面向特定领域)、数字沙盒(面向初创企业)等创新机制,支持更多聚焦于普惠金融、养老金融、绿色金融、农村金融、科创金融等重点领域的金融科技企业和创新项目,将其纳入"监管沙盒"测试范围,为金融科技创新提供合理而充分的观察期和测试机会。[1] 此外,为进一步增强数字渠道、算法模型、数据安全等重点领域的动态感知和穿透式分析能力,可探索数字化合规工具在监管沙盒测试、交易行为监测、业务数据报送、风险事件报告等场景的应用,建立维护金融科技风险库、漏洞库和案例库,在智能算法信息披露机制和风险评估机制等方面持续完善,进而实现金融科技监管的统一性、专业性以及穿透性。

---

[1]　中国互联网金融协会:《2022 中国金融科技企业首席洞察报告》,第 39 页。

6.3.2　技术标准与法律规范的策略互补:完备型金融科技标准体系构建

(1)完备型金融科技标准体系内涵与价值厘定

依据标准经济学理论的观点,标准有利于提升中国在全球价值链中的地位。遵循技术标准不仅能够为传统金融机构数字化转型提供内生动力,而且有益于创新企业传统运营模式、创新数字化解决方案,进而进一步提升企业竞争力。构建标准体系是运用系统论指导标准化工作的一种方法,相对于标准而言,标准体系是将实用知识进行系统化整合,标准体系是其领域高级发展的重要标志和基础支撑。在我国《标准体系构建原则与要求》(GB/T13016—2018)中,标准体系(standard system)的定义是"一定范围内的标准按其内在联系形成的科学的有机整体"。标准体系的构建根据目标对象不同,其构建方法、流程也存在一定差别。以体系构建结果目标为划分依据,标准体系构建类型大体可分为创建型、提高型和完备型。创建型标准体系是目标对象此前存在空白、从未建立过的全新的标准体系,基本特征是现行标准数量少、需要制定的标准较多。提高型标准体系是对目标对象的现有标准进行再建设使其完善,是目标对象标准体系进入成熟期之后对原有体系进行完善性修订,基本特征是现行标准数量已经确立主导地位,是在有一定积累的基础上补充新的标准。完备型标准体系则是对经过完善和提高的目标对象进行再优化,换而言之,完备型标准体系是提高型标准体系的进阶"升级版",它通过解决当前标准体系实施的先进性、可操作性问题从而解决目标对象的全面性问题,最终达到标准体系的应用质量效果优化的目标。

完备型标准体系的作用主要在于为目标对象提供更为系统、完备且先进的实施框架,并且支持目标对象在国际竞争中占据领先地位,其基本特征是体系中现行标准数量较多而需要制定的标准数量较少,需要进一步修订完善的标准数量通常要达到总体数量的一定比例,特别是要考虑到国内的标准与国际上先进标准的对接问题,具体实施内容包括对标准体系进行结构优化,以及对现行标准进行修订和相应的补充规划。完备型标准体系在金融监管中的价值在于其具有系统知识性、内容成熟性、动态优化性、发展指导性和市场公认性。首先,标准内容通常是由相关领域专家集体制定,且标准体系是相互联系、配套使用的一系列标准集合,集成了系统性知识;标准内容主要来源于生产、科研的总结与整理,技术水平如果达不到一定的成熟度,是不宜制定为标准进行推广的,

因而标准体系必须具备成熟信任度和普遍可用性。标准体系在具备稳定性的
基础上(通常是五年的复审周期)还具有一定的动态优化性特征,随着科技不断
升级,标准内容是不可能一成不变的,需要随着客观情况不断作出增进、删除、
完善的动态调整和优化更新。此外,标准体系具有发展指导性和市场公认性,
这类似于法律的预测作用和指引作用。标准体系主要体现为编制标准体系结
构图和标准明细表,标准体系表以一种标准体系模型形式呈现,是特定范围内
包含现有、应有和预计制定标准的蓝图规划和顶层设计,这为了系统性规划所
需标准以及修订、定期复审内容等提供了指导依据。市场公认性则表现在标准
通常是市场利益相关方共同协商制定的,这需要技术产品提供方和消费方的双
向认同,因而具备较高的市场公认性。[①]

(2)完备型金融科技标准体系的全生命周期构建

标准是以科学技术和实践经验为基础,经相关利益主体协商一致,由主管
机构批准,以特定形式发布作为共同遵守的准则和依据。因此,标准的制定应
当遵循开放、透明原则,保证参与取相关息,反映各参与主体的共同需求。随着
全球经济一体化的加深,建立一个安全、可持续和包容的金融科技体系是各国
共同面临的课题,我国金融科技各项标准日趋走向成熟,因而金融科技领域完
备型标准体系亟待构建。以金融数据标准为例,金融业务系统及运营过程涉及
的数据资源数量大、类型多、分布离散,数据更新周期短,难以形成清晰明确的
数据资产管理台账,且金融数据应用需求十分庞杂、应用场景未实现统一识别
和规范管理。同时,在业务系统更新迭代、系统扩展和增加、业务数据类型激
增,以及数据资产安全性、重要性不断提升等多重影响下,金融机构内部数据安
全运营不统一、不系统、不全面,缺少可持续的整体数据运营规则梳理与调优。
金融机构信息科技体系管理重点关注业务所需数据的高效流动和可用性、外部
网络安全风险的防控,对数据安全的关注通常只作为网络安全的一个环节,不
够重视、不够体系。总体来看,金融机构数据因其应用需求庞杂、标准缺乏整体
性导致安全运营短板凸显,特别是数据泄露、篡改、误用、滥用、越权访问等安全
问题频频发生,其在数据采集、传输、存储、处理、交换等活动中缺乏有效覆盖数
据生命周期全过程的系统化数据安全风险发现和防控能力。

标准体系构建的核心是将标准体系构建关系结构化、程序化、通用化[②],全

---

① 麦绿波.标准体系的内涵和价值特征[J].国防技术基础,2010,12:3-7.
② 麦绿波.标准体系构建的方法论[J].标准科学,2011,10:11-15.

生命周期的完备型标准体系构建也应当遵循此方法论,其主程序流程可归结为:在标准体系目标分析、标准需求和适用性分析(主要分析确定标准体系的横纵向目标、查找需求标准缺项、分析现行标准内容使用适合度)的基础上,对标准体系结构进行设计,根据相应需求编制标准体系表以及标准制定修订规划表,针对标准体系现行标准进行汇总并撰写编制说明,印发和宣讲相对定型的标准体系,并对标准体系实施情况进行反馈评估,跟进标准体系的修订和维护(根据反馈问题进行标准修订,在标准体系数据库中补充新标准实现动态维护,如图 6-2)。值得注意的是,完备型金融科技标准体系是对原标准体系结构的优化重构,是较为成熟且先进的标准体系,可在更广范围内对标准体系进行宣传以促进标准的制定和实施。对于诸如数据等新类型的标准化工作而言,由于其新颖性和复杂性,不易在短时间内形成行业标准或者国家标准的团体标准或企业标准则可以成为优选,如 2021 年 4 月发布的《数据安全治理能力评估方法》,以及于同月发布的《个人信息处理法律合规性评估指引》等通过团体标准形式发布的标准,不仅推进了数据标准化的整体建设,也可以通过"以点带面"、循序渐进的方式逐步完善行业标准和国家标准,甚至也为我国相关主体参与国际标准的制订打下了扎实的基础。

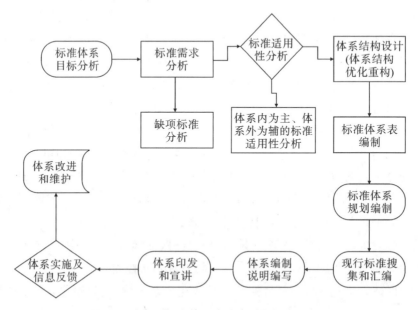

图 6-3 完备型标准体系全生命周期程序流程图

在标准体系构建流程上,重点可从确保技术标准规模——优化技术标准结构——评估技术标准实施效果与金融机构标准化能力提升等方面分别进行细化完善。一定的技术标准规模存量是完备型标准体系的基本要求,在实现数字化转型中标准的有效供给要具备基本的规模。在国家相关标准化部门作为标准主要制定主体的基础之上,同时鼓励企业或行业组织等积极参与研发和制定技术标准。在优化技术标准结构过程中将国家标准作为基准线,逐渐并入国际金融数字化转型趋势中,考虑适当提升完备型标准体系中采纳国际标准的比例。在评估技术标准实施效果中,应当及时反馈实施情况信息并及时调整,作出有益于促进金融科技整体发展的标准化策略和措施。此外,金融科技标准化能力建设中,要综合考量金融科技企业技术标准的遵循成本与金融科技企业制定、实施标准的能力,以加速金融机构数字化转型效率的提高。[①] 在具体内容上,2022 年 2 月,中国人民银行等四部门发布了《金融标准化“十四五”发展规划》,文件明确金融标准未来体系化、精细化、规范化的发展趋势,提出“要稳步推进金融科技标准建设”。深入实施金融科技发展指标评价标准,为自律组织实时发布发展指数提供支撑。在金融数据要素标准上,统筹金融数据开发利用、公共安全、商业秘密和个人隐私保护,加快完善金融数据资源产权、交易流通、跨境传输和安全保护等标准规范。完善金融大数据标准体系,探索制定金融大数据采集、清洗、存储、挖掘、分析、可视化算法等技术创新配套标准。制定金融数据质量、脱敏、分级分类等标准。制定金融数据应用建模、元数据、算法评价等标准等。同时,为了配合我国央行数字货币(DCEP)落地,当前极为紧迫的任务是研制法定数字货币标准,并且完善法定数字货币基础架构标准,这需要从“安全可信基础设施——发行系统与存储系统——登记中心——支付交易通信模块——终端应用”等进行全面的探索。

目前来看,我国金融科技底层技术应用实施标准都在逐渐完善,已在数据跨私域共享、数据全流程安全、金融多元化普惠等方面作出了基础标准规范,但仍需继续完善标准化治理结构,补足金融监管科技标准,以构建完整的标准实施监督机制和标准化组织协调机制。此外,为了优化标准化治理效能,还应完善标准实施效果评估、标准检测认证制度体系、探索建立量化评价机制,考虑逐步构建更加开放兼容、与国际接轨的金融科技标准体系。在金融科技领域标准应用探索中,我国证券期货行业相关机构根据目前行业标准化现状及标准实际

应用情况，紧密结合当前金融科技行业的共性需求和未来的发展趋势，基于金融科技领域特性且与之业务场景紧密配合，从云计算、大数据、人工智能和区块链方向开展行业金融科技标准化工作，提出了行业金融科技标准体系的顶层设计与规划（图 6-4），可作为金融科技领域构建完备型标准体系的有益参考。

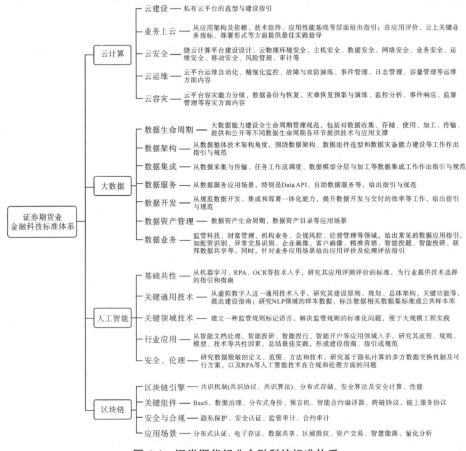

图 6-4　证券期货行业金融科技标准体系

（3）完备型金融科技标准体系与法律的契合与适用

金融科技技术标准化监管旨在标准化监管框架下实现金融科技行业"最佳秩序并取得最佳的共同利益"，以完善的监管法规、技术标准和行为规范对金融科技实行全流程规制和动态监测，确保金融科技市场健康可持续发展。在金融数智化时代，科技创新与标准化紧密互动、互为支撑，标准化是科技成果的扩散器、助推器以及产业发展的风向标，对金融科技规范运行起到引领、保障的基础作用。与标准作为"技术要求"所不同的是,法律作为一种规范,主流观点认为法是由国家制定、认可并依靠国家强制力保证实施的;而标准是关于特定技术活动可作为指引的文件,通常是非强制的,在执行效力上明显弱于法律。从其实际功能来看,标准对法律是有依赖性的,一是表现在制定标准的活动需要法律提供程序规范,二是表现在特定的情况下标准的实施需要依赖法律赋予标准的强制执行力,换言之,强制性标准虽然具有强制拘束力,但该强制拘束力不是强制性标准本身所具有的。标准虽然不是法律,但在法律的实施过程中发挥着重要的辅助作用。法律条文中会援引标准,司法裁判中也会应用标准对相应事实进行界定。标准与法律都是国家治理系统的基础性制度,同时二者又是一对既相区别又联系十分紧密的概念,标准如何与法律形成国家治理的双层利器,标准如何融入法律,行政执法如何运用标准,各类标准的法治治理理念如何定义,这些问题都是金融科技标准与法律融合的基础问题。①

2021 年 10 月中共中央、国务院印发的《国家标准化发展纲要》明确提出建立法规引用标准制度,建立法规引用标准制度、政策实施配套标准制度,在法规和政策文件制定时积极应用标准。2022 年 7 月国家市场监管总局等多部门联合下发了《贯彻实施〈国家标准化发展纲要〉行动计划》,其中在强化标准实施与监督中,提出"推动在法规和政策文件制定,以及认证认可、检验检测、政府采购、招投标等活动中积极应用先进标准。"国内有关法律与标准的关系研究主要关注于技术法规与标准的区隔以及国外技术法规标准模式的比较,以欧盟、美国、日本等国家或地区为例,在法律法规中直接写入标准或引用标准内容已经成为制定技术法规时惯用的方式。长期以来,技术标准的法律适用是有一定实践积累,横向上来看,技术标准在行政、民事以及刑事等领域的裁判中直接被援引;纵向上来看,标准化法设定的多级标准内部体系,不同层级技术标准于法律适用中存在着差异表达。② 以行政管理部门领域为例,技术标准作为行政机关实施行政行为的直接依据时,可被作为是在具体行政行为司法审查中的援引内容,其存在的形式大体可分为两种:其一是将技术标准视为技术法规的形式存在;二是作为一种规范或依据写入法律文本中,并且成为与其一体的技术标准条款。以上任何一种情形从本质上来看都是指向标准中涉及的实质内容融入相关法律语境中而得以呈现出法律规范样态,而非技术标准这一形式本身。然

---

①　王益燊,汪梦晗,陈永强. 标准与法律的界分与协动[J]. 标准科学,2021,2:6-13.

②　孙诗丹. 技术标准司法适用的实践类型、理论与优化路径[J]. 标准科学,2022,5:6-13.

而,技术标准的意义在于应对新兴技术不断变化,法律呈现的静态特征容易陷入"立法僵化"或"立法滞后"的困境,而标准较为柔性的作用效力更容易通过动态的调整弥补法律的功能缺陷。

总体而言,法律与标准融合的模式可分为四大类,即并入模式、静态参照模式、动态参照模式与通用条款模式。并入模式是将标准直接并入法律规范或其附件中,成为法律条款的一部分,从而上升为强制性法律规则,这在国际上通常以技术法规的形式存在,在法律中设置了技术性的详细规定。该模式在适用性上更为明晰具体,相应地存在的缺陷在于技术发生变化将会影响到整体法律的适用,按照法律的修订程序繁琐耗时。静态参照模式在法律条款中要求参照特定的正式标准版本;而动态参照模式则是参照标准不同的有效版本。最后是通用条款模式,这表现为法律条款中要求遵守"一般认可的技术准则",要求考虑"科学和技术状况"及应用"最可行技术",通常适用较为模糊的法律术语。① 在我国《标准化法》《国家标准管理办法》等系列法律规范的框架之下,值得注意的是强制性标准虽然具有一定强制效力,但强制性标准与技术法规的不同之处,主要还是在于强制性标准由相关技术委员会或相关归口单位制定,而技术法规则遵循《立法法》《行政法规制定程序条例》《规章制定程序条例》的要求,由立法机构或具备立法权限的行政机关来制定,二者制定程序存在较大差异。

2023 年 9 月,国家市场监督管理总局修订出台了《企业标准化促进办法》(2024 年 1 月 1 日起正式施行),其中第七条规定,"企业应当依据标准生产产品和提供服务","强制性标准必须执行","鼓励企业执行推荐性标准"。根据全国金融标准化委员会发布标准情况,金融行业国家强制性标准较少,关于金融科技的标准大多为推荐性国家标准,同时推荐性行业标准也在逐渐推行,而在监管沙盒测试中,关于技术安全和风险防控评估中,金融科技企业仍然应当达到金融科技行业标准要求。例如,中国人民银行发布的三项重要标准,即《金融科技创新风险监控规范》(JR/T 0120—2020)、《金融科技创新应用测试规范》(JR/T 0198—2020)和《金融科技创新安全通用规范》(JR/T 0199—2020),此三项标准均为金融行业标准,其适用范围既包括从事科创的持牌金融机构以及从事金融相关业务系统等科技产品研发的科技公司,也包括相关安全评估机构、风险监测机构以及自律组织等,本书认为,可参照行政诉讼中司法裁判时对规章的

---

① 克努特·布林德. 标准经济学——理论、证据与政策[M]. 北京:中国标准出版社,2006:68.

参照适用思路,①将技术标准看作是专业化的规范性文件,作为法律法规的技术支撑和必要补充,在标准与法律衔接机制上仍以援引为主。

6.3.3　"科技向善"愿景的制度实现:金融科技伦理适度法制化的探索

著名哲学家罗素认为,"随着智慧和发明使社会结构日趋复杂,集体合作的利益也越来越大,而相互竞争的利益则越来越小。由于理智和本能的冲突,人类需要有伦理和道德法典。"②科技伦理,顾名思义,是指在从事科技研发等相关活动所遵循的价值理念以及行为规范,在伦理决策中,整个伦理决策的正当性在于前置考量社会成员都必须遵守的、最基本的价值观。③ 伦理决策的基本原则可归纳为生命价值原则、诚信原则、公正原则。人们对生命的保护体现了最基本的人道主义,因而将生命价值原则作为伦理决策的道德起始点。诚信是社会正常运转的基础,也是大多数道德体系中的黄金信条,在依靠契约来处理事务的现代社会诚信原则显得尤为重要。在市场经济和商业活动中"公正原则"显得尤为重要,其不仅在实体和程序中体现平等、正义,还进而表现为互惠与最优化。从伦理角度审视金融科技监管,诱发金融科技风险的诸多要素都存在因伦理冲突而引发伦理失范的可能,因此应当兼顾金融市场风险管理的伦理原则与新兴技术的伦理规制,在科技向善(Tech for good)的发展目标下,除了注重传统商业的公正原则、诚信原则,还应当注重自主原则、信息透明原则、知情同意原则等。④ 针对技术引发的伦理问题,美国信息管理科学家梅森(Mason R. O.)较早提出了四个伦理议题:信息隐私权(Privacy),是指处于信息社会中,个体具有隐私权且不容他人侵犯;信息准确性(Accuracy),在信息社会中,个体享有使用正确信息的权利;信息产权(Property),即个体当然享有自己生产和开发信息产品的产权;信息资源存取权(Accessibility),个体在信息社会中享有相应的信息权利。⑤

(1)金融科技伦理的法制需求

伴着金融机构从金融业务数据化到数据业务化的数字化转型,人与金融的

---

①　孙诗丹. 技术标准司法适用的实践类型、理论与优化路径[J]. 标准科学,2022,5:6-13.

②　〔美〕伯特兰·罗素. 罗素文集[M]. 王正平,译. 北京:改革出版社,1996:412.

③　何怀宏. 良心论:传统良知的社会转化[M]. 上海:上海三联书店,1994.

④　巴曙松. 金融伦理通识[M]. 北京:机械工业出版社,2020:153-164.

⑤　Mason R O. Four Ethical Issues of the Information Age[J]. MIS Quarterly,1986,1(10):5-12.

关系正在发生巨大变化,数据垄断、算法黑箱等诸多金融科技伦理失范问题不断涌现,其具体表现在以下方面:一是由技术滥用或技术缺陷引发的技术安全伦理失范;二是个人信息泄露、数据侵权引发的数据管理伦理失范;三是由于金融科技企业欠缺社会责任而引起的社会道德伦理失范问题。时下,金融科技的发展正趋于自主学习并且持续进化,不仅外部用户难以了解金融科技内部模型的运行逻辑,开发者自身也越来越难以全面解释模型的决策机制,金融科技应用部分算法存在的不透明性和解释性困难,使得算法决策的问责评估变得困难,这同样埋下了安全隐患。在金融科技应用过程中,也可能存在因数据样本不充分、技术条件约束等原因无法完全消除对个人、关联方、社会带来风险以及没有及时对金融科技伦理影响的风险信息进行披露的问题。"法律不可能成为解决所有纠纷的灵丹妙药,法律以外的因素如道德、情理也是司法过程中所不可忽略的。对正义执着追求的'理想主义'可能在一定程度上必须让位于解决纠纷的'现实主义'。"①这使科技伦理治理机制的重要性更为凸显,金融科技伦理规范也日趋成为金融科技监管中的热点问题。

当前人工智能技术在全球快速研发与应用,由于人工智能技术本身特有的不确定性问题,相比传统信息技术更加具有伦理反思的必要,因此在科技伦理的分析框架下,国际上将人工智能伦理反思作为着眼点,在支持人工智能技术产业发展的基础上也更加重视人工智能的健康而全面的发展,并将伦理治理作为人工智能战略中的一部分,推出相应的政策、规划或是指南与规范等文件,试图建立人工智能伦理体系用以保障人工智能伦理的规范。2019年5月,经济合作与发展组织(OECD)正式发布《人工智能原则》,该原则给出了人工智能可信赖的五项原则,包括可持续发展、以人为本、透明可解释、鲁棒性与信息安全、可问责等,并基于上述五项原则提出了政策建议和国际合作方针。2021年11月25日,联合国教科文组织(UNESCO)正式发布《人工智能伦理问题建议书》,该建议书作为全球首个针对人工智能伦理制定的规范框架,明确规定了4项价值观、10项伦理原则以及11项政策建议,其中人工智能伦理原则主要涉及相称性和不损害、安全和安保、公平和非歧视、可持续性、隐私权和数据保护、人类的监督和决定、透明度和可解释性、责任和问责、认识和素养、多利益攸关方与适应性治理和协作。

科技伦理从观念和道德层面上对人们开展科技活动提出了应当遵循的基

---

① 肖扬. 中国司法:挑战与改革[J]. 人民司法,2005,1:4-6.

本要求,同时又避免了法律法规的强制性约束,为企业科技创新和业务探索留下了空间;另一方面,科技伦理可以有效弥补科技立法滞后性的缺陷,解决了科技活动中法律规范的"时间差""空白区"等问题。以欧盟为例,2019 年 4 月,欧盟 AI 高级专家组(AIHLEG)正式发布《可信人工智能伦理指南》,在该指南中提出了实现可信人工智能的参考框架,在该框架中可信人工智能的基础由合法合规、伦理、鲁棒性三项相辅相成,必不可少的要素构成。指南根据该三项要素提出了尊重人的自主权、无害化、公平性、可解释性等四项基本原则。此外,指南指出要实现可信赖的人工智能,必须将上述四个伦理原则转化为可实现的具体要求,用于参与人工智能系统生命周期的各个利益相关方,如开发人员、部署人员和最终用户,以及更广泛的社会层面。2020 年 10 月,欧盟委员会通过《人工智能、机器人和相关技术的伦理框架》决议,该框架的针对潜在高风险人工智能相关技术,该框架从第六条到第十六条等多个方面规范了伦理相关义务,其中主要包括以人为本。安全、透明、可问责,无偏见、无歧视,社会职责、性别平等,可持续发展,尊重个人隐私和补救权益七项原则。《欧洲议会和理事会关于制定人工智能统一规则(人工智能法)和修订某些欧盟立法的条例》的立法提案于 2021 年 4 月通过欧盟委员会发布,其主要内容包括对人工智能应用风险进行划分,将风险等级划分为不可接受风险、高风险、风险有限以及风险最低四个级别,以对人工智能系统进行分级管理,并明确监管部门和处罚要求,意图通过法律手段提高可信人工智能系统的发展。这为我国金融科技伦理法制化提供了很多的借鉴。

(2)金融科技伦理规范顶层设计

《关于加强科技伦理治理的意见》(以下简称《意见》)于 2022 年 3 月发布,《意见》指出当前我国科技创新快速发展,面临的科技伦理挑战挑战日益增多,存在体制机制不健全、制度不完善、领域发展不均衡等问题,已难以适应科技创新发展的现实需要。因此,需要全面厘清科学研究、技术开发等活动需要遵循的价值理念和行为规范。[①] 由中国人民银行制定的《金融科技发展规划(2022—2025)》对金融科技伦理建设提出的要求有:坚持促进创新与防范风险相统一、制度规范与自我约束相结合原则,加快出台符合国情、与国际接轨的金融科技伦理制度规则,健全多方参与、协同共治的金融科技伦理治理体系。2022 年 10

---

① 杨涛. 金融科技发展需把握好三大要素[J]. 中国金融,2022,16:61-62.

月《金融领域科技伦理指引》(JR/T 0258—2022,以下简称《指引》)由中国人民银行发布,《指引》在七个方面确立了价值理念以及行为规范:(1)守正创新(主要包括履行伦理治理主体责任、坚守诚信履约行为准则、落实金融持牌经营要求等内容)。(2)数据安全(主要包括充分获取用户授权、最小必要采集数据、专事专用使用数据、依法合规共享数据等内容)。(3)包容普惠(主要包括防止不公平歧视、履行无障碍义务等内容)。(4)公开透明(主要包括充分披露产品服务信息、消费者适当性管理等内容)。(5)公平竞争(主要包括严防滥用数据与流量、公平公正使用智能算法、平等合理设置平台规则等内容)。(6)风险防控(主要包括履行风险监控责任、做好创新风险补偿等内容)。(7)绿色低碳(主要包括坚持生态优先绿色发展策略、发挥金融支持环境改善作用等内容)。《指引》对金融领域从业机构提出了具体指导,在预防和化解金融科技领域伦理风险各个环节作出了具体规定,对于以"科技创新"的主张刻意模糊业务边界、交叉嵌套关系、不符合经营范围开展金融科技活动等行为加以杜绝。此外,北京金融科技产业联盟协同中国支付清算协会、中国银行业协会、中国互联网金融协会联合起草了《金融领域科技伦理自律公约(试行)》(征求意见稿),筑牢金融科技伦理自律防线。

(3)金融科技伦理规范制度安排

金融科技伦理适度法制化的意义在于将抽象的道德价值取向变得具体且有操作性,通过法律规范提高科技伦理治理执行效率。当前,人工智能、信息科技、生物技术的发展正在重新塑形经济社会,如果没有相应的道德法律约束,就会与现有的社会伦理造成价值冲突。在《数据安全法》第 8 条,明确要求数据处理者进行数据活动时要"尊重社会公德和伦理,遵守商业道德和职业道德"。在2023 年 4 月,科技部与相关部门发布了《科技伦理审查办法(试行)》并向社会公开征求意见,这是我国科技伦理监管工作的重要制度探索,但是受其立法层级所限,且违规处理依据模糊,适用规定和职权分工、义务规范还有待进一步细化、明晰。加之此办法是覆盖各领域科技伦理审查的综合性与通用性规定,对金融科技伦理审查缺乏行业针对性。

建立金融科技伦理规范主要在于伦理审查机制的构建与完善,主要包括:①确立科技伦理管理主体责任。在金融行业内精准划分科技伦理审查范围,探索设立企业级科技伦理委员会,建立严密的伦理监管组织架构。②伦理审查质量控制。针对伦理高风险科技活动建立可动态调整的清单制度,对可能产生较大伦理风险挑战的新兴科技活动实施清单管理。责任主体按照职责权限负责本系统科技伦理审查的监督管理工作,建立对纳入清单管理科技活动的专家复核机制,加强对本地方、本系统发生的重大突发公共事件应急伦理审查的协调、指导和监督。③完善监督评估制度。跟踪监督科技活动应当贯穿于全过程,涉及数据和算法的科技活动,数据处理方案符合国家有关数据安全的规定,数据安全风险监测及应急处理方案得当;算法和系统研发符合公平、公正、透明、可靠、可控等原则。此外,金融科技企业要更加注重社会责任,经常性开展单位职工科技伦理教育培训等,并向社会开展科技伦理宣传与交流活动,引导公众自觉提升科技伦理意识,对于监管部门、金融科技行业组织以及社会公众对金融科技伦理的关切金融科技企业要积极予以回应。

总体而言,在金融科技监管这项系统工程中,加快金融科技伦理规范建设是很值得探究的切入点。事实上,伦理问题一直是近年来各行各业探讨的热点问题,在实践操作中也是难点问题,而当传统金融伦理与科技伦理共同叠加引出了金融科技伦理,这将带来更为复杂的矛盾。在宏观体制上,伦理体系作为传统的法律政策体系补充,在保障可执行性的前提下,需要尽可能地柔和与丰富,柔和体现在适应新技术、新业务迭代速度并及时应对;丰富体现在构建多层次的道德指南,并与国家立法、标准制定、行政监管、行业自律以及企业自我约束逐一对应,使新的社会问题在无法可依、无章可循之时能够接受伦理规范的有效指导。在具体落实上,金融科技伦理体系应覆盖企业、政府和社会,实现对风险事前、事中和事后的全方位管控。①

6.3.4　金融大国的责任担当:金融科技国际监管的规则遵循与制度引领

在面对新兴领域监管问题时,基于各国自身发展水平、治理能力不同,抑或对监管成本等不同角度的考量,导致各国监管存在较大差异。政策法规相对完善的国家在率先推动新兴领域监管法规制定方面更具有可能性,因其技术实力较强而对技术发展应用采取更为开放的态度,而落后国家因其监管成本过高等原因而选择完全放开或完全禁止,其政策也较为保守、谨慎。考虑国家间金融科技合作日益密切,不同的监管政策和标准将增加跨国企业的合规成本,不断调整变化的监管要求则会增加金融科技企业的投资风险。应提升金融科技领域监管的前瞻性,在保证安全的前提下促进创新和发展,推动国家间政策协调

---

① 车宁. 金融科技监管的伦理维度[J]. 财经,2021,16:20-21.

和国际规则,加强金融科技领域监管协调和规则制定,为全球金融科技发展营造一个更为开放、公平、可预期的发展环境。

(1)联合国《全球数字契约》制定背景下国际规则的跟进

2023 年 5 月,联合国发布《我们的共同议程》政策简报 5:"全球数字契约——为所有人创造开放、自由、安全的数字未来"(Our Common Agenda Policy Brief 5:A Global Digital Compact—an Open,Free and Secure Digital Future for All)。《全球数字契约》将阐明以《联合国宪章》的宗旨和原则、《世界人权宣言》和《2030 年议程》为基础、开放、自由、安全、以人为本的数字未来的共同愿景。契约的目的是推动多利益攸关方合作,以实现这一愿景。契约将阐明共同的原则和目标,并确定落实原则和目标的具体行动。契约将建立一个全球框架,汇集和利用现有的数字合作进程,支持区域、国家、行业和专家组织及平台根据各自的任务和能力进行对话和合作,并在必要时促进新的治理安排。契约将由会员国发起和领导,其他利益攸关方充分参与。其实施将向所有相关的利益攸关方开放,包括数字平台、私营部门行为体、以数字技术为重点的联盟和民间社会组织。认可契约的原则和目标,并承诺使各自的政策和做法与这些原则和目标相一致,将是参与契约实施的要求。

简报提到,数字世界充满鸿沟,并且鸿沟还在扩大、不平等正在加剧,迫切需要找到利用数字技术造福于所有人的方法。因此,联合国秘书长安东尼奥·古特雷斯(António Guterres)建议制定一项《全球数字契约》,以推进开放、自由、安全、以人为本的数字未来制定原则、目标与行动,使实现可持续发展目标成为可能。契约应规定多利益攸关方行动的原则和目标(2005 年《信息社会突尼斯议程》中规定的原则和此后出现的重要多利益攸关方进程为其提供了良好基础)。潜在的目标和相关行动可包括以下目标:数字连通性和能力建设;开展数字合作、加快实现可持续发展目标;维护人权;包容、开放、安全和共享的互联网;数字信任和安全;数据保护和赋权;全球数字公域方面。金融科技行业是与数字信息技术联系最为紧密的行业,应当在国际规则倡导方面作出前瞻性回应。

表 6-5　《全球数字契约》的行动方向与目标

主要内容	相关目标	行动建议
数字连通性和能力建设	缩小数字鸿沟,使所有人特别是弱势群体以可负担的方式与互联网建立连接。通过数字技能使人们充分参与数字经济,保护自己免受伤害,追求身心健康发展	会员国承诺制定政策和新的金融模式,鼓励电信运营商为难以达到的额地区提供可负担的网络连通
开展数字合作、加快实现可持续发展目标	对数字公共基础设施和服务进行有针对性的投资,推动全球对数字公共产品的了解和最佳做法的分享,以促进可持续发展目标取得进展。通过使数据具有代表性、可互操作和可获取,确保数据成为促进实现可持续发展目标的力量倍增器。跨境汇集数据、人工智能专业知识和基础设施,为实现可持续发展目标的具体目标进行创新。通过设计全球统一的数字可持续性标准和保障措施来发展环境可持续性,以保护地球	会员国与其他利益攸关方回应,根据最佳做法制定一个设计原则框架,并为安全、包容和可持续的数字公共基础设施制定一套定义。建立并维持数字公共基础设施和数字公共服务的全球经验库。将国际发展援助总额的商定比例分配给数字化转型,特别关注公共行政能力建设
维护人权	使人权成为开放、安全、可靠的数字未来的基础,以人类尊严为核心。通过确保在线空间对妇女无歧视且安全,以及扩大妇女对技术部门和数字决策的参与,消除性别数字鸿沟。无论工作方式如何,都要适用国际劳工权利,并保护工人免受数字监控、任意的算法决定和丧失对其劳动的控制权	会员国承诺在联合国人权事务高级专员办事处的推动下建立数字人权咨询机制。所有利益攸关方承诺在区域、国家和行业政策和标准中反映现有的法律承诺,并采取具体措施,保护妇女、儿童等少数群体并赋予他们权能,以充分受益于数字技术;就政府、雇主和工人而言,承诺在国际劳工组织的支持下维护劳工权利,并通过创新式监管、社会保护和投资政策促进有意义和公平的就业机会

（续表）

主要内容	相关目标	行动建议
包容、开放、安全和共享的互联网	一是保护互联网的自由和共享性质，使其成为独特和不可替代的全球公共资产。二是加强对互联网负责任的多利益攸关方治理	会员国承诺避免全面关闭互联网。在联合国网络外交进程中，承诺不采取扰乱、损害或破坏提供跨界服务的关键基础设施或支撑互联网普遍可用性和完整性的基础设施的行动。所有利益攸关方承诺维护网络中立性、非歧视性流量管理、技术标准、基础设施和数据互操作性以及平台和设备中立性
数字信任和安全	一是加强政府、行业、专家和民间社会之间的合作，制定和实施与负责任地使用数字技术有关的规范、准则和原则。二是为数字平台和用户制定强有力的问责标准和规范，以处理虚假信息、仇恨言论和其他有害的在线内容。三是建设能力，扩大全球网络安全工作队伍，制定信任标签和认证计划，以及发展有效的区域和国家监督机构。四是将性别问题纳入数字政策和技术设计	所有利益攸关方承诺制定共同标准、准则和行业行为守则，以处理数字平台上的有害内容，并促进安全的公民空间，具体如下：一是来自不同司法管辖区的在线安全专员应进行合作，建立共同理解和最佳做法。二是社交媒体平台应承诺并建立共同监管机制。三是技术和创新促进性别平等行动联盟等多利益攸关方联盟应帮助制定针对妇女和女童的网络暴力的标准衡量方式，以更好地衡量、跟踪和打击危害模式的方法。四是儿童的需求应该是安全政策和标准的优先事项，包括适龄设计和访问权限，平台必须与监管者和研究人员分享儿童影响评估和数据
数据保护和赋权	一是确保数据的管理是为了所有人的利益，并以避免伤害民众和社区的方式进行。二是向人们提供管理和控制其个人数据的能力和工具，包括选择加入或退出数字平台的选项和技能，以及选择是否将其数据用于训练算法。三是在充分尊重知识产权的前提下，为数据质量、衡量和使用制定多层次和可互操作	会员国和区域组织回应在法律上规定对个人数据和隐私的保护，例如根据《非洲联盟网络安全和个人数据保护公约》和《欧洲联盟一般数据保护条例》。考虑通过一项数据权利宣言保护透明度，以确保可解读的数据驱动决策、互操作性和可移植性，以及针对行为操纵和歧视的保护措施。考虑在新的国际数据十年中通过全球数据契约寻求数据治理原则的统一。所有利益攸关方承诺为互操作性、根据数据类型获取数据、数据质量和衡量制定

（续表）

主要内容	相关目标	行动建议
数据保护和赋权	的标准和框架，以实现安全可靠的数据流动和包容性的全球经济	共同定义和数据标准，并对其进行监测和加以执行。致力于加强人们对其个人数据使用的影响和控制，包括退出选项、加强互操作性、数据可移植性和加密选项考虑有效多边主义高级别咨询委员会的建议，由多个利益攸关方制定全球数据契约，供会员国在 2030 年之前通过
对人工智能和其他新兴技术的敏捷治理	一是确保人工智能和其他新兴技术的设计和使用透明、可靠、安全，并在负责任的人类控制之下。二是将透明、公平和问责作为人工智能治理的核心，同时考虑到政府有责任识别和处理人工智能系统可能带来的风险，以及开发人工智能系统的研究人员和公司有责任监测、透明地说明和处理这些风险。三是将国际指导和规范、国家监管框架和技术标准结合起来，形成一个敏捷的人工智能治理框架，跨国界、跨行业、跨部门积极交流经验教训和新出现的最佳做法。四是就监管机构而言，在数字、竞争、税收、消费者保护、在线安全和数据保护政策以及劳工权利方面进行协调，以确保新兴数字技术与我们的人类价值观相一致	会员国回应：1. 与业界一起紧急启动全球合作研发工作，以确保人工智能系统安全、公平、可问责、透明、可解释、可信并与人类价值观相一致。2. 在全球数据契约的框架内建立一个人工智能高级别咨询机构。3. 与行业协会达成协议，制定基于部门的准则，以确保技术开发人员和其他用户对于特定环境下的人工智能衍生工具的设计、实施和审计有适用的、相关的指导。4. 与技术开发商和数字平台一起承诺加强透明度和问责措施，包括建立人权和道德团队以及跨学科的独立监督委员会，记录和报告人工智能系统造成的危害案件，分享经验教训并制定补救措施。5. 承诺在公共部门建立跨领域和多利益攸关方的监管能力，包括有效多边主义高级别咨询委员会指出的司法能力，以确保基于人工智能和其他新兴技术的系统的监管和公共采购能够促进包容、安全、安保及时应对出现的风险。6. 考虑禁止使用根据国际人权法不能证明其潜在或实际影响的合理性的技术应用，包括那些未能通过必要性、区别性和相称性测试的技术应用

（续表）

主要内容	相关目标	行动建议
全球数字公域方面	一是发展和管理数字技术，使其能够促进可持续发展，增强人们的权能，预测风险和危害并有效解决。二是确保数字合作具有包容性，使所有相关的利益攸关方能够根据各自的任务、职能和能力做出有意义的贡献。三是同意合作的基础是《联合国宪章》《2030 年可持续发展议程》以及普遍公认的人权和国际人道法框架。四是促使各国、各地区、各行业部门就各种问题进行定期和持续交流，以支持学习经验教训和最佳做法、治理创新和能力，并确保数字治理与我们的共同价值观持续保持一致	所有利益攸关方回应：1. 承诺分享治理和监管经验，使国际原则和框架与国家措施和行业实践保持一致，提高监管能力，制定灵活的治理措施，以跟上技术的快速发展。2. 承诺通过下文所述的持续、务实的多利益攸关方合作框架，推进《全球数字契约》中规定的原则、目标和行动

（2）CPTPP/RCEP/DEPA 区域经济合作视阈下的规则回应

在国际层面，我国于 2020 年正式签署《区域全面经济伙伴关系协定》（RCEP），在数字经济与数据资本日益发展的背景下，RCEP 的签署生效对我国来说是积极参与全球规则构建的新起点，这些规定对于进一步完善我国关于数据跨境流动的国内法制，促进形成全球数字贸易协定共识，具有启示意义。2021 年，中国申请加入与《数字经济伙伴关系协定》（DEPA），不断致力于数字经济合作与数据治理协作，为了提升数字贸易的效率并降低交易成本，倡导缔约国实现数据交换系统的连通并且构建国际公认的数据开放标准。DEPA 的具体内容包括 16 个模块：①初步规定和一般定义；②商业和贸易便利化；③数字产品和其有关问题处理；④数据的问题；⑤广泛的信任环境；⑥商业和消费者信任；⑦数字身份；⑧新兴趋势和技术；⑨创新与数字经济；⑩中小企业合作；⑪数字包容；⑫联合委员会和联络点；⑬透明度；⑭争议争端解决；⑮例外；⑯最后条款。尤其是在数据跨境流动规则方面，通过监管"沙盒"等方式合作的措施，DEPA 鼓励缔约国之间跨国界的数据驱动创新，进而促进新产品和服务的开发。中小企业也应当通过创建免费且可公开访问的网站、积极开展对话活动等方式更好实现跨国企业之间信息的联通。

此外，《全面与进步跨太平洋伙伴关系协定》(CPTPP)的原身是《跨太平洋伙伴关系协定》(TPP)，因美国退出协定而被重新命名。作为全球范围内最早生效的新一代数字贸易规则，CPTPP 主要确立了限制数据本地化规定、对数据跨境自由流动的鼓励、个人信息保护方面以及鼓励保护源代码等高标准规则，这对"数据保护主义"起到了预防作用。在全球经济深度融合的今天，数字经济使数据跨境流动已经成为常态，我们作为世界第二大经济体，需要主动参与国际监管规则的制定，主动开展多边金融科技治理合作，多方位参与到金融监管活动的国际格局中去。具体而言，对我国牵头的国际标准研制持续推进，在国际衍生品编码治理方面深度参与，促进国内金融市场交易报告数据要素标准与国际标准的对接，此外，加强自贸区建设中的标准合作，在区域经济协定框架下，对成员间标准协调与对接形成促进力；加强跨境支付国际交流与合作，加强金融科技伦理建设，创建与国际接轨的金融科技伦理制度规则，健全多方参与、协同共治的金融科技伦理治理体系。鼓励金融机构、社会团体、科研机构等积极参与国际金融监管规则制定，不断提出中国智慧金融科技监管方案。

(3)以国际需求为导向的技术标准合作与引领

金融科技的发展使全球范围内的供应商能够跨国界接触到广泛的客户，并提供服务，而不一定会受到客户管辖范围内的监管。监管机构和公共当局需要与同行进行合作和协调，以保护他们各自的金融系统和客户。此外，金融科技的创新，有利于成为在极端情况下，例如金融制裁时成为替代的工具，在这种意义上，区块链和量子通信的这种颠覆式、完全取代原有技术的创新可能会更加重要。但区块链和量子通信也属于探索性技术，由于这些技术还未能满足金融机构关于效率的要求，其在金融领域的应用还不够成熟。

在国际规则引领方面，深入参与相关国际组织应对金融科技治理工作，可探索行业金融科技科技发展交流合作机制，拓展国际交流合作的新渠道。一是促进国际金融科技治理合力的形成。在金融科技基建发展、公开市场操作、国际市场互联互通以及可持续发展等方面进行充分交流并寻求合作机会，充分推动金融创新与金融科技方面的知识共享，尤其是在新趋势、最佳做法、监管事项等关注度较高的问题以及政策与法规等领域。二是以参与国际标准制定作为促进国际交流的支点。在推动金融科技标准化方面,持续跟踪 ISO/TC68 及其 SC2、SC7 分委会和 ISO/TC222(国际标准化组织个人理财标准化技术委员会),定期编制国际标准化跟踪研究报告,以期为国内的金融机构提供更多借鉴。同时也尝试将中国的观点写入标准中,以期加大我国标准制定在国际上的话语权。[①] 三是注重国内标准与国际标准的对接,建议与国际上相关领域技术委员会、各类持有先进标准的团体组织等积极开展交流合作,拓展工作组思路和眼界,保证相关标准的质量和先进性;学习、对标其他专业工作组标准中的管理、技术和安全等理念和要求,提升行业金融科技标准体系的严谨度和包容性。

在提升参与国际标准制定和转化运用的能力水平的具体举措方面,应当履行国际标准组织成员国责任义务,发展更加紧密、互利共赢的标准合作伙伴关系。积极跟踪参与国际标准组织战略规划制定以及组织治理(例如国际标准化组织、国际电信联盟等);在常态化机制方面坚持以政府为引导、以企业为主体以及产、学、研相互联动的国际标准化工作运作机制;注重推进金融标准化工作的对外交流合作,在政策、规则、标准促进互联互通。2023 年 1 月,国际标准化组织(ISO)正式发布 ISO5158:2023《移动金融服务客户身份鉴别指南》国际标准,这是我国专家在移动金融领域召集制定的首项 ISO/TC68 国际标准。ISO5158:2023 为移动金融服务中"电子化了解你的客户(eKYC)"技术的应用提供了指南,内容包括移动金融服务客户身份鉴别总体框架、多维度的移动金融服务客户身份可信级别及其评估细则,以及安全和隐私方面的考虑等。ISO 5158:2023 还给出了应用可信级别的实践案例。该标准由蚂蚁集团专家左敏担任标准工作组召集人、项目负责人并主笔,得到了网联清算公司、北京国家金融标准化研究院、中国银联、中金金融认证中心、人民银行清算总中心等专家支持,同时来自法国、英国、俄罗斯、日本、南非、荷兰、挪威、瑞士、印度、德国的近 30 位专家参与制定。此外,应推动国内国际标准化协同发展,建议推动建立国际标准跟踪转化的长效工作机制,在各领域国际标准和国家标准进行比对分析方面以及适应性验证方面持续推进,在金融科技相关企业、社会团体、科研机构对口参与国际性专业标准组织方面给予更多支持。加快转化先进适用国际标准,逐步推动国家标准与国际标准同步提出、同步研制,加强国家标准与国际标准转化运用。

---

① 郭琨,李建平. 金融大数据标准规范体系比较研究[J]. 大数据,2017,1:12-18.

结　语

　　未来金融科技的发展将在金融普惠化、金融交易便利化、投资融资需求多元化以及金融服务质量的提升、资源配置效率优化等多方面持续发挥作用。与此同时，新的发展趋势也逐渐凸显：一是金融科技市场应用化呈不断加快趋势。从2019年以来，全球金融科技采纳率已达至60％的比例，而我国大陆在消费者金融科技采纳率方面更是高达87％而位居全球首位。这预示着金融科技已成为金融市场发展的主流而不可逆转，未来金融行业增长点仍在金融科技，金融科技的研发热度也将持续受到关注。二是金融科技聚集效应的趋势正在逐渐凸显。大型科技公司和大型金融机构相较于中小型金融机构更具备较高的信用度和提前布局科技的能力，这也极容易引发大量用户数据的集聚从而形成新型垄断，在金融科技市场上更容易占据主导地位，从而形成新型的"大而不倒"。三是金融科技跨界融合新业态仍以新的形式不断涌现。金融科技跨界融合不仅仅是金融领域与科技领域的相融互促，同时也涉及了金融与政务民生的跨界合作。金融科技行业具有天然的科技优势，政府部门如果加强与其合作实现共建、共享、共治数据，将大大提升政务服务的高效化、便利化、信息化和透明化水平，这在一定程度上也将加速数据集聚。四是金融科技发展与合作日趋国际化。其一是国内在持续关注国际上金融科技的发展动态，从欧洲、美国、新加坡等金融科技发展水平较高的国家或地区汲取经验，并不断总结、吸收金融科技创新的最新成果；其二是中国的金融科技发展也已经步入世界的先进行列，"中国样本"和"中国经验"逐渐得到了全球的瞩目，中国在提升自身实力的同时更加注重与国际的合作，从而形成良性竞争而促进全球化资源的优化配置。鉴于此，我国金融科技监管法律制度建设仍需加快步速进一步完善。

　　金融科技监管是一个开放命题，目前各国监管部门对金融科技的监管仍然是边摸索边发展的阶段，金融科技的兴起需要新规则，需要内生秩序的生成，这亟待我们发现规则、提炼规则。随着以大数据、人工智能等技术为代表的金融科技兴起，我国金融行业通过与科技的深度融合取得了快速发展，但任何事物都具有双面性，这种创新发展的背后也呈现出法律规范不足、行业风险高企、市场乱象丛生、风险控制失灵、消费者权益保护不足等问题与挑战。当前，数字经济赋能高质量发展，金融科技发展正处于重要战略机遇期，强化金融科技监管管理、建立健全金融科技监管体系仍是当前的重要任务。金融科技行业的整体创新规律是"先发展、后监管"，这必然会导致监管缺失、风险集聚等问题。法律是治国重器，良法是善治前提，本书认为，需要把握金融科技发展规律，以系统论范式为基础丰富金融科技监管框架，在金融科技监管法律制度构建过程中充分考量系统性、整体性、协同性与时效性，从加强技术能力、风险防范、协调合作等方面全方位完善金融科技监管法律制度体系，探索金融科技专门法的设计，加强对数据使用和垄断行为的监测与管理，推动金融科技伦理法律制度构建，从而构建更为完善、可持续的金融科技监管法律制度体系。我国关于金融科技监管法律制度的理论与实践仍处于摸索前行阶段，但其监管规则体系及具体制度的构建具有应然性与必然性，是谓"应时、应势、应需"之举，构建科学、完善的金融科技监管法律制度能够促进金融行业的可持续发展，同时也为构建新发展格局、促进共同富裕、推动国际合作奉献金融法治担当。

参考文献

[1] 岳彩申. 论经济法的形式理性[M]. 北京:法律出版社,2004.

[2] 陈辉. 监管科技:框架与实践[M]. 北京:中国经济出版社,2019.

[3] 金岳霖. 形式逻辑[M]. 北京:人民出版社,1979.

[4] 徐忠,邹传伟. 金融科技前沿与趋势[M]. 北京:中信出版社,2021.

[5] 肖翔. 金融科技监管:理论框架与政策实践[M]. 北京:中国金融出版社,2021.

[6] 谢平,刘海二. 金融科技与监管科技[M]. 北京:中国金融出版社,2019.

[7] 赵昌文. 科技金融[M]. 北京:科学出版社,2009.

[8] 杜晓宇,徐巍,巴洁如. 中国金融科技运行报告(2021)[M]. 北京:社会科学文献出版社,2020.

[9] 陈静. 中国金融科技发展概览——创新与应用前沿(2021—2022)[M]. 北京:社会科学文献出版社,2022.

[10] 姚国章. 金融科技原理与案例[M]. 北京:北京大学出版社,2019.

[11] 管同伟. 金融科技概论[M]. 北京:中国金融科技出版社,2020.

[12] 何宝红,黄伟. 云计算与信息安全通识[M]. 北京:机械工业出版社,2020.

[13] 杨涛,贾圣林. 中国金融科技运行报告(2021)[M]. 北京:社会科学文献出版社,2021.

[14] 金融科技理论与应用研究小组. 金融科技知识图谱[M]. 北京:中信出版社,2021.

[15] 中国支付清算协会监管科技研究组. 监管科技研究与实践[M]. 北京:中国金融出版社,2019.

[16] 李伟. 中国金融科技发展报告(2021)[M]. 北京:社会科学文献出版社,2021.

[17] 郭田勇. 金融监管学[M]. 北京:中国金融出版社,2020.

[18] 黄达. 金融学[M]. 北京:中国人民大学出版社,2014.

[19] 赵永新. 金融科技创新与监管[M]. 北京:清华大学出版社,2021.

[20] 张永亮. 金融科技监管法律制度构建研究[M]. 北京:法律出版社,2020.

[21] 吴晓灵,等. 平台金融新时代[M]. 北京:中信出版社,2021.

[22] 马勇. 理解现代金融监管:理论、框架与政策实践[M]. 北京:中国人民大学出版社,2020.

[23] 方毅,张丽丽. 民间金融监管理论与实践[M]. 北京:中国财政经济出版社,2021.

[24] 谢平,周传伟. 互联网金融风险与监管[M]. 北京:中国金融出版社,2017.

[25] 王曙光. 金融发展理论[M]. 北京:中国发展出版社,2011.

[26] 种明钊. 国家干预法治化研究[M]. 北京:法律出版社,2009.

[27] 巴曙松. 金融监管科技[M]. 北京:机械工业出版社,2022.

[28] 京东金融. 2017 金融科技报告:行业发展与法律前沿[M]. 北京:法律出版社,2017.

[29] 武长海. 数据法学[M]. 北京:法律出版社,2022.

[30] 连玉明. 数权法 3.0——数权的立法前瞻[M]. 北京:社会科学文献出版社,2021.

[31] 张继红. 大数据时代金融信息的法律保护[M]. 北京:法律出版社,2019.

[32] 个人信息保护课题组. 个人信息保护国际比较研究[M]. 北京:中国金融出版社,2021.

[33] 刘新宇. 数据保护合规指引与规则解析[M]. 北京:中国法制出版社,2021.

[34] 李伟,戚桂杰. 金融标准化通识[M]. 北京:机械工业出版社,2020.

[35] 卜亚,张倩. 金融科技创新监管机制构建研究[M]. 北京:经济科学出版社,2021.

[36] 陈岱孙,厉以宁. 国际金融学说史[M]. 北京:中国金融出版社,1991.

[37] 中国人民银行金融科技委员会. 中国金融科技创新监管工具白皮书[M]. 北京:中国金融出版社,2020.

[38] 巴曙松. 金融伦理通识[M]. 北京:机械工业出版社,2020.

[39] 何怀宏. 良心论:传统良知的社会转化[M]. 上海:上海三联书店,1994.

[40] 韦立坚. 国家金融科技创新[M]. 广州:中山大学出版社,2021.

[41] 刘锡良,刘雷. 金融监管结构研究[M]. 北京:中国金融出版社,2020.

[42] 李春田. 标准化概论[M]. 北京:中国人民大学出版社,2003.

［43］胡滨. 中国金融监管报告(2023)［M］. 北京：社会科学文献出版社，2023.

［44］何振华，王治业，朱思成，等. 现代标准化［M］. 北京市标协电子设备结构专业委员会，1985.

［45］李爱君，等. 数据出境法学原理与实务［M］. 北京：法律出版社，2023.

［46］钱学森. 论系统工程［M］. 上海：上海交通大学出版社，2023.

［47］赵树文. 系统论范式下公司资本规制体系修正及其制度实现研究［M］. 杭州：浙江大学出版社，2023.

［48］乌杰. 系统哲学［M］. 北京：人民出版社，2008.

［49］〔英〕维克托·迈尔-舍恩伯格. 大数据时代——生活、工作与思维的大变革［M］. 周涛，译. 杭州：浙江人民出版社，2012.

［50］〔美〕约瑟夫·熊彼特. 经济发展理论［M］. 何畏，等，译. 北京：商务印书馆，2020.

［51］〔美〕康芒斯. 资本主义的法律基础［M］. 寿勉成，译. 北京：商务印书馆，2003.

［52］〔美〕库恩. 科学革命的结构［M］. 李宝恒，纪树立，译. 上海：上海科学技术出版社，1980.

［53］〔美〕约瑟夫·E·斯蒂格利茨. 政府在市场经济中的角色：政府为什么干预经济［M］. 郑秉文，译. 北京：中国物资出版社，1998.

［54］〔荷〕乔安妮·凯勒曼，雅各布·德汗，费姆克·德弗里斯. 20 世纪金融监管［M］. 张晓朴，译. 北京：中信出版社，2016.

［55］〔美〕DAMA 国际. DAMA 数据管理知识体系指南［M］. DAMA 中国分会翻译组，译. 北京：机械工业出版社，2021.

［56］〔英〕科林·斯科特. 规制、治理与法律：前沿问题研究［M］. 安永康，译. 北京：清华大学出版社，2018.

［57］〔美〕伯特兰·罗素. 罗素文集［M］. 王正平，译. 北京：改革出版社，1996.

［58］〔德〕卡尔·拉伦茨. 法学方法论［M］. 陈爱娥，译. 北京：商务印书馆，2003.

［59］Carlota Perez. Technological Revolutions and Financial Capital，Cheltenham［M］. Camberley Surrey：Edward Elgar Pub，2003.

［60］Clayton M Christensen. The Innovator's Dilemma［M］. New York：Harper Collins Publisher，1997.

［61］Clayton M Christensen. The Innovators Dilemma—When New Technologies

Cause Great Firms to Fail[M]. Boston:Harvard Business Review Press, 2016.

[62] Daniel Barben,Erik Fischer,Cynthia Selin,etc. Anticipatory Governance of Nanotechnology: ForesightEngagement, and Integration [M]. The Handbook of Science and Technology Studies,Cambridge:M Press,2008.

[63] Happy choron&sandy choron,money:everything you never knew about your favorite thing to find,save,spend&covet22[M]. 2011.

[64] Joseph A. Schumpeter. The theory of economic development An inquiry into profits,capital,credit,interest,and the business cycle[M]. Harvard university press,1934.

[65] Robert Baldwin. Rules and Government[M]. Oxford University Press 1995.

[66] Tufano P. Financial innovation. Handbook of the economics of finance [M]. 2002.

[67] Thomas K McCraw:Prophet of Innovation:Joseph Schumpeter and Creative Destruction[M]. Harvard University Press,2010.

[68] 杨东. 监管科技:金融科技的监管挑战与维度建构[J]. 中国社会科学, 2018,5:69-91.

[69] 许多奇. 互联网金融风险的社会特性与监管创新[J]. 法学研究,2018 (40):20-39.

[70] 袁康. 金融科技的技术风险及其法律治理[J]. 法学评论,2021,39(01): 115-130.

[71] 皮天雷,刘垚森,吴鸿燕. 金融科技:内涵、逻辑与风险监管[J]. 财经科学, 2018,9:16-25.

[72] 廖凡. 论金融科技的包容审慎监管[J]. 中外法学,2019,3:797-816.

[73] 邹靖. 我国金融科技发展面临的问题与路径优化研究[J]. 技术经济与管理研究,2019,4:95-99.

[74] 钟慧安. 金融科技发展与风险防范研究[J]. 金融发展研究,2018,316-17,20.

[75] 张永亮. 金融监管科技之法制化路径[J]. 法商研究,2019,36(03)127-139.

[76] 俞勇. 金融科技与金融机构风险管理[J]. 上海金融,2019,7:73-78.

[77] 周仲飞,李敬伟. 金融科技背景下金融监管范式的转变[J]. 法学研究, 2018,40(05):3-19.

[78] 唐松,苏雪莎,赵丹妮. 金融科技与企业数字化转型——基于企业生命周期视角[J]. 财经科学,2022,2:17-32.

[79] 张永亮. 金融科技监管的原则立场、模式选择与法制革新[J]. 法学评论, 2020,38(05):112-124.

[80] 邢会强. 市场型金融创新法律监管路径的反思与超越[J]. 现代法学, 2022,44(02):98-114.

[81] 许可. 从监管科技迈向治理科技——互联网金融监管的新范式[J]. 探索与争鸣,2018,10:23-25.

[82] 李有星,王琳. 金融科技监管的合作治理路径[J]. 浙江大学学报(人文社会科学版),2019,49(01):214-226.

[83] 杨松,张永亮. 金融科技监管的路径转换与中国选择[J]. 法学,2017,8:3-14.

[84] 何海锋,银丹妮,刘元兴. 监管科技(Suptech):内涵、运用与发展趋势研究[J]. 金融监管研究,2018,10:65-79.

[85] 沈伟. 金融创新三元悖论和金融科技监管困局:以风险为原点的规制展开[J]. 中国法律评论,2022,2:186-199.

[86] 吴凌翔. 金融监管沙箱试验及其法律规制国际比较与启示[J]. 金融发展研究,2017,10:41-55.

[87] 刘盛. 监管沙盒的法理逻辑与制度展开[J]. 现代法学,2021,43(01):115-127.

[88] 刘志云,刘盛. 金融科技法律规制的创新——监管沙盒的发展趋势及本土化思考[J]. 厦门大学学报(哲学社会科学版),2019,2:21-31.

[89] 陈志峰,钱如锦. 我国区块链金融监管机制探究——以构建"中国式沙箱监管"机制为制度进路[J]. 上海金融,2018,1:60-68.

[90] 吴烨. 论金融科技监管权的本质及展开[J]. 社会科学研究,2019,5:110-118.

[91] 靳文辉. 金融风险的协同治理及法治实现[J]. 法学家,2021,4:31-43.

[92] 房汉廷. 科技金融本质探析[J]. 中国科技论坛,2015,5:5-10.

[93] 张明喜,魏世杰,朱欣乐. 科技金融:从概念到理论体系构建[J]. 中国软科学,2018,4:31-42.

［94］吴永飞. 量子 SVM 算法在小样本学习智能风控领域的应用［J］. 银行家，2023，2：116-119.

［95］许多奇. 金融科技的"破坏性创新"本质与监管科技新思路［J］. 东方法学，2018，2：4-13.

［96］王大刚，滕德群. 德意志银行（中国）数字化转型：金融科技创新实践［J］. 信息技术与网络安全，2021，40（07）：12-18.

［97］陈华，吴美瑄. 金融科技商业模式、制约因素及应该处理好的几个关系. 一个蚂蚁集团案例［J］. 北方金融，2021，2：7-13.

［98］王德军，代亚楠. 数字时代平台经济领域金融业务的监管思考［J］. 大数据，2022，8（04）：46-55.

［99］于朝印. 金融创新中的金融监管理念变迁［J］. 法论（西南政法大学研究生学报），2011，25（00）122-135.

［100］齐亚莉，伍军. 功能性监管：现代金融业发展的必然选择［J］. 金融教学与研究，2005，4：15-16.

［101］冯果，李安安. 包容性监管理念的提出及其正当性分析——以农村金融监管为中心［J］. 江淮论坛，2013，1：109-116.

［102］刘然. 并非只为试验：重新审视试点的功能与价值［J］. 中国行政管理，2020，12：21-26.

［103］李伟. 监管科技应用路径研究［J］. 清华金融评论，2018，3：20-22.

［104］牟思思，张赶. 监管科技发展趋势与挑战［J］. 中国金融，2022（16）：63-64.

［105］尹振涛，范云朋，费洋. 韩国"监管沙盒"机制：政策框架、政府职能与启示［J］. 全球化，2021，2：74-88，134.

［106］胡滨. 金融科技、监管沙盒与体制创新：不完全契约视角［J］. 经济研究，2022，57（06）：137-153.

［107］张永亮. 监管沙箱法律问题解析［J］. 中国应用法学，2020，3：44-54.

［108］谢贵春，冯果. 信息赋能、信息防险与信息调控——信息视野下的金融法变革路径［J］. 北方法学，2015，9（06）：38-48.

［109］费方域. 金融科技与监管科技：生态的视角［J］. 新金融，2018，5：6-10.

［110］尹振涛，范云朋. 监管科技（RegTech）的理论基础、实践应用与发展建议［J］. 财经法学，2019，3：92-105.

［111］王利明. 数据共享与个人信息保护［J］. 现代法学，2019，41（01）：45-57.

[112] 易成岐,窦悦,陈东,等. 全国一体化大数据中心协同创新体系:总体框架与战略价值[J]. 电子政务,2021,6:2-10.

[113] 金融数据共享与金融变革[J]. 中国总会计师,2017,12:152-154.

[114] 高山行,刘伟奇. 数据跨境流动规制及其应对——对网络安全法第三十七条的讨论[J]. 西安交通大学学报(社会科学版),2017,37(02):85-91.

[115] 胡滨,杨涛,程炼,等. 大型互联网平台的特征与监管[J]. 金融评论,2021,13(03):101-122.

[116] 靳文辉. 法权理论视角下的金融科技及风险防范[J]. 厦门大学学报(哲学社会科学版),2019,2:1-11.

[117] 刘诺,余道先. 金融稳定国际指标及其对中国的适用性[J]. 经济管理,2016,38(03):1-11.

[118] 张治河,潘晶晶. 创新学理论体系研究新进展[J]. 工业技术经济,2014,33(02):150-160.

[119] 林皑,厉以宁. 谈金融创新[J]. 金融信息参考,1997,5:25-25.

[120] 冯果. 金融法的"三足定理"及中国金融法制的变革[J]. 法学,2011,9:93-101.

[121] 郭剑平. 论法律功能的概念与类型[J]. 韶关学院学报,2008,8:24-27.

[122] 高鸿业. 巴塞尔协议Ⅲ对我国商业银行影响及应对措施[J]. 北方经贸,2017,11:102-104.

[123] 沈伟,许万春. 金融科技对监管模式的挑战与监管理念的因应——基于金融风险和金融创新平衡的考量[J]. 海峡法学,2019,21(03):31-43.

[124] 靳文辉. 弹性政府:风险社会治理中的政府模式[J]. 中国行政管理,2012,6:22-25.

[125] 李崇纲,许会泉. 冒烟指数:大数据监测互联网金融风险[J]. 大数据,2018,4(04):76-84.

[126] 张德芬. 论信用卡法律关系的独立性与牵连性[J]. 河北法学,2005,4:5-9.

[127] 黄辉. 中国金融监管体制改革的逻辑与路径:国际经验与本土选择[J]. 法学家,2019,3:124-137,194-195.

[128] 靳文辉. 互联网金融监管组织设计的原理及框架[J]. 法学,2017,4:39-50.

[129] 杨东. 互联网金融风险规制路径[J]. 中国法学,2015,3:80-97.

[130] 杨东,程向文. 以消费者为中心的开放银行数据共享机制研究[J]. 金融

监管研究,2019,10:101-114.

[131] 黄震,张夏明. 监管沙盒的国际探索进展与中国引进优化研究[J]. 金融监管研究,2018,4:21-39.

[132] 沈伟. 金融科技的去中心化和中心化的金融监管——金融创新的规制逻辑及分析维度[J]. 现代法学,2018,4:70-93.

[133] 沈伟,张焱. 普惠金融视阈下的金融科技监管悖论及其克服进路[J]. 比较法研究,2020,5:188-200.

[134] 粟勤,魏星. 金融科技的金融包容效应与创新驱动路径[J]. 理论探索,2017,5:91-97.

[135] 彭晓娟. 普惠金融视角下互联网金融发展之法律进路[J]. 法学论坛,2018,3:81-90.

[136] 申晨,李仁真. 金融科技的消费者中心原则:动因、理论及建构[J]. 消费经济,2021,37(01):78-86.

[137] 唐士亚. 互联网金融向金融科技转型原理研究——组织社会学的视角[J]. 北京邮电大学学报(社会科学版),2021,23(2)27-35.

[138] 宋华琳. 论技术标准的法律性质——从行政法规范体系角度的定位[J]. 行政法学研究,2008,3:36-42.

[139] 柳经纬. 论标准的私法效力[J]. 中国高校社会科学,2019,6:69-79.

[140] 范志勇. 论金融监管者的数据安全保护义务[J]. 行政法学研究,2022,3:135-154.

[141] 徐焱. 国家标准审编基础——标准的结构[J]. 中国质量与标准导报,2018,2:38-40.

[142] 陈海航. 金融科技企业数据治理中的技术标准及其效力[J]. 海南金融,2022,6:79-87.

[143] 龚浩川. 金融科技创新的容错监管制度——基于监管沙盒与金融试点的比较[J]. 证券法苑,2017,3:161-190.

[144] 黄震,李英祥. 互联网金融的软法之治[J]. 金融法苑,2014,2:304-321.

[145] 张景智. "监管沙盒"的国际模式和中国内地的发展路径[J]. 金融监管研究,2017,5:22-35.

[146] 胡滨,杨楷. 监管沙盒的应用与启示[J]. 中国金融,2017,2:68-69.

[147] 叶旺春. 互联网金融与现行监管规则[J]. 科技与法律,2014,3:430-438.

[148] 李有星,柯达. 我国监管沙盒的法律制度构建研究[J]. 金融监管研究,2017,10:88-100.

[149] 邢会强. 国务院金融稳定发展委员会的目标定位与职能完善——以金融法中的"三足定理"为视角[J]. 法学评论,2018,3:88-98.

[150] 朱柯达. 金融科技"监管沙盒"的国际实践与启示[J]. 浙江金融,2018,4:3-11.

[151] 赵杰,牟宗杰,桑亮光. 国际"监管沙盒"模式研究及对我国的启示[J]. 金融发展研究,2016,12:56-61.

[152] 卢瑶瑶,赵华伟. "监管沙盒"机制对我国金融创新监管的影响[J]. 财会月刊,2018(19):160-164.

[153] 张红伟,陈小辉. 我国对 FinTech 有必要实施沙盒监管吗?[J]. 证券市场导报,2018,7:11-19.

[154] 张景智. "监管沙盒"制度设计和实施特点. 经验及启示[J]. 国际金融研究,2018,1:57-64.

[155] 郭丹,黎晓道. 监管沙盒对金融监管的突破——兼谈其潜在的局限性[J]. 哈尔滨商业大学学报(社会科学版),2018,1:122-128.

[156] 李伟. 金融科技发展与监管[J]. 中国金融,2017,10:14-16.

[157] 蔡元庆,黄海燕. 监管沙盒. 兼容金融科技与金融监管的长效机制[J]. 科技与法律,2017,1:1-12.

[158] 边卫红,单文. FinTech 发展与"监管沙箱"——基于主要国家的比较分析[J]. 金融监管研究,2017,7:85-98.

[159] 梁松. 互联网金融监管行政法律制度构建必要性及因应之道[J]. 行政管理改革,2019,8:97-104.

[160] 闵群锋. 金融商品横向规制与统合立法[J]. 淮北职业技术学院学报,2011,10(01):43-45.

[161] 胡滨. 大科技金融平台:风险挑战与监管反思[J]. 金融评论,2021,3:101-105.

[162] 李仁真,申晨. Fin-tech 监管的制度创新与改革[J]. 湖北社会科学,2017,6:156-163.

[163] 袁康,唐峰. 金融科技背景下金融基础设施的系统性风险及其监管因应[J]. 财经法学,2021,6:3-18.

［164］王平. 再论标准和标准化的基本概念［J］. 标准科学,2022,1:6-14.

［165］鲁培耿. 构建标准体系应注意的几个方面［J］. 标准科学,2022,7:53-56.

［166］柳经纬. 论标准对法律的支撑作用［J］. 厦门大学学报(哲学社会科学版),2020,6:152-162.

［167］麦绿波. 标准体系构建的方法论［J］. 标准科学,2011,10:11-15.

［168］柳经纬. 标准与法律的融合政法论坛［J］. 政法论坛,2016,6:18-29.

［169］柳经纬. 标准的类型划分及其私法效力［J］. 现代法学,2020,2:157-170.

［170］王庆廷. 技术标准的三重属性——兼论技术标准与法学研究的关系［J］. 中国科技论坛,2018,2:55-61.

［171］包建华,陈宝贵. 技术标准在司法裁判中的适用方式［J］. 法律适用,2019(13):121-128.

［172］张艳,李广德. 技术标准的规范分析——形式法源与实质效力的统一［J］. 华北电力大学学报(社会科学版)2014,2:57-63.

［173］刘凯. 经济法体系化的系统论分析框架［J］. 政法论坛,2022,2:115-117.

［174］靳文辉. 论金融监管法的体系化建构［J］. 法学,2023,4:118-120.

［175］Alaassar A,Mention A L,Aas T H. Exploring a new incubation model for finTech:regulatory sandboxes［J］. Technovation,2021(2):1-14.

［176］Anagnostopoulos,I. "FinTech and RegTech:Impect on Regulators and Banks"［J］. Journal of Economics and Business,2018(100):7-25.

［177］Arner D W,Barberis J N,Buckley R P. The evolution of FinTech:a new post-crisis paradigm［J］. Georgetown Journal of International Law,2016,47(4):1271-1319.

［178］Arner D W,Barberis J,Janos C,Buckley J,Ross P. Fintech RegTech, and the reconceptualization of financial regulation［J］. Northwestern Journal of International Law & Business,2017(3).

［179］Arner,Zetzsche,Buckley and Barberis. FinTech and RegTech:Enabling Innovation While Preserving Financial Stability. Georgetown Journal of International Affairs,2017(3).

［180］BIS,FSI. Policy responses to fintech:a cross-country overview［J］. FSI insight on policy implementation,2020(23).

［181］Charles F. Sabel,Jonathan Zeitlin. Learning from Difference:The New

Architecture of Experimentalist Governance in the European Union. European Law Journal,2008(3).

[182] Chris brummer. Disruptive Technology and Securities[J]. Regulation Fordham Law Review,2015(3).

[183] Clayton M. Christensen, Michael Raynor, Rory Mcdonald. what is discruptive innovation? [J]. Harvard Business Review,2015(12).

[184] Colin Scott. "Analysing regulatory space: fragmented resources and institutional design"[J]. public law[2001]

[185] Darolles, S. "The Rise of FinTechs and Their Regulation", Financial Stability Review[J]. 2016,20:85.

[186] Douglas W Arner, Janos Barberis and Ross P. Buckley. Fintech and Regtech in a Nutshell, and the Future in a Sandbox[J]. The CFA Institute Research Foundation,2015.

[187] Douglas W Arner, Janos Barberis, Ross P Buckley. The evolution of FinTech: a new post-crisis paradigm [J]. Georgetown Journal of International Law,2016(47).

[188] Douglas WArner, Janos Barberisand RossP. Buckley, FinTech, RegTech, and the Reconceptualization of Financial Regulation[J]. Northwestern Journal of International Law and Business,2017.

[189] Dranev, Y. et al. "The Impact of FinTech M&A on Stock Returns"[J]. Research in International Business and Finance,2019,48:353.

[190] Fleischmann, Amy, Personal Data Security:Divergent Standards in the European Union and the United States[J]. 19 Fordham International Law Journal 143,1995.

[191] Goo J J,Heo J Y. The impact of the regulatory sandbox on the Fin-Tech industry,with a discussion on the relation between regulatory sandboxes and open innovation [J]. Journal of Open Innovation: Technology, Market,and Complexity,2020,6(2):1-18.

[192] GustonDH. Understanding' Anticipatory Govermance[J]. cial Studies of Science,2014(2).

[193] Hannan T H,Mcdowell J M. MARKET CONCENTRATION AND

THE DIFFUSION OF NEW TECHNOLOGY IN THE BANKING INDUSTRY[J]. Review of Economics & Statistics, 1984, 66(4): 686-91.

[194] HENRIETTEE, FEKIM, BOUGHZALAI. Digital transformation challenges[J]. Grenoble Ecole de Management(Post - Print), 2016.

[195] Iman, N. "The Rise and Rise of Financial Technology: the Good, the Bad, and the Verdict"[J]. Cogent Business and Management, 2020, 7 (1).

[196] James C. Van Horne, Of Financial Innovations and Excesses[J]. 40 The Journal of Finance 620, 621(1985).

[197] John Braithwaite and Valerie Braithwaite, "The Politics of Legalism: Rules versus Standards in Nursing Home Regulation"[J]. Social&Legal Studies 307, 1995(4).

[198] Jonathan Zeitlin. EU experimentalist governance in times of crisis. West European Politics: 2006, 39(5).

[199] Julia Black, "Decentring Regulation: Understanding the Role of Regulation and Self-Regulation in a 'Post-Regulation' World"[J]. (2001)54 Current Legal problems 103;

[200] KE MASKUS, R M NEUMANN, T SEIDEL. How national and international financial development affect industrial R&D[J]. European Eco- nomic Review, 2011, 56(1): 72-83.

[201] Keeley M. "Deposit Insurance, Risk, and Market Power in Banking"[J]. American Economic Review, 1990(5)

[202] Kevin WerbachTrust, But Verify: Why the Blockchain Needs the Law [J]. Berkeley Technology Law Journal(forthcoming 2018), p.44.-103

[203] Mason R O. Four Ethical Issues of the Information Age[J]. MIS Quarterly, 1986, 10(1)

[204] MEIER RIEKS D. Financial development and innovation: is there evidence of a schumpeterian finance-innovation nexus? [J]. Annals of Economics and Finance, 2015, 15(2): 61-81.

[205] Mell, P. and Grance, T. The NIST Definition of Cloud Computing,

Special Publication (NIST SP), National Institute of Standards and Technology, Gaithersburg, MD[J]. September 28, 2011.

[206] North, Douglass C. Institutional Change and Economic Growth[J]. Journal of Economic History, 1971, 31(1): 118-125.

[207] Peter Faykiss, Daniel Papp. Financial and Economic Review, 2018(17): 43-67.

[208] Philippon, Thomas, The FinTech Opportunity[J]. C.E.P.R. Discussion Papers, 2016, 11409.

[209] Pushmann T. Johnson L. The emergence of a fintech ecosystem: a case study of vizag Fintech valley in India[J]. Informantion&·Management, 2020(57)

[210] RITTER T, PEDERSEN C L. Digitization capability and the digitalization of business models in business -to -business firms: Past, present, and future[J]. Industrial Marketing Management, 2020(86): 180-190.

[211] Robert F. Weber, New Governance, Financial Regulation, and Challenges to Legitimacy: the Example of the Internal Models approach to Adequacy Regulation[J]. Administrative Law Review, 2010, 62(3).

[212] Sangwan, V, Harshita, Prakash. P, Singh, S. "Financial Technology: A Review of Extant Literature"[J]. Studies in Economics and Finance, 2019, 37(1): 71-88.

[213] Ross Levine, "Law, Finance, and Economic Growth"[J]. Journal of Financial Intermediation(1999): 8.

[214] Campbell, J. Y., Ramadorai, T., and Ranish, B, "The Impact of Regulationon Mortgage Risk: Evidence from India"[J]. American Economic Journal: Economic Policy Vol.7 No.4(2015): 71-102.

[215] Gennaioli N, Shleifer A, Vishny R. Neglected risks, financial innovation, and financial fragility[J]. Journal of Financial Economics, 2012, 104(3).

[216] Johnson J P, Rhodes A, Wildenbeest M. Platform design when sellers use pricing algorithms[J]. Econometrica, 2023, 91(5):.

[217] Carvajal A, Rostek M, Weretka M. Competition in financial innovation

[J]. Econometrica,2012,80(5).

[218] Chiu J,Davoodalhosseini S M,Jiang J,et al. Bank market power and central bank digital currency:Theory and quantitative assessment[J]. Journal of Political Economy,2023,131(5).

[219] Williamson S. Central bank digital currency:Welfare and policy implications[J]. Journal of Political Economy,2022,130(11).

[220] 李静宇. 基于标准化管理理念的互联网金融监管问题研究[D]. 广州:广东财经大学硕士学位论文,2017.

[221] 袁康. 金融公平的法律实现[D]. 武汉:武汉大学博士学位论文,2015.

[222] 王仁祥. 金融创新机理研究[D]. 武汉:武汉理工大学博士学位论文,2001.

[223] 蒋雨亭. 我国商业银行的金融创新、绩效增长与金融监管[D]. 大连:东北财经大学博士论文,2017.

[224] 刘盛. 金融监管沙盒制度研究[D]. 厦门:厦门大学博士学位论文,2019.

[225] ZAITSAVA M. Welcome to digital transformation era:From proof -of concept to big data insights creation[D]. Italy:University of Cagliari,2021.

[226] 清华金融科技研究院. 全球金融科技投融资趋势报告(2022 上半年)[R]. (2022). http://fintechlab.pbcsf.tsinghua.edu.cn/info/1018/1463.htm.

[227] 中国信息通信研究院. 中国金融科技生态白皮书 2022[R]. (2022-11). http://www.caict.ac.cn/.

[228] 艾瑞咨询. 中国金融科技行业发展洞察报告[R]. (2021). https://www.iresearch.cn/.

[229] 毕马威. 金融科技动向 2021 年下半年[R]. (2021). https://kpmg.com/cn/zh/home.html.

[230] 毕马威. 腾讯研究院:《科技向善 数实共创 监管科技白皮书》[R]. (2022). https://kpmg.com/cn/zh/home.html.

[231] 中国信息通信研究院. 大数据白皮书(2022)[R]. (2022). http://www.caict.ac.cn/.

[232] 中国互联网金融协会. 2022 中国金融科技企业首席洞察报告 2022[R]. (2022).

[233] Broeders D, Prenio J. Innovative technology in financial supervision (suptech)-the experience of early users[R]. Financial Stability Institute (FSI) Insights on policy implementation, 2018.

[234] FSB, "Regulation, Supervision and Oversight of Global Stablecoin Arrangements, Final Report and High-level Recommendations"[R]. 2020.

[235] Financial Stability Board. Financial Stability Implications from Fintech: Supervisory and Regulatory Issues that Merit Authorities' Attention [R]. FSB Research Report, 2017.

[236] PWC. Gobal FinTech Report——Blurred lines: How FinTech is shaping Financial Services 3[R]. 2016.

[237] Zetsche D A, B uckley R, Arner D W, Barberis JN. From FinTech to TechFin: the reg-ulatory challenges of data-driven finance [R]. Frankfurt. The European Banking Institute, 2017.

[238] 姚前. Libra2.0 与数字美元 1.0[N]. 第一财经日报, 2020-05-12(A03).

[239] 中共中央国务院. 关于构建数据基础制度更好发挥数据要素作用的意见[DB/OL]. 2022-12-2. http://www.gov.cn/.

[240] 中国创新论坛. 创新"中信方案"服务实体经济[EB/OL]. (2022). https://finance. sina. com. cn/money/bank/gsdt/2022-10-10/doc-imqqsmrp2043828.shtml.

[241] 微众银行. 打造数据新基建 释放数据生产力——微众银行数据新基建白皮书[EB/OL]. (2020-12). http://iftnews.cn/readnews/9084.html.

[242] 麦肯锡全球研究院. 大数据. 创新、竞争和生产力的下一个前沿领域[EB/OL]. (2013-01). http://tjx.ec.zjczxy.cn/files/2013/01.

[243] 中国区块链技术和产业发展论坛中国区块链技术和应用发展白皮书(2016)[EB/OL]. (2016-10). https://www. cbdforum. cn/forum/homePage.

[244] 中国信息通信研究院云计算与大数据研究所. 5G 时代"AIoT＋金融"研究报告(2022).

[245] 段思宇. 银行系金融科技子公司风头正劲:扩容至 12 家,市场化大动作频现[EB/OL]. (2020-07-31). https://www. yicai. com/news/100719813.

html.

[246] 胡滨. 金融科技监管的挑战与趋势[EB/OL]. (2019-5-9). http://www. nifd.cn/ResearchComment/Details/1351.

[247] 未央网. 阿布扎比全球市场金管局推出三项监管科技新措施[EB/OL]. (2020-04-28). https://www.weiyangx.com/357423.html.

[248] 张适时. P2P 网贷的十年一思. (2017-06-15) http://www.myzaker. com/article/5942785f1bc8e0f90b000009/.

[249] 何海锋. 从"启蒙"到"探索" 监管科技在制度和实践中的进展. (2018-12-31). https://www.financialnews.com.cn/gc/ch/201901/t20190102_152204.html.

[250] 孙晋. 数字平台监管中的谦抑理念[EB/OL]. (2021-04-12) https:// zhuanlan.zhihu.com/p/364218960.

[251] AaronWright and Primavera De Filippi. "Decentralized Blockchain Technology and the Rlise of Lex Cryptographia"[EB/OL]. (2015-03-10). https://ssrn.com/abstract=2580664.

[252] Amstad. Regulating FinTech: Objectives, Principles, and Practices [EB/OL]. ADBI Working Paper 1016, (2019).

[253] Bank for International Settlements, Financial Stability Institute, "Policy responses to fintech: a cross-country overview"[EB/OL]. FSI Insight on policy implementation, 2020(23).

[254] BIS Big Tech. In search of a new framework[EB/OL]. (2022-10). www.bis.org/.

[255] EBA (European Banking Authority). Approach to Fintech 2018 [EB/OL]. (2018). https://www.eba.europa.eu/.

[256] FCA. FS16/4: "Feedback Statement on Call for Input: Supporting the Development and Adpoters of RegTech"[EB/OL]. https://www.fca. org.uk/

[257] FCA. Regulatory Sandbox[EB/OL]. (2015-10-11). http://www.fca. org.uk/publication/research/regulatory-sandbox.pdf.

[258] FinTech and market structure in financial services. Market developments and potential financial stability implications [EB/OL]. (2019-2).

https://www.fsb.org/.

[259] FSB(Financial Stability Board). Financial Stability Implications from FinTech[EB/OL]. (2017-6-27). https://www.fsb.org/.

[260] FSI. Financial Stability Implications from FinTech 2017[EB/OL]. (2017) https://www.fsb.org/.

[261] FSB (2016), "Fintech: Describing the Landscape and a Framework for Analysis"[EB/OL]. March; and FSB (2017a).

[262] Government Office for Science: "FinTech Futures: The UK as a World Leader in Financial Technologies"[EB/OL].

[263] International Monetary Fund and World Bank. The Bali Fintech Agenda: Chapeau Paper[EB/OL]. (2018). https://documents.worldbank.org/.

[264] IARPA (US Intelligence Advanced Research Projects Activity). Artificial Intelligence and National Security[EB/OL]. https://www.activistpost.com/.

[265] ITU. How data standards will improve IoT and Smart Citie[EB/OL]. https://www.itu.int/hub/news/.

[266] IOSCO. Research Report on Financial Technologies(fintech)[EB/OL]. (2017). https://www.iosco.org/.

[267] NASDAQ. Celebrating 40 years of NASDAQ: from 1971 to 2011 [EB/OL]. (2011). http://www. nasdaq. com/includes/celebrating-40-years-nasdaq40-from-1971-to-2011.aspx.

[268] OECD. Artificial Intelligence Machine Learning and Big Data in Finance [EB/OL]. 2021. https://www.oecd.org/.

[269] The Institute of International Finance. RegTech in Financial Service: Solutions for Compliance and Reporting[EB/OL]. https://www. iif. com/.

[270] UNCDF. UN building inclusive financial sectors for development [EB/OL]. (2006-05). http://bluebook.uncdf.org.

[271] United Nations, "Harnessing Digitalization in Financing of the Sustainable Development Goals ", United Nations Development Programme [EB/OL]. (2019-9-26).

[272] WEF(World Economic Forum). Future of Financial Services[EB/OL]. (2015). https://www.weforum.org/.

[273] World bank. Global Experiences from Regulatory Sandboxes[EB/OL]. https://www.worldbank.org/.

[274] Thomas Eisenmann, Geoffrey Parker, and Marshall Van Alstyne, Platform Envelopment, Strategic Management Journal, vol. 32, no. 12, 2011:1270-1285.